はじめに――なぜ本を作るのか

わらじの会を材料にした本を作ろうとみんなで考え始めたのは、もう一〇年以上前のことだ。二十世紀も終わりに近づいていたが、ノストラダムスの「恐怖の大王」はいっこうに降ってくる気配もなく、なし崩し的に次の世紀へバトンタッチされてゆきそうだった。日本では、リストラの嵐が吹き荒れ、大量の失業者が出され、自殺者もたくさん出ているが、職よこせデモの波が街頭を埋め尽くす光景もなく、IT産業へのささやかな期待感がふりまかれるとともに、「環境」と「福祉」が「持続可能な社会」への条件として、また新たな雇用を生む産業としても一挙に浮上してきた。

とりわけ一九九八年に出された「社会福祉の基礎構造改革[注1]」には、「弱者保護の対象としてとらえるのではなく、個人の自立と自己実現を支援」とか、「多様な提供主体による福祉サービスへの参入」とか、「住民参加による福祉文化の土壌の形成」、「ボランティア団体や住民参加型民間団体などの活動の社会福祉事業における位置づけや社会福祉法人格の取得を可能にすることを検討」といった甘い言葉が、ふんだんに盛り込まれていた。

この中の言葉にあてはめれば、それまでのわらじの会の二〇年は、「住民参加による福祉文化の土壌の形成」の歴史といってもよいだろう。より実態に即して言えば、「住民たちが闘いとってきた福祉」というべきかもしれない。そして、一九九五年には社会福祉法人格を取って法内施設を運営するまでにいたっていた。しかし、それはやむをえざる結果であって、福祉はいわば必要悪と考えてきた。いかに「個人の自立と自己実現を支援」するものであろうが、支援する者・される者という特別な関係は、地域の住民同士のつきあいを分断する。やむをえず自ら分断をあえて行い、そのギャップを越えて新たなつながりをつくろうとしてあがく、そのくりかえしがまさにわらじの会の歴史でもあった。

社会福祉法人は、「よんべ（昨夜）もきみ子の首しめちゃったい」と笑いながら言うお父ちゃんと、その脇で「へへへ」と笑っている新坂きみ子さん、そこへ交代で迎えに行って返す言葉もみつからずにいた介助ボランティア……そんな風に笑うことしか残されていなかった地域の状況の中から、苦し紛れに出てきたものである。その五年前には、「めのち（前の家）」の奥で暮らしてきた重度障害者・故新坂光子《てるこ》・幸子さん姉妹が、分家という形を取って家を建て、そこへ他の障害者メンバーが加わって、当時できたばかりの県の生活ホーム事業で世話人を確保し、姉妹が大家兼入居者となって、近所の田んぼの中で独立して暮らし始めていた。きみ子さんはもっと重度だということから、お父ちゃんは施設入所しかないと決めていた。しかたなく、「じゃあ施設作ろう」ということで、きみ子さんへの生前贈与の代わりとして、田んぼを寄付し、社会福祉法人を設立して法内施設を作ることにしたのだ。

とはいえ、できるだけ小さくて普通に近い暮らしができる施設となると、やはり生活ホーム事業しか当時はなかった。これは法外施設なので、法内施設で当時もっとも規模が小さかった通所授産施設を一階に作ることにした。一つ目の生活ホームもそうだったが、世話人だけではとうてい介助が足りないので、生活保護の他人介護加算とやはり県の事業である全身性障害者介護人派遣事業を使い、その介護人として登録してくれる人を地域で募り、ローテーションを組んだ。そのローテーションに加わる人たちを募っているところを、偶然お父ちゃんが見かけて、「施設を作るって言ったから土地を出したのに、だましたな！　このやろう」と、筆者が足蹴にされたこともある。なんとかおさまって施設がオープンした後も、それまで地域のあちこちに出かけて露店を開いたり、障害者宅を訪問したり、行政交渉をしたり、自分たちでスケジュールを決めたり、介助者募集のビラをまいたり、時には家でのんびりしたりという生活スタイルに慣れていたわらじの会の障害者たちは、施設になかなか来なかった。これまで彼らと共に動いてきた専従介護人は、新しい施設の職員になったが、誰も来ないので施設の管理人のようになり、いたたまれず泣き出して次々に辞めてしまった。

「住民たちが闘いとってきた福祉」と言ったが、それは単に行政から闘いとってきたというよりも、住民たち同士が互いに闘いを繰り広げながら創り出してきた関係を、行政に福祉として認めさせてきたというべきだろう。「きみ子の首しめちゃったい」も闘い、「へへへ」も闘い、「だましたな！　このやろう」も、足蹴にされた筆者も、施設に寄り付かない障害者たちも、泣いて辞めた職員たちも闘ってきたのだ。日本の障害者運動の源流とされる脳性まひ者団体・青い芝の横田弘さんは、「闘争」という言葉に「ふれあい」というルビを振っている。[注2]　彼は、障害者の健全者および健全者幻想に対する闘いに限定して用いているが、筆者は横田さんに倣いつつも、より広い意味にこれを用いたい。

こうした経緯から見ると、やはり「住民参加による福祉文化の土壌の形成」という言葉は、違和感が大きい。そのような「住民参加による福祉文化の土壌の形成」という言葉を聞くと、筆者には、かつてシュヴァイツァーのようなキリスト教の宣教師や医者がアフリカに出かけてゆき、結果として帝国主義の侵略の尖兵の役割を果たした歴史が思い起こされてならない。

その後、介護保険や支援費制度、そして障害者自立支援法が、あいついで「移植」されてくる。まさに「福祉バブル」とでも形容すべき状況が生じ、ついでその反作用としての新たな「構造改革」も登場し始めている。移植された福祉は既成事実として積み重なり、まるで昔からそこにあったかのように地域の風景と化している。一〇年前にはわらじの会くらいしか持っていなかったリフト車が、街に溢れている。

とはいえ、この本は、そうした福祉状況への告発のために作られたのではない。どんなに福祉が拡大しようとも、福祉の窓から見えるのは社会の一面でしかなく、福祉が袋小路の世界を再生させる切り札であるかのように見えるのはその窓を通したイリュージョンでしかない。それに対して、ここで明らかにしたいと考えるのは、そうしたイリュージョンの向こうにある「住民たち相互の闘い」であり、その闘いのリングである「しがらみ」としての地域についてである。

本書のどの章の内容も、単に障害者の自立生活とその支援のありかたや法制度の問題にとどまってはいない。むしろ、そうしたことを介して出会ったさまざまに立場や状況を異にする人々が、どのようにからみあい、せめぎあいながら、結果的にどう地域が変わってきたのかに焦点を当てている。きわめてローカルな内容だ。だから、ノウハウ本を期待されては困る。

だが同時に、このローカルの中にこそ、グローバルなものが透けて見えるのではないか。いま、国連・障害者の権利条約批准に合わせた国内法の整備が日程に上っている。欧米の運動の中から発信された差別禁止、合理的配慮、ノーマライゼーション、インクルージョン、自立生活、さらにはインフォームド・コンセントなどの提起から学ぶべきものは実に大きい。しかし、それだけではくくれない課題を、七〇年代からの日本の運動ははらんでいた。両者をつきあわせてゆく作業こそ、いま最も問われている。その作業の足場として、しがらみとしての「地域」という土俵が欠かせないと考えている。

山下　浩志

注1　社会福祉の基礎構造改革

本書執筆者の一人である本田勲は、当時次のように書いた。「『提供された』サービスを『選択して』享受するということと、自分たち『流』の暮らしを創造すること（地域密着型の活動）とは、似ているようで実はまったくちがいます」（社団法人埼玉障害者自立生活協会「通信78号　一九九九年年四月二十三日発行）

注2　闘争と書いて「ふれあい」

横田弘著『障害者殺しの思想』（ＪＣＡ出版、一九七九年）参照。

目次

地域

障害《しがらみ》が照らし出す地域
——わらじの会の30年——

山下　浩志

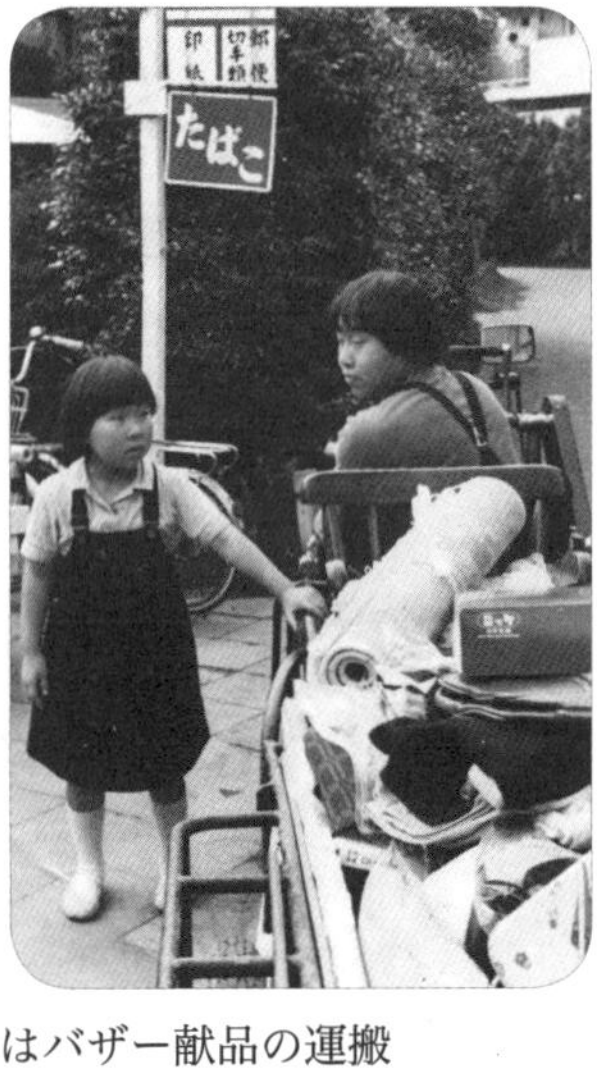

時には交通渋滞の元凶、時にはバザー献品の運搬

一　障害ということ――「地域モデル」

「障害」ってなんだろうということは、わらじの会の三〇年間を通じて、これだという答えの定まらないテーマだ。個々人の「障害」を治療や訓練により軽減・克服することに力点を置いた医療モデルは、「障害」をあってはならないこと、あるいはできればないほうがよいものとみる。現にあるものを受け止めないこうした見方に対しては、ずっとけんかをしてきた。ではもう一方の社会モデルはどうか。「障害」は社会の壁によって生み出されるのだという見方に立ち、現にそこにあることを必然ととらえる。いわば社会の鬼っ子である障害者が社会の中で自立生活の権利を闘い取ることと併せて、社会の壁を社会自身が除去してゆくことを最も重要と考える。大筋でいえば、わらじの会はこの社会モデル路線でやってきたように思える。だが、これもどうもしっくりこないのだ。昔からわらじの会のよき助言者である障害者・八木下浩一さんの口ぐせを借りれば、「かっこよすぎる」のだ、社会モデルは。本書「はじめに」で述べた表現を用いれば、これもイリュージョンっぽい感じがしてしまう。たぶん社会モデルは欧米の障害者運動由来なので、個人対社会という構図に立っているのだ。

それに対して、わらじの会の歩んできた道中で出会ってきた「障害」のイメージは、「はじめに」で述べた「きみ子の首しめちゃったい」と「へへへ」に凝縮される関係である。社会の壁といっても、家族、ご近所、学校、職場といった生活や労働の場における壁……というよりも、そこで分け隔てられるということが、「障害」を生み出してきたように考える。あえて言うならば、社会モデルの一種としての「地域モデル」とでも名づけられるかもしれない。

わらじの会の障害のある子どもとその親たちが教員らもまじえ、八木下浩一さんを代表にして埼玉社会福祉研究会という団体をつくり、一九八〇年、「スウェーデン福祉体験旅行」[注1]を行った。向こうの障害者団体に受け入れてもらったので、行政関係者の公式見解だけでなく、障害者や親たちとさまざまな意見交換をした。当時のスウェーデンは、大規模施設や養護学校を解体し、地域に統合してゆく壮大な計画が進行中だった。施設だけでなく、公営住宅の中のケア付き住宅も既に時代遅れになり、新しい団地では重度障害者たちは別々にあちこちの住戸で暮らし、そこへヘルパーセンターから二四時間、緊急対応を含む介助が派遣されていた。言ってみれば、日本より三〇年進んでいたわけである。資本主義社会でもこんなことができるんだと、目を開かされた。

そんな大先達のスウェーデンの友人たちとの会話で、わずかにすれちがったのは、共に学ぶ教育に関してだった。当時の日本は前年の養護学校義務化をめぐる激しい闘いの流れがひきつがれており、どんなに障害が重くても、いや重ければなおさら周りの手を借りながら生きていく必要があるのだから、あたりまえに近所の友達と一緒に学校に行こうという運動が活発に取り組まれていた。教室を飛び出してしまう知的障害の生徒を、クラスメートと担任が総出で探し回るといった風景はそう珍しくなかった。しかし、スウェーデンの人たちには、アシスタントが付かないで地域の学校に行くという発想がわからないようだった。また、車椅子の子どもや視覚障害の子どもはアシスタント付きで普通のクラスにいるが、知的障害や重複障害の子どもは地域の学校内に統合された養護学校にいた。確認したところでは、それらの子どもたちの親からは普通のクラスに入れてほしいという希望は出ていないという。

このときは重い障害のある青年たちのグループホームやアパートを訪れ、彼らが生きている街がすみずみまでバリアフリー化されている状況をからだで体験した。ただ、それは主として郊外のニュータウンであり、都市の中心街はバリアがいっぱいだった。

要するに、スウェーデンという国は、一九五〇年代の世界でもっとも福祉の進んだ国とされていたが、その福祉は隔離収容を軸としたもので、その反省から六〇年代以後「ノーマライゼーション」が推進されてきた。したがって、その基本は、分け隔てられてきた人々を地域に統合してゆくことにあった。具体的には、施設や養護学校の職員・教員たちが、それらの解体に伴い地域のグループホームや普通学校内の養護学校に移ってきてそこで援助を行ったりした。障害児・者やその家族も、特別な援助を当然の権利として考えていた。幸か不幸か福祉の立ち遅れた日本では、スウェーデンのような大規模に分け隔てておいてから統合するといった回り道を通らずに来たというところがある。このちがいが、社会モデルと「地域モデル」のちがいをもたらす背景としてあるのだと思う。

さて、その翌年一九八一年には、この「福祉体験旅行」のお返しとして、札幌いちご会（小山内美智子代表）や東京社会福祉研究会（一番ケ瀬康子代表）と共同で、スウェーデンの障害者たちを日本に招待した。[注2]このとき印象に残っているのは、まだまったくバリアフリー化されていなかった駅で、乗客たちに担がれて階段を昇り降りしたスウェーデンの友人たちのひきつった顔だった。バリアフルな街を通りがかりの人々に声をかけながら行くといった体験はないのだなとわかった。当時のわらじの会は、そうやって街へ出て一緒に楽しむ例会を毎月やっていた。障害者たちは乗客の手を借りて一人で電車に乗ることも増えていき、それがアパートで介助者を集めて一人暮らしするきっかけにもなった。障害者たちと初めて付き合った人々も、一緒に街を行くことによって、これまでは見えなかった街のもう一つの顔を見ることができ、関わりが深まっていくといったことがあった。そのように地域が変わってゆくことについて、スウェーデンの友人たちにはなかなか伝えられなかった。

その後、一九九三年、埼玉社会福祉研究会を発展的に解消した社団法人・埼玉障害者自立生活協会が主催した「自立生活と共生――バークレイからの報告を受けて」と題するシンポジウムでも、社会モデルと「地域モデル」のちがいを感じさせる討論があった。障害者自立生活運動のメッカともいうべきバークレイで、障害学生に対するマネジメントの仕事をされている、車椅子使用者のスーザン・オハラさんがゲストだった。司会を務めておられた子供問題研究会の代表の篠原睦治さんが、物理的な構造やシステムが整備されると、施設や設備がなかったときに存在した人と人が出会う関係、手助けする関係が、風景から拒否されてしまうという関係になってくるのではないかという質問を、オハラさんに投げかけた。「アクセスを用意してあるのだから私は関係ない」という意識が市民の中に定着していくのではないだろうかと。オハラさんは、「もしエレベーターがなくて、駅で乗客の手を借りるようなことになったら、私は人間としての尊厳を傷つけられたと感じる」と答えた。そして、「私は自立生活をしているが、一人ではない。他人との交渉を断って生活しているのではない」と付け加えた。

後に紹介する障害者・橋本克己さんは、長年介助に関わり、彼の手話によるコミュニケーションにも慣れている筆者の介助を、街に出たときはできる限り拒否して、初めて会った人やめったに会わない人に介助を依頼することにこの上ない解放感と楽しみを感じているようすだ。オハラさんとは、ずいぶん感覚がちがう。篠原さんや橋本さんが「人と人が出会う関係」とみなす関係を、オハラさんは「人間としての尊厳を傷つけられ」る依存的な関係とみなすというちがいがよく見えた。

これまで社会モデルと「地域モデル」[注3]について述べてきたが、社会モデルにケチを付けるつもりは毛頭ない。ただその「社会」は、法制度とか権利とかシステムといったレベルにとどまっていて、わらじの会の三〇年にまつわる関係を語るにはいまひとつ足りない感じがするのだ。その足りない部分を補うために、とりあえず「地域モデル」と言ってみたのである。

二　「障害者」が障害者になってきた

わらじの会発足当時の地域の風景を少し述べておこう。いま、わらじの会の生活ホームや通所授産施設がある越谷市恩間新田は、一九六〇年代〜七〇年代に、江戸中期に開発されて以来初めてといってもいい激しい変化にさらされていた。

後に、一九九〇年になって分家という形をとって、生活ホーム・オエヴィスの大家兼住人となって独立した故新坂光子《てるこ》・幸子さん姉妹は、会発足のころ、奥の部屋に日がな一日黙って座っていた。ふだんは二人で一台しかない車椅子にも乗ることはまずなかった。街へ出ても、目を伏せ、ほとんど意思表示せず、口が重かった。障害の重さが際立っていた。その姉妹の「障害の状況」が、つい近年の社会の変化によるものであり、特に「街の人たち」と一緒にいるときに際立つものであることがわかったのは、それから数年後だった。

姉妹のような障害者や年寄も、一九七〇年代前半までは、家族にとって重要な生産要員だった。みんなが用水で取れるザリガニのカレーライスをごちそうと感じた時代には、外へ出られなくとも今ほどのしんどさはなかった。豆の殻をむいたり、トマトの皮を拭いたり、棉を繰る仕事がなくなるまでは、食事も風呂も一緒が当然に感じられた。米専業となり、機械や農薬が重要な役割を演ずるようになって、年寄りや障害者は「穀潰し」になり、「働き手」になった農家の青壮年の孤立感は深まった。団地や住宅地が近くに建ち、学校や町内会のつきあいを通して、農家も今風の家電製品を入れたり、応接間の付いた住宅に建て替えたりしなければいけない雰囲気になってくると、そのピカピカの生活に障害者の姿がそぐわなく映るようになる。「街の人たち」が姉妹を誘いにくる前に、街は農家の奥にまで侵入し、その生活を変えてしまっていたのだ。

後に姉妹が街に出てつきあいが広がると、重かった口がだんだんに開き始める。姉妹は五〇年代に就学免除になって以来、ほとんど外に出ず、主としておばあちゃんの世話になりながら、座ってできる農作業を担ってきた。だからおばあちゃんの時代の文化の伝承者でもある。口が重かったのは、生粋の越谷弁を恥じてのことだった。しかし、語り始めると、あの『苦海浄土』を彷彿とさせる語り口で、かっての農家のくらしがよみがえる。

この七〇年代後半に「障害者」たちは障害者になったという言い方もできると思う。脳性マヒの林田和子さんは養鶏業者の娘さんで、朝早く起きて、つぶれた卵（液卵）をビニール袋に集めるのが、彼女の仕事だった。結婚した兄たちとその家族も一緒に住んで、みんなで鶏舎を守っていたので、幼い甥っ子や姪っ子の世話も彼女の役割だった。しかし、周辺が都市化し、鶏舎の臭いが「公害」とみなされ始めた時期と、跡取りの兄がアメリカに留学して、コンピューターで管理された大規模養鶏を学んできた時期が一致し、兄は鶏舎をたたんで他県で機械化された大規模養鶏場を立ち上げた。鶏舎のあった土地は新設高校の敷地として売られ、自宅は残ったが、彼女の仕事はなくなってしまった。彼女はそのころ開所した市立の通所授産施設に通うようになったが、長年やってきた仕事と、生活リズムと、家族・地域での役割をなくした喪失感は、何によっても埋められない。早起きで勤勉、そして世話好きな性格は、対象を見出せず空回りする。仕事もないのに暗いうちから起きてうろうろされることも、もう中学生、高校生になった甥っ子や姪っ子を子ども扱いしてめんどうをみようとする行為も、すべて「迷惑」になる。それをたしなめられ、怒られて、精神的に不安定になる。通所施設も休みがちとなり、やがて退所になる。体の動きもどんどん重くなる。

「生活ホーム・オエヴィス」住人の長老的存在で脳性マヒ者の新井豊さんは、次のように語る。

中学校（普通学級）を出ると、近所で一緒に遊んでいた友達が勤め、つきあいがなくなり、自分ひとりが家の中に取り残された感じで、兄弟も働いて俺ひとりが浮いて、肩身の狭い思いがある。仕事をしないのは一人前じゃないと思える。町役場に行き、「仕事をしたい」と言ったら、重度障害だから施設か職業訓練所で手に職を付けたらと言われた。職業訓練所に行ったが、障害者ができる仕事は限られ、種類も少ない。靴づくりでは左利き用がなく、繰り返し落ちた。十九歳になって、親戚の仕立てた洋服の配達を、電車に乗って和光から五反田まで、一日仕事で納品に行った。三年ぐらい続けた。でもこれじゃしょうがないと、広告を見て、「障害者可」の求人を切り取って、直接行くが、実際は軽度しか受け付けない。電車賃をもらって帰ってきた。池袋の職安にも二時間かけて通った。その後、製パン工場、観光ホテルのベッドメーキングと風呂焚きなど、いろいろやったが、時間の勝負だからとてもやっていけず、あきらめた。

近所の人が下請けならぬ孫請けの孫請けで電話工事業を再出発させるのでちょっと手伝ってくれといわれ、二人でトラック一台に電柱を二、三本積んで、青森や山梨に出かけた。電柱二〇本くらい立てないと、元が取れない。そのうちだんだん人が入ってくる。電話工事という力仕事の現場に、自分のような障害者がいることにびっくりしているが、そのうちにあたりまえになって手伝ってくれる。機材を置いたり、自分のできないことを手伝ってくれる。下請けなので、親会社によっては、障害者がいることで拒絶されたりもした。でも、その親方は「俺が使っているんだから文句は言わせない」という人。それでも会社によっては駄目で、そのときは親方のうちの掃き掃除や犬の散歩をしていた。そんなことを七、八年やったが、あるとき大きな仕事を請け、そのときの親会社がどうしても駄目だというのでやめた。

新井さんが見切りを付けてやめた時期が、ちょうどわらじの会発足の時期に重なる。「決してさあ来ていいよということはなかったが、死にもの狂いでぶつかってゆけば、受け止めるしかないという状況だった」と言う。新井さんの当時の記憶では、近所に小便を垂れ流していつもズボンの前が濡れている男性がいたが、近所の一員として日常の風景に溶け込んでいたという。そんな風景が薄れてゆくのが、七〇年代後半だったのだ。

三　せめぎあいが生む新たな地域像

わらじの会の発足は、七九年の養護学校義務化をぬきには語れない。新坂姉妹をはじめ会発足前後に出会った大人の障害者たちの多くは就学免除か就学猶予の人たちだったが、国はこうした人たちの存在をなくし、誰もが教育を受けられるようにというタテマエで、全国的に障害児のための学校を整備する方針を打ち出していた。その国の方針に呼応し、七四年に「埼玉県東部地区に総合養護学校をつくる会」が発足した。約一五〇人の親たちが、東武伊勢崎線沿線で市町を越え、障害を超えて連合し、養護学校づくり旋風を巻き起こしていた。だが、七九年が近づくと、教育委員会が地域の学校で「障害児狩り」を強めるようになり、中心的に活動してきた親たちの中には、「普通の子どもとして、近所の友達と一緒に育てたい」という気持ちが大きくなっていった。会員の意見はさまざまに分かれた。就学猶予でずっと家にいた子どもの親たちや越境して東京の養護学校の寮に入っている子どもの親たちは、地元に養護学校をつくってほしい、無理して普通学級に障害児が入っても、適応できずに心に傷を負うだけではないかという意見も強かった。しかし、かなりの数の親たちが、もまれてゆくことが大事だと考え、いじめられることも体験のひとつで、いじめた子もそれをきっかけにその子のことを知ってゆくことになり、大きくなってからも「変わった子」として思い出すのではないかという意見に共感を寄せた。そして、教育委員会に対し、子どもたちを振り分けるなと交渉していった。

七八年に肢体不自由、七九年に知的障害の養護学校が地元に開設されることが決まり、「総合養護学校をつくる会」の活動は解体へ向かう。中心的に活動してきた親たちは、自分たちが何をやってきたのかをふりかえる。「総合」という冠の中に、障害の種別や程度を問わないことや、社会に開かれた場であること、卒業後も地域で共に生きる拠点であることなどをイメージしてきたのだが、具体性をもちえず、結果的にみれば行政の既定方針を後押ししただけに終わった。親たち自身、「地域で共に生きる」と語りながら、足元の地域で障害者たちがどう生きているかを知らず、彼らを含めてどう共に生きてゆくのか、まるで手がかりがなかった。これまでの親たちにとって、社会は自分たちとは独立に存在し、それゆえ自分たちが操作可能な「物」としてあるはずだった。しかし、実際には自分や自分たちの日常も社会という森の中の木々に他ならなかった。「木を見て森を見ず」というけれども、森の中にある木はどのようにして森を見るのか。こうした問いを抱えながら、中心メンバーの親たちが子どもたちと共に、わらじの会発足に参加する。親たちは、当時三十歳前後が多く、子どもたちは就学前から中学生くらいまでが多かった。

就学免除・猶予を受けて家にいた人たちの親は、その多くが地元で代々農家を営んできたか、この地域の都市化が進み始める六〇年代の初期かその前に移り住んできた人たちで、年齢的には当時四十歳から七十歳と幅があった。その子どもたちが通った学校は、まだ「村の学校」の雰囲気が濃く、村の生活の延長としてあった。新坂姉妹は、初め転びながら小学校へ通い、そのうち馬にひかせた荷車に乗せてもらって通ったりもしたが、「危ねえからきねえでいい」と言われて、そのまま行かなくなった。そうかと思えば、乳母車に乗ったまま授業に参加して小学校を卒業した者もいるし、兄の自転車に乗せてもらって中学を卒業した者もいる。就学免除にされた本人たちは、一様に「悲しかった」、「一緒に学校に行きたかった」と語り、学校に行けなくなったことで同世代とのつきあいは絶たれてしまったが、先にみたように、家の中での役割などを通して、村の生活につながっている実感はもちえた。それがあったから、親たちも「危ねえからきねえでいい」と言われたとき、すんなりと受け入れたのだろう。

いっぽう「埼玉県東部地区に総合養護学校をつくる会」の中心メンバーの親たちは、六〇年前後に東北をはじめとする地方から東京に出て就職し、そこで結婚して子どもを産み、七〇年ごろに埼玉に移ってきた人たちが多かった。公団住宅や一戸建てのニュータウンなどでの生活は、互いに見知らぬ個と個の出会いから始まる。東京の職場や学校へ通うためのベットタウンとして位置づけられ、平日の昼は専業主婦と幼い子どもだけの世界になる。結果として家の中にこもりきりで過ごす親子も多く、公団住宅は「灰色の巣箱」と呼ばれたが、ニュータウンも似たり寄ったりだった。故郷は遠く、そこも都市化と過疎化が入り組み、もはや帰るべき場所ではなくなっている。これが、かつて家や村のしがらみからの解放を求め、自立、独立を夢見てたどり着いた約束の場所だったのだろうか？　そんなとき、子どもが幼稚園・保育所や学校に入ることを通して、初めて親たちのつきあいが重層的に拡がる。それを核にして、「子どもたちに故郷を」という合言葉を掲げ、ここに住み続けようと腹をくくった住民たちによる自治会や市民運動が開花する。帰るべきところを持たないパワーはあるべき「公」を求めて炸裂する。「埼玉県東部地区に総合養護学校をつくる会」もそのひとつだった。このほか、甚だしく立ち遅れていた保育所や学童保育整備の運動をしていた父母会の縁で、わらじの会にかかわってきた人たちもいる。ともあれ、母親たちには、死ぬも生きるもこの子を道連れに、論理なんか知らない、他人の指図は受けませんといった、支離滅裂の破れかぶれの強さがあった。

「埼玉県東部地区に総合養護学校をつくる会」の中心メンバーだった親たちは、わらじの会結成に子どもたちと参加し、大人の障害者たちとつきあい始めるとともに、「地域で共に学び・共に育とう」と、若い親たちに呼びかけ、その方向で地元教育委員会との話し合いも続けてゆく。この時点で、「学校」の意味が大きく変わっている。上に述べたように、かつては地域生活の一部に学校があったが、七〇年代後半以後は子どもが学校に行くことで「地域」ができる。養護学校にスクールバスで通う子どもは、近所の人々に存在そのものが知られないままになる。子ども会にも呼ばれない。その子が一人っ子であれば、親も影が薄くなる。子どものいない人も、これに準ずる。

七九年養護学校義務化にあわせて、教育委員会は就学指導委員会を設置し、障害の種別・程度により、特別な教育の場に行くことを強く勧めた。その指導を拒否して普通学級に通う障害のある子は、級友や近所の友達をたくさん連れて、行事に参加した。そんな子どもたちの中には、いまでも時々介助者としてわらじの会にかかわる者もいる。養護学校に通う子どもや親たちも、わらじの会の活動でいろんな子どもたちや大人たちに出会う中で、「本当は地域の学校に行ければね」と語るようになる。

会発足から四年後、中学を卒業してからわらじの会に参加してきた樋上秀さんは、団地っ子。脳性マヒで中学のときは、お母さんの自転車の後ろに乗って通ったりもしていた。とはいえ、「元祖登校拒否児」と自称するように、学校には三分の一くらいしか行っていない。小学校就学時に教育委員会からは「養護学校へ」と言われたのだが、お母さんが「普通学級へ」とがんばった。無理して普通学級に入れたから結果的に通いきれなかったと考える人もいるだろうが、お母さんだけでなく本人もそうは考えない。

秀さんは言う、「学校が好きだ、しかし学校が嫌いだ」ふだんの授業や学校行事は、当然秀さんのペースをまったく無視して進められているのに、子どもたちにハッパをかけるときだけ「樋上を見ろ」と言われるのもいやだった。運動会でビリになっているのに、満場の拍手が沸くのもいやだった。通学路の途中まで行って帰ってくることも多かった。その通学路に、当時のツッパリ連中がたむろしていて、あれこれと会話を交わした。小学校の高学年になろうとするころは、よくいじめられた。しかし、大人が秀さんをからかったりすると、そのいじめっ子たちが本気になって大人に食ってかかる。中学の修学旅行では、限られた時間であちこち回る必要があるため、初めて車椅子に乗り、その車椅子を班の生徒たちがかわるがわる押して、あちこち見て回った。秀さんを「黄門様」にして、助さん、格さんになった気分で、京都を闊歩する。秀さんは「ダシ」にされることも含めて楽しんだ。そんなこと全部をひっくるめて、「学校が好きだ、しかし学校が嫌いだ」と言う。

大人になって、わらじの会で立ち上げた店「トムテ」の店長になったことを契機に、秀さんは一人暮らしを始めた。そんなとき、駅でかつてのいじめっ子に会った。二人ともなぜか懐かしく、その相手の家に泊まって、一晩語り明かした。「あのとき、なぜいじめたんだ」と訊く秀さんに、「……お前のことが気になったんだ」という答えが返ってきた。

「普通学級で健常児の刺激を受けてしゃべれるようになった」とか、「同じクラスの子どもたちはみんなやさしくなる」とか語る人がいるが、そうならなかった例もたくさんあるし、そもそもそんなことがなんぼのもんかと思う。現実の普通学級は、障害のある子が別の場で学ぶことを前提として、しかも残りの子どもたちの中からできる子を引き上げ、できない子ができる子の足を引っ張らないようにするための教育を国から課せられている場であることは、厳然たる事実である。そこで露骨な差別を受けるよりは、差別を感じないですむよう、障害にあった教育の場を別に用意してありますよというわけなのだ。子どもたち自身もそのことを肌で感じており、普通学級でいじめを受け、養護学校に移ってきて元気になったという話もよく聞く。

だが、このような差別の場であるからこそ、そこは「普通」学級といえるのだ。人の世は、内には煩悩を抱え、外にはさまざまな災厄が溢れる苦悩に満ちた世界であるという意味を込めて、サンスクリット語で「娑婆」と呼ばれる。煩悩に翻弄され、災厄に悩み惑う体験を共有しなければ、それらをやり過ごしたり、抵抗したりする道も見えてこない。樋上さんが学校を「いいところ」と考えず、「好きだが嫌い」と感じつつそこにこだわり続け、卒業後も地域で生きてきたからこそ、「いじめ」がきずなにもなったのだ。

四　ある障害者運動秘史――「しがらみ」としての地域をめぐって

筆者が「地域で共に」というとき、その内実は、前節の樋上さんの言葉に重なってくる。すなわち、「差別の場」としての「娑婆」に足を置き、「好きだが嫌い」あるいは「嫌いだが好き」と感じながらそこに生きることとである。

「どうしてわらじの会をやってきたんですか」とよく訊かれるが、「いや、なりゆきで」としか答えようがない。あるいは、「いつのまにかしがらみが増えて、足が抜けなくなって」とか。

筆者自身は、東京で生まれ育ち、中学のころから常に「しがらみ」を切り捨てて、自分本位に生きてきた人間である。進学するたびに、活動分野を変えるたびに、新しい環境で生き抜くために過去は不要と切ってきた。目の前の学業や運動に集中するために、義理も人情もわきまえないエゴイズムに徹することをごくあたりまえとみなすエコノミック・アニマルの心性を体現してきた人間だ。今もなお、「しがらみ」はできる限り切りたいと願いつつ、がんじがらめになってあがいている。

ふりかえれば、「しがらみ」の甘い誘惑に負けてしまった初めての体験は、三十数年前団地に越してきてすぐのことだった。当時の団地では月に一回日曜の朝に、各棟ごとに芝生の草取りや階段の清掃を、住人みんなでやっていた。子どもたちも手伝ったり、そばで遊んだりしていた。筆者の棟は、ボックス型といって、全部で一〇戸だけ。子どももなく、かつての新左翼運動のつきあいか、仕事の付き合いしかなかった筆者は、何気ないご近所の会話が苦痛に思え、しぶしぶ参加した。共同作業が終わると、芝生で軽い飲み会をやるのが恒例のようだった。その飲み会のときである、最上階の消防庁に勤めている人が筆者に向かってこう言ったのは。「この前、警視庁の人がうちに、お宅のようすを聞きに来たんですが、知らないと言っておきました。うちが消防庁だから、警視庁の親戚みたいに思ったんでしょうかね」と。びっくりした。「ありがとうございます」と、素直に答えた。

それまで七〇年安保闘争から七〇年代前半を通して、筆者と連れ合いは都内のアパート一〇か所近くを、警察の監視を逃れるべく転々としてきた。迷いながら、心機一転、地域で暮らそうと決意して、この団地に来たが、こんな形でご近所に意図せざるカミング・アウトができるなどとは、露ほども思っていなかった。それまでの周りがすべてスパイかもしれないと警戒するところから出発する、地域での孤立した暮らしからは、まったく想定できない出来事だった。たんに隣近所というだけ、たんに一緒に草取りをしただけという関係が、こんな重たい意味を担うこともあるのだなあと、しみじみ思った。それから草取りと飲み会が楽しみになってしまった。

「しがらみ」という言葉は、個の自己決定・自己選択を阻害するマイナス要素として語られやすい。しかし、「しがらみ」の本来の意味は「柵」であり、枝などを編んで川の流れを堰きとめたり、ゆるやかにしたりするものだ。人と人の関係がいくつも重なる中で、「しがらみ」が編まれてゆく。それは、限りなく加速されてゆく競争社会の流れにセーブをかけたりもする。第一節で、「社会モデル」への違和感を補うために「地域モデル」を考えたが、そこで「地域」と表現しなければ伝わらないだろうと思ったのは、家族、ご近所、学校、職場といった「場」の重要性だった。そこには、血縁、地縁、学縁、職縁とさまざまな縁があり、それらに伴う「しがらみ」もある。

もちろん「しがらみ」そのものは、それを通して競争社会が貫徹してゆく場であり、「差別の場」としての「娑婆」にほかならない。しかし、競争の中で編まれてゆく「しがらみ」が、共生社会の素材を育みもするし、差別の現実を体験することなしには差別とたたかう道も見出せないことを、この三〇年にいやというほど思い知らされてきた。

かつて一九七八年にわらじの会をそこから分離独立させてくれた本国と言ってもよい川口とうなす会という団体があった。わらじの会の「共に街に出よう」というスローガンと当初の活動スタイルは、この川口とうなす会譲りのものである。川口とうなす会は一九七七年に発足したが、在宅の障害児者、家族と学生や若い労働者がたくさん集まり、当時はバリアがいっぱいの街へ出て遊ぶ例会を毎月行うとともに、その中で出会ったバリアをどうしてゆくか、交通事業者や大型店、時には自治体との話し合いの場などももち、活発に活動していた。

川口とうなす会結成にいたる歴史の源には、いまでもわらじの会のよき助言者として付かず離れずでいてくれる障害者・八木下浩一さんの就学運動がある。八木下さんは脳性マヒで九歳まで歩けず、つたい歩きができるようになった後、十二歳と十六歳のときに就学時健診に行ったが、まだ早いと言われて帰ってきた。それから少年野球の監督や、やくざや、授産施設入所や、女性とのつきあいなど、さまざまな遍歴を経て、青い芝の運動とも出会った。障害があるからといって普通の学校に行けないことが、異性にもてなかったり、ちゃんとした仕事がなかったり、障害者たちの目をどんよりさせてしまったりする根本的な原因じゃないかと思うようになった。そして、一九七〇年、二十八歳で地元の小学校に入学した人だ。

ちょうど東大闘争の後で、東大駒場で学生たちや共感を抱く教員たちによって行われていた公開の連続シンポジウム「闘争と学問」に招かれたことがきっかけで、参加者らの支援を受けながら川口の在宅障害者宅を訪ね、「川口に『障害者』の生きる場をつくる会」を一九七四年に立ち上げた。街の中で必要な介助を受けながら共同生活する、いわば重介護型のグループホームのような場の保障を求める要望書を、市に対して提出した。市は要望を受け止めたに見えたが、一九七六年、整形外科の医師で施設経営もしている和田博夫氏に運営を丸投げし[注4]、運動していた障害者の中からも和田氏の下へ走る者が出て、けっきょく小さな療護施設として骨抜きにされた形で、一九七八年開所してしまった。

川口とうなす会は、この「生きる場をつくる会」に関わってきたメンバーが、運動の反省を踏まえて、裾野を広げるべく立ち上げた活動だった。川口とうなす会の中心になったのは学生や若い労働者で、彼らは八木下さんを通じてつながりができた関西の障害者運動に刺激を受けていた。それは関西青い芝の運動で、「そよ風のように街に出よう」という合言葉で、障害者自身による在宅訪問活動を組織的に進めていた。関西青い芝は、自立障害者集団友人組織グループゴリラ[注5]という介助者集団を相棒として持つことにより、パワフルに活動し、増殖していった。八木下さんが一人でこつこつと地域を歩いてつくってきた川口のつながりとは、大きなちがいがあった。川口には「生きる場をつくる会」はあったが、関西青い芝とは異なる、目的を限定した障害者団体だった。しかし、川口とうなす会の中心になった人たちは、広い枠組みの活動を重ねることを通して、関西青い芝とグループゴリラのような障害者と健全者の共闘関係を築いてゆきたいと考えていたようだ。一九七六年四月に自立障害者集団友人組織全国健全者連結協議会が結成されるという流れの中にあった。

ところが、一九七八年、関西青い芝はグループゴリラを「差別集団」として解散させた。介助者集団を消滅させることが、関西青い芝自体の消滅につながることは承知の上だったとしか思えない。「頭使うな、体を使え」として「障害者の手足」に徹するべく努めてきたはずのグループゴリラだった。しかし、障害者たちから見れば、いつのまにか手足がその分際をこえ頭になってゆく悪夢が現実になったと感じられたのだろう。そこには、公的な介助制度が皆無の時代、主力になった学生たちが卒業して就職したり、家庭を持って現場を去る中で、運動の理念が風化してゆく状況もあったのだろう。

川口とうなす会の中心メンバーたちは、関西のニュースを伝え聞きながらも、自らの道を歩み続けた。将来のビジョンとして考えたのは、川口にグループゴリラのような数百名規模の集団をつくり、彼らを市内各地区に配置して、地区ごとに障害者自身の生活づくりの運動をつくってゆくことだった。

一九七八年、川口とうなす会とわらじの会の最初で最後の合同の夏合宿が、二〇〇名の参加で伊豆で行われたが、この合宿はいまから思えば介助者を障害者の手足に徹することのできる者として鍛えぬく、まさに地獄の特訓のようなプログラムで行われた。とはいえ、当時はそんな背景も知らず、またわらじの会の障害者たちが生まれて初めて海に入る感動に誰もが浸っていた。そして、ちょっとした成り行きで、その後二つの会は別々の歩みをたどるようになっていったのだ。

川口とうなす会は、地区ごとの活動と分野別の活動を組織的に行うための体制づくりを進めていった。会員すべてが何らかの役割を担うことで、みんなで会をつくっていく方向をめざした。また執行部や事務局をつくり、障害者と介助者が一緒にそれらを担った。

それに対して、わらじの会は、「来たときが会員」・「出入り自由」という組織なき組織でやってきた。ただ、みんなが集まることのできない平日の活動を在宅障害者たちが立ち上げたときには、みんなに相談せず障害者と少数の介助者だけで「自立に向かってはばたく家準備会」を立ち上げた。相談にあずからなかった人々には「裏切られた」という思いを抱かせてしまった。そうした小さな場でなければ、障害者たちの声が出ず、行動に移れなかったのだ。障害者運動のリーダーたちは、よく「健常者は障害者に代わって発言をしないでほしい。私たちを支援してほしい」と強く主張するが、結果としてみればこのときのわらじの会の在宅障害者たちは、野沢啓祐代表を筆頭とする、口下手だが意思表示においては明快かつ強固な「無口の自己主張」によって同じ目的を達成したのだ。「自立に向かってはばたく家準備会」のメンバーたちの多くが地元農家の出身だったが、あの映画『七人の侍』で、侍たちをけっきょくは「手足」として動かした農民たちの技法を受け継いでいた。

その後のわらじの会は、そうやって分かれてしまった側、置き去りにされた側、その深い谷間を受け入れ、向き合いながら、一緒に進んできた。「一緒」とは無前提にあるのでなく、「一緒にいる」ことの中にある。だから以後、会の中から共同住居や介助システムや障害者雇用事業所などが細胞分裂し、それぞれ独自の運営主体をつくりながら、それらを含むゆるやかなネットワークとしてわらじの会はゆるやかに維持されてきた。したがって、いまでも「総会」などの組織はもたない。「くっちゃべる会」などと名付けられた場が時々開かれるだけだ。だからこそ、「来たときが会員」・「出入り自由」という原則が保たれ、日常活動に関われない人々も議論に関われるし、また言葉とは別の表現を通して意志決定に参加する可能性も閉ざされていない。[注6]ただ、この形は、事業経営や労働条件整備には不向きであり、いままさに崖っぷちに立ってもいるのだが。

いっぽう、川口とうなす会は、「障害者の自立」・「地域解放」という目的を実現すべく、総会や事業別の部会、地区の組織などを整備していった。だが、それは結果的に、会議や日常活動に参加しやすい障害者と動きのいい介助者を中心とした活動スタイルを、会全体に浸透させてゆこうとする計画になっていった。八木下さんをはじめ街でユニークな生活スタイルをつくってきた人たち、家族ぐるみで内部矛盾を抱えながら参加していた人たち、日常活動には関われない人たちなどは、計画の埒外となり、次々に去って行った。そもそも、介助者を鍛えて各地区に配置するといった発想こそ、はからずも今日の障害者自立支援法が定める障害福祉計画[注7]の数値目標の発想に通じるものがある。まったく制度がない時代、あくまでも高い理想に基づく活動ではあったが、障害者と介助者・健全者の関係しか見ず、しがらみとしての地域に根ざさなかった川口とうなす会は、解体していった。いまから思えば、あれが分かれ道だったのだ、「共に」ということを、めざすべき目標や理想として考えるのか、それとも現実のしがらみとして、スタートラインとして受け止めるかの。

五　地獄の底に「迷惑」という希望

埼玉県で行われている「支援籍」のように、特別支援学校の生徒が、地元の学校の運動会や文化祭に参加するといった限定的な出会いであれば、教員も子どもたちもやさしく受け入れることができる。しかし、日常的にクラスに一緒にいるということになれば、話は別である。わらじの会の故・糸賀美賀子さんの児童文芸新人賞作品『坂田くんにナイスピッチ』[注8]のように、養護学校の生徒に「こっちの学校来いよ」という近所の子どもが現れる機会は、限りなく乏しいだろう。

スクールバスで遠くの学校に送られてゆく、そのバスが停車するところまでもお母さんに送られてゆく、常に大人にガードされなければならない子どもが同じクラスに入るなんて想像できっこない。それでも入れろと求めてくるとすれば、社会の迷惑をかえりみないエゴイズム以外のなにものでもないと感じるだろう。わらじの会発足前後、筆者は野沢啓祐さん（わらじの会代表）らとともに、東京都足立区の金井康治くんが地元・花畑東小学校への転校を求めて「自主登校」するのに同行したことがあるが、生徒たちはみな教室にいて、誰もいない校庭にしばらくいて帰ってきた。その静けさが絶対的な拒否を物語っていた。いったん分けられてしまったことがどれほどの断絶をもたらすかということを、はっきり示していた。この極北から取り組まれた金井闘争は、関西の梅谷尚司くんの就学闘争と並んで、養護学校義務化に反対する全国闘争の天王山的な闘いとなった。中学になってようやく地元就学をかちとった後も、康治君の中学卒業を機に、公立高校の門をひらく運動へとつながってゆく。

分けられたことによる断絶の深さは限りないものがある。しかし、分けられた地獄の底にも、希望はある。その地獄を自らの生の証としてひきうけ、世界に投げかけてゆくならば、世界が変わることはないかもしれないが、困惑、混乱をもたらすことは可能ではないか。青い芝の闘いもそのような投げかけであり、だからこそ「問題解決の道を選ばない」永久運動とされたのだろう。

わらじの会の「画伯」こと、橋本克己さんも、青い芝とは異なるが、分けられた地獄からの使者として、婆娑を鬼火で照らし返すアートの半生を歩んできた。

幼いころ、聾唖、弱視、下肢マヒの重複障害のため、特殊学級や聾学校、養護学校からも入学を断られ、就学免除にされ、一室にこもって過ごした。家族とのコミュニケーションといっても、「食べる」、「出す」程度で事足りた。その代わり、彼の部屋はすなわち全世界であり、ちょっとでも秩序が乱れると不安になるのだった。整然と並べたミニカーを毎日指先と虫メガネで点検し、目に見えない程の疵があってもすぐに買って来いと暴れだす。三時にパン、五時にごはんと決めた日課が、数分でもずれたりすると、パニックになる。

その彼が、一九七八年、十九歳の秋からわらじの会の連中と一緒に街に出始めた。これまでテレビや絵本で見るだけだった電車や路線バスに乗ったこと、家族を介さずに通行人や駅員などと出会う経験をしたことは、彼にとって宇宙旅行以上の衝撃だった。その感動を伝え合いたくて、彼は店の看板の字を覚え、同行した仲間から手話を習い、そしてありあわせの紙に絵を描いた。これが『月刊わらじ』に「克己絵日記」[注9]として載るようになり、後年、単行本として出版されることになる。

大きく変わりつつある彼だったが、家に帰るとやはりパニックの日々が続いた。わらじに来るとパニックがおさまるので、家で荒れると家族からの電話を受けて、迎えに行くこともあった。二月のある夜、家に着くと、家中の窓が全部割れ、家具がひっくりかえり、家族がぼうぜんとして立っている。本人は、外に這って出て、街路灯の下に座っている。

三月になり、橋本家に県立コロニーからの入所決定通知が届いた。家族は泣いた。わらじの会には黙っていたが、家族は共倒れを避けるため施設収容を申し込んであったのだ。最後の頼みの綱だった施設入所だったが、わらじの会の仲間と話し合い、けっきょく見送ることになった。

こうして、家中を破壊するほどのパニックと、外へ出るとそれが消えてしまうという不思議さが、最初の出会いだった。この我慢できない迷惑がなければ、家族が知り合ったばかりのどこの馬の骨ともわからない連中を家に導きいれることもなかったろう。また、一室に座っていた画伯にとっては、微細な秩序が狂うことが世界が崩壊したような大迷惑だったのが、外に出ることによって、突然どやされたり、つかまれたり、水をかけられたりといった新たな迷惑にさらされていき、そこから始まるストーリーがアートの源泉となって花開いてゆく。

「克己絵日記」が会報に連載されるようになってから五、六年たつと、彼はしだいに街の各所に、休憩点、車椅子修理ドック、緊急連絡窓口、お得意の店をつくり、彼が個人誌のようにみなしている『月刊わらじ』を配布して回る先などのポイントをたくさん確立してゆく。このことを通して、それまで膨張一方だった行動半径が、一定の領域に落ち着いてくる。また、このころから、「克己絵日記」の中に、現実の出来事と内面の思いとが交錯したような世界も描かれるようになる。

そして、九〇年代以後、彼がこれまで一人で育ててきた内的宇宙が、自らの表現を求めて噴き出してきた感じがする。わらじの会で出会った身近な人々や妹が結婚し生活を変えていくことに直面したこともあってか、性が大きなテーマとなる。街を行く彼を描いているという点では以前と変わりはないが、あたかもポジからネガへ変わったような印象を受ける。九〇年に生活ホーム・オエヴィスができ、一緒に活動していた仲間たちが家を出て共同生活を始めたことは大きな衝撃だったが、彼には閉ざされた空間としか思えなかった。その後も、生活ホームや通所の場ができ、新たな人の流れが増えてゆくが、聾唖で弱視も進行中の彼にとっては、かえって意思疎通できる関係が薄まってゆく。だから、彼は活動拠点に飽きたりず、街をさまよい続ける。彼自身がわらじの会のネガなのだ。

昔、『猿の惑星』という映画があった。宇宙船が惑星に不時着すると、そこは猿が人間を家畜のように支配する野蛮な星だった。しかし、実はそこは未来の地球であり、最終戦争によって人間の文明が崩壊した後に猿の文明が生まれたことがわかる。就学免除という制度により家の奥に閉じ込められ、大人になって社会に出た画伯にとっては、自分の部屋以外のすべてが猿の惑星だった。そして、画伯がこの奇妙な惑星を探検し、数々の危険や発見を重ねてゆく過程で、猿である私たちもこの星の成り立ちを知ってゆくのである。

画伯の生き方の基調をなすと思えるのは、やはり「迷惑」である。彼の存在を有名にした最たるものは、交通渋滞だ。チェーン式車椅子の後部に普通の手動車椅子をひっかけて街を行く。駅で手動車椅子に乗り換えて、電車に乗る。昼に出て、深夜に帰宅。これが、ある程度視えていたころの日課だった。特に昼に出かけるとき、家と駅を結ぶ片側一車線の幹線道路は、約二キロの区間が大渋滞になる。ホーンや怒声が飛び交っても、聴こえない彼は悠然とこいでゆく。毎日のようにあちこちで彼に遭遇するタクシー運転手の間では、「車椅子のアンチャン出現！　迂回必要です」という無線が飛び交うようになる。しかし、いくらホーンを鳴らしてもニタニタ笑いながら脇に寄ろうとしない彼を、確信犯の車椅子暴走族と思い込んだトラック運転手からは、夜中に激しい蹴りを入れられるといった「被害」にも遭遇する。彼にはなんのことか理解できないのだが、世の中は不条理であると受け入れつつ、この出来事を翌月の月刊わらじ「克己絵日記」に描けばみんなが驚き喜ぶに違いないという作家魂もまた刺激されるのだった。さまざまな人々とのキャッチボールの中で、「迷惑」は地域を耕してゆく。

街をキャンバスとして表現する彼のアートは、絵日記というジャンルにとどまらない。

『克己絵日記』の第一巻（一九九五年）に、いまNHK教育TVの「きらっと生きる」案内役を務めている牧口一二さんが寄せてくれた文章では、画伯に「妖怪」という賛辞を捧げ、つぎのように述べている。「世の中から排除され続けた障害者たちは、その分だけ、世間の常識・通念・普通・平常・平均……という、『くだらない』とは言い切れないゆえに恐ろしい価値観、その縛りから解き放たれた状況で生きてきたと言えるだろう。松葉づえのボクは『歩けない人』『足の不自由な人』とよく言われる。だが、ボクは松葉杖でしっかり歩いているつもりだし、他のさまざまな歩き方をしている障害者たちと出会って、足の役割について自由に考えられる人になった。違った障害をもつ人たちから自由で多様な生き方をも教わった。そしてラクになった」（「常識人と妖怪の一騎打ち」）

画伯は、「世の中から排除され続けた」結果、どのように「縛りから解き放たれた」生き方を身につけたのか？　同じ『克己絵日記』の第一巻に、「街に出るたびに愛想をふりまかねばならない『障害者』って疲れる存在だ」と書いた、中途障害の故・糸賀美賀子さんは、画伯がどのようにして人を集めて階段を上がっていくのだろうと不思議に思い、反対側のホームをみつめていた。まだ駅にエレベーターもエスカレーターもなかったころのことだ。

見ていると彼はするすると車椅子を動かし、改札へと上る階段の下でピタリと止まった。そうしてじっと前方を（つまり階段を）にらんでいる。どうなるのかな、と思ったとたん、学生が二人克己くんに近づきながらなにか話しかけている。もちろん克己くんが言葉で応じられるわけはないのだが、察するに

学生①　上に行くんですか？
克己　ウイイヒヒ（とニコニコしながら上を指さす）
学生②（車椅子をちょっともってみて）重いよ、一人じゃムリだよ。
克己　（ニコニコ）
学生①　すいません、手伝ってもらえますか？（通りがかりの人に声をかける）
学生②　すいませーん

というようなやりとりがあったのだろう。それからあっというまに人が集まり、克己くんは車椅子ごと上へ運ばれて行った。

この克己くんの実力（？）を見せつけられ、私はショックを受けた。私が愛想をふるって上り下りする階段を、彼は無言で上ってしまう。うーん「障害者」のキャリアの差だろうか。いや、

それだけではないなにかがある。たくましさというかふてぶてしさというか。街なかでの「自分の位置づけ」みたいなものをよく心得ている。克己くんはこの街に根づいているんだな、きっと。

（「克己流・街に出る」）

故・糸賀美賀子さんが、「それだけではないなにか」と書いたものこそ、この世を「猿の惑星」と見切って生きる彼の「地獄力」だったのだ。

画伯に限らず、障害者はしばしば「迷惑」な存在になる。そんな障害者と共に生きるとは、迷惑と共に生きることである。いまの社会、迷惑を喜ぶ人はいない。誰でもできれば避けたい。障害者も、できれば迷惑をかけて嫌がられたくない。迷惑と共に生きるとは、成り行き上しかたなしに受け止めて生きることである。しかたなしに受け止めるとは、家族、職場、学校、地域に一緒にいることが前提である。しがらみから逃れられないと観念したとき、迷惑をも共にせざるを得ない。その中から、いまの暮らし方、働き方、学び方、そして地域や社会のあり方が、単にこうあったらいいという理想像ではなく、とりあえずの折り合いとして具体的に導かれてくる。そんなことを、くりかえし経験してきた。それは求めて得られるものではなく、あくまで成り行くものなのだ。

そもそも、「迷惑」とは何か。「迷惑」とは迷い、惑うと書く。元来は仏教語で、現在用いられているような意味ではなかった。真理がわからずに迷い、惑うことだったのだ。さすれば、迷惑をかけるとは、スフィンクスのように謎をかけて、相手を迷い、惑わせることになる。迷惑と共に生きるとは、謎に迷い、惑いつつ生きることだ。

八一年の国際障害者年を経て、「障害者」と名付けられる人の数が増えていった。それは運動側が、「障害者として権利を保障せよ」と訴え、「同じ障害者なんだから団結しよう」と組織づくりを進めたことにもよるが、そうした状況に追い込まれていった障害者たちの社会的位置の変化を見ておく必要がある。

なかでも大きく変わったのは「知的障害者」。そして、「発達障害者」という新たな枠組みの導入がある。これは、社会の情報・サービス化が進むことにより、急に「コミュニケーションの重要性」が強調され、「KY（空気が読めない）」、「アブナイ人」が槍玉に挙げられている状況と深い関係があるだろう。知的障害の判定においても、かつての知能指数万能から、いまは社会適応が重要な判断基準に加えられている。そして、LD（学習障害）、ADHD（注意欠陥多動障害）、高機能自閉症といわれる軽度発達障害が、新たに「特別な支援を必要とする人々」としてくくり出されてきた。

そのいっぽうでは、「共に生きること」がかつてないほど強調される。そこで、「共に生きる」ための「支援」が、クローズアップされてきた。しかし、この文脈の中での「支援」とはなんだろう。その「支援」の多くが、迷惑をかける存在にならないためになされている。「自立と社会参加のために」という名目で。こうしたシステムは、いま「特別支援教育」という名で、義務教育段階だけでなく、就学前の保育所・幼稚園から卒業後の就労・福祉関係機関との連携を含む一貫したきめ細かい分離の網づくりをめざして整備されつつある。「障害者として権利を保障せよ」という運動自体が、結果的にはこの分離の網を支えることにもなりかねない。

こうして「障害」という謎に迷い、惑いつつ生きることの意味が見失われる。「支援」のシステムは大きな誤解の上に成り立っている。

六　娑婆の風景――家族・ご近所としての地域

先に「人の世は、内には煩悩を抱え、外にはさまざまな災厄が溢れる苦悩に満ちた世界であるという意味を込めて、サンスクリット語で『娑婆』と呼ばれる」と書いた。そのような「娑婆」が、かつて橋本画伯らを一室に閉じ込めてきたのであり、いまは地域の中できめ細かく分け隔てた世界をつくっているのだ。

その娑婆は、しがらみの満ち満ちた場である。しがらみの中では、おのれと汝が分かちがたく結びつき、障害者を産んだ親はこの子は親なしでは生きてゆけないと信じ、愛ゆえにわが子を殺すまでに追い詰められる。周囲は止むを得ざる決断であるとみなし、情状酌量を求める。それが、しがらみである。かつて青い芝の障害者たちは、そのしがらみから解き放たれるべく、閑居山コロニー[注10]にいわば出家する。あえて、地獄をくぐりぬける荒行をめざした。それ以外に、道はなかった。しかるのち娑娑へ下りて、在家の人々との「闘争＝ふれあい」の行へと、あらためて進んでいったのだった。それは、画伯が、いわば面壁二〇年の座禅の後に、この世を「猿の惑星」と見切りながら、サバイバルの道を探りつつ、街へ転がって出て行ったことと重なってくる。

そして、この節でとりあげようと思うのは、あの『さようならＣＰ』という青い芝が自らを描いたともいうべき映画で、重要なテーマになったと筆者が考える「家族」および「ご近所」の問題である。横田弘さんが車椅子を使わず、膝立ちで這いながらアパートを出てゆくとき、お連れ合いが激しく拒絶する。それを振り切って出てゆく。ここでは、車椅子に乗り、他者の手を借りることにより、社会に同化しているかに見えた幻想が剥ぎ取られ、健全者社会が関わり方を見出しえない「異物」とされた存在が、現れる。そのことは、しかし、お連れ合いが考えるご近所との折り合いをも、危機に陥れかねない不安を膨れ上がらせたのかもしれない。

障害者の地域での自立生活を考えるとき、「障害者個人ＶＳ地域」という図式で、「地域」は外部としてとらえられることが多い。青い芝の「愛と正義を否定する」という行動綱領に示される通り、愛ゆえに親が子を殺し、国の無策ゆえにやむをえない行動であるとみなす近所の人々の正義の尺度は、まさに否定さるべき現実を示している。「在宅になるよりは施設に行ったほうが」とか、「親から自立するためにまずは施設に出て、その後自立生活へ」といった発想を、自立生活運動を進めている障害者リーダーすらしばしばもっている。それゆえに、家族・ご近所といったしがらみは、自立生活と無縁な要素として、むしろそこから解き放たれるべき依存的な関係としてみなされる。

しかし、橋本画伯の歩んできた道をふりかえってみると、彼の家族の人々とそれを取り巻く、内部としての「街」、「地域」の役割が大きかったことがわかる。ここでは、通常見過ごされることが多い「内部としての街」すなわち家族・ご近所としての地域のありようについて述べておきたい。この「内部としての街」は、画伯の大迷惑に追い詰められ背水の陣を布いた家族が、ひらきなおって筆者らのようなまるっきりの他者を受け入れてくれたから現認することができた。だが、ただボランティアやサービス提供者として関わっているだけでは見えてこなかっただろう。

橋本一家が暮らしていたのは、戦争の末期に建てられたトタンぶきの陸軍兵舎[注11]を、戦後になって国が細かく仕切って払い下げた長屋の一角だった。薄い壁一枚で隣のけんかは筒抜けであり、始終誰かがお茶飲みに寄ったり、おかずをやりとりする環境だった。ベッドタウンとして都市化しつつあった農村越谷にあっても、異色の下町的世界の中で、物心付いてからの画伯は暮らしてきたのだ。思春期の画伯は家の中でも自室にこもってめったに出ようとしなかったが、七〇年代にお父さんが前に働いていた都内の会社からアンチモニーのオルゴール付宝石箱の組み立ての仕事をもらって、近所の主婦の手も借りて自宅で孫請け作業をやっていたときには、克己少年もドリルでの穴あけ作業を一緒にやったこともあったという。長屋のみんなは、画伯のことを「かつみちゃん」と呼んで、わらじの活動を終えて送ってゆくと、「よかったね」と声をかけてくる。

この長屋には、「富ちゃん」と呼ばれる知的障害のやはり就学免除のまま大人になった女性が、弟一家とともに暮らしていた。「富ちゃん」は、朝から夕方まで、長屋の中を歩き回っては、お茶飲みに寄ったり、落ちている洗濯物を拾ってやったり、走っている子どもたちに「あぶないよ」と声をかけたりしていた。「富ちゃん」は長屋からほとんど外へ出たこともないからか、わずか二〇センチの溝も怖くて渡れないほどだった。でも長屋の中ではそれで十分だった。時折り留守の家が干しっぱなしにしていた洗濯物に雨がかかるからと取り込んで、自宅に保管しておいたつもりが忘れてしまったのか、「富ちゃん」のタンスからよその家の衣類が出てくることもあった。しかし、この程度の「迷惑」は大目に見る雰囲気が、長屋にはあった。

画伯の隣家の奥さんも、そういえば股関節脱臼で足をひきずっていた。また、おじいさんで、鼻茸が大きくなって鼻の穴から外へ出てきている人もいた。若い人たちは、通勤や通学で、越谷駅に往復する途中で、4号国道のバイパスを渡るのだが、信号がなく、何人もはねられて死んだと聞いた。長屋全体が極めて老朽化していて、もちろん水洗トイレなどなく、雨漏りはするし、床もぼこぼこだった。病気や障害や危険や貧乏もひっくるめて生きるパワーに変えてしまうような、ごたごたした地域が、一九七八年に画伯がわらじの会にデビューした当時の生活の場だった。

その猥雑とも見える関係の中に橋本家の人々が暮らしていたことが、施設入所をとりやめて、もうしばらくの間、わらじの会のようなあてになりそうもない活動に、家族もろとも添ってみようかという決断につながったのだと思う。そして、家族はご近所の人たちや同級生まで、わらじの会の活動に誘ってくるようになる。街へ出てから激しさは減ったとはいえ、なお画伯のパニックはしばしば爆発し、家族全員が避難しよそで寝ることもあったし、「お前なんか死んじまえばいいんだ」とお父さんが棒で荒れる画伯を叩くシーンもあった。橋本家の人々は、そんな状況もひきずりつつ、バザーに合宿に、他の障害者の介助に関わり、さらに多くの人たちの暮らしと出会った。

いっぽう「富ちゃん」は、長屋の半分近くが焼失した火事で焼け出された。そのことを機に、弟夫婦は彼女を連れて、すぐ近くの新興住宅地に引っ越した。歩いて数分のところだが、「富ちゃん」にとっては異界である。長屋では、彼女の役割だった見回りが、新興住宅地では意味不明の徘徊とみなされる。数年後、筆者らが見学に行った他市の入所施設で、「富ちゃん」と再会することになる。一九八〇年代の半ばになっていた。

橋本家は、一九九〇年から九八年まで、社団法人日本青年奉仕協会（ＪＹＶＡ）[注12]から「一年間ボランティア」としてわらじの会に派遣された若者たちを、寄宿人として毎年受け入れた。『克己絵日記2』（二〇〇二年）に、初代一年間ボランティアだった矢野陽子さんは、次のように書いている。

克己くんが毎朝手こぎ式チェーン車椅子に手動式車椅子を引っさげて出動したあの古い長屋の様子は、幻のように私の中に生きつづけている。トイレはぼっとん、植木鉢がところ狭しと並んだ玄関先には、よろよろの野良犬のためにおじさんが建てた犬小屋があった。至るところごちゃごちゃとものが置いてあるという印象がある。玄関からのぞいただけでは家の中の構造がどうなっているのかよくわからないような家だった。（「回想の長屋暮らし」）

一年間ボランティアと橋本家そして画伯の日常は、こんな風だった。

毎晩もらい湯にお邪魔する。電話を借りる、荷物を預かってもらう、熱を出して寝込んでいるときは食事を運んでもらう、そんな恩恵にあずかる代わり、克己くんが街で起こしたトラブルに対処するために、たとえ一日の仕事が終わったと安堵のため息をつくような時刻であっても容赦なく駆り出された。夜遅くに人を呼び出しておいて、それでも納得のいかないことがあれば梃子でも動かない、家へ帰ろうとしない克己くんを見て、心底「にくたらしい」と思うこともあった。そしてこの「にくたらしい」気持ちが噴き出したとき、自分には健常者だ障害者だと言っていられるような余裕がなくなった。

周囲の様子をうかがい、自分が何をしにここへ来ているのか、ちゃんと受け入れてもらえているだろうか、考えあぐねて慎重に行動していた一年間ボランティアは、しかしなぜかこの機を境に「図々しくなった」と言われるようになった。（同右）

「『にくたらしい』気持ちが噴き出したとき、自分には健常者だ障害者だと言っていられるような余裕がなくなった」と矢野さんが書いている状況、それは「猿の惑星」をたった一人さまよいつつ死地を脱する道を探ろうとする画伯の状況と、せめぎあって現出した。惑星の住人として疑うべきものをもたなかった「猿」が自らの星そのものを問い始めた瞬間である。そのとき、娑婆は、フルカラーの世界を反転させる。価値あるものがその色を失い、日常のありきたりの関係が不思議な光彩を放つ。

七　地域のイメージ――区域かコミュニティか

画伯の場合、就学免除という形で、三途の川の向こう岸へ追いやられたところからの逆襲だった。いま、福祉制度や特別支援教育が広がる中、三途の川のこちら側で、しかし娑婆とは異なる分けられた世界への囲い込みが進行している。地獄の底をかいくぐってきたエネルギーこそ、娑婆の秩序を揺るがしもするのだが、賽の河原をさまよう者には永遠の石積みの作業が続くだけである。

私たちは「地域で共に」と言ってきたが、その場合の地域とはなんだろうか。「地域」を広辞苑で引くと、「土地の区域、区画された土地」となっている。それに対し、「地域社会」という言葉は、「一定の社会的特徴をもった地域的範囲の上に成立している生活共同体。コミュニティ」となっている。「地域」という言葉は、行政的には前者の意味で用いられることが多く、市民活動的には後者の意味で用いられることが多いのではないか。

私たちの地域は単なる土地の区域ではなく、「娑婆」の意味が込められているんだと思いつつも、しかし「生活共同体」とか「コミュニティ」といった言葉にはどこかちがうなと思う自分がいる。やはり「土地の区域」という点に大きな意味があると感じる。小・中学校の学区には今でもその意味が引き継がれている。それに対して、「生活共同体」とか「コミュニティ」は、「土地の区域」の解体の上に形づくられてゆくものという意味合いを感じる。以下に述べる「第二のふるさとづくり」などもそうである。

かつて土地の区域としての地域があり、その土地の区域の中に人々の生活・労働が編みこまれていた。そうした元来の地域に対し、地域社会が外からやってきて、やがて地域の中に入り込んでしまう。私たちが言う「地域」とは、元来の地域と新たな地域社会とのせめぎあいとして成り立っている。それが「娑婆」なのだ。

こうした地域は、一九五〇年代から六〇年代にかけての日本経済の高度成長の産物である、石炭から石油へのエネルギー転換により、産業のスクラップ・アンド・ビルドが進められ、三大都市圏を筆頭とした臨海工業地帯とその周縁のベッドタウンへ、江戸期以来の大民族移動が行われた。ベッドタウンでは、故郷を捨てて新天地で「第二のふるさとづくり」をしようとする新住民と先祖伝来の土地で暮らしを立ててきた旧住民とがせめぎあった。

しかし、このベッドタウン周辺にも工業地帯の整備が進み、老親と妻の三ちゃん農業にとどまらず、さらに妻の労働力を市場へ解放する役割も担って、一九六〇年代後半から七〇年代にかけて全国で障害者入所施設建設の波[注13]が高まった。この波は、さらに幼い頃から分けるための七九年養護学校義務化へと連なってゆく。賽の河原の増殖である。七〇年代半ばに埼玉県教育委員会の就学相談に行ったわらじの会の母親は、「お母さん、この子は家庭で見るべき子じゃなくて、国が見るべき子ですよ。この子を施設に入れて、お母さんは丈夫な赤ちゃんを産みなさい」と言われた。就学免除を受けて農家の奥でひっそりと暮らしてきた重度障害者の生活が悪化するのも、この時期である。これが、わらじの会発足時の「地域で共に」を取り巻く状況だった。したがって、その「共に」とは、「障害のある人もない人も」だけでなく、「新住民も旧住民も」、「大人も子どもも」という意味も含まれていたのだ。発足時のわらじの会の活動範囲は、主に春日部、越谷、草加の三市にまたがっていたが、後に草加のメンバーはめだかの会[注14]という姉妹団体をつくり、現在は主に二市を拠点に活動している。

地域にこだわって三〇年あまり活動してきて、いつもびっくりさせられるのは、学校の縁、それも小学校・中学校という義務教育を通じた縁の広さと深さである。地縁という意味では、校区に住む大多数の子どもが同じ生活空間を共有し、また子ども本人だけでなく親きょうだいという血縁もそこに連なっている。小学校区、中学校区は、きわめて独自の社会的特徴をもった地域的範囲だといえる。重い障害をもちながら地域の小・中学校に通い、いまも生家の近くで暮らしているわらじの会メンバーは、街の風景の一部になっている。

地域の様相は変わり続けている。一九七〇年代後半から現在にいたる経済のグローバル化と構造的不況が続く中、生産の海外移転と大規模なリストラを通して、国内産業のサービス化・情報化が進んだ。終身雇用制の崩壊、非正規雇用の急増による先行き不安感が増す中、介護保険、支援費制度から障害者自立支援法と矢継ぎ早に福祉が拡大し、不安定雇用の受け皿ともなっていった。先行き不安感はまた、親たちを教育投資へ駆り立て、「お受験」が過熱し、高校進学率は一〇〇%に近づき、大学進学率も五〇％に達する状況で、子どもたちはよりいっそう選別され、競争させられ、孤立してゆく。かつては、「山奥の施設か、地域か」、「遠くの養護学校か、地域の学校か」という対比が意味をもった。しかし、いまでは身近な地域の中に、入所・通所のさまざまな施設があり、一般雇用の枠の中にも特例子会社という施設に近い人的構成をもつ企業体もある。身近な地域に養護学校ができ、地域の学校の中に特殊学級だけでなく、通常学級に学ぶ障害のある生徒のための通級学級が増えた。国の就学基準は基本的に障害のある生徒は特別な場で学ぶことが適切であるという従来の原則から変わっていないが、小学校に入るときに共に学びたいと強く望む親子に対する市町村教委の就学指導は、それ以上別学を強制せず、いったん通常学級に就学させ、数年で疲れてあきらめるのを待つ継続観察という方針に転換したところが多い。

私たちはいまも「地域で共に」と言い続けている。この三十数年間、地域の様相はたしかに変化したが、基本的な枠組みは継承されている。わらじの会発足時、家の奥にいた重度障害者たちの一部は親きょうだいとせめぎあい、折り合いを付けて分家や生前相続を果たし、新住民たちの一部を介助者・援助者として道連れにしつつ、住まいや活動拠点を生まれ育った土地につくった。他の重度障害者たちも、ほとんどは入所施設に入らずに、老親と暮らしながら、それぞれのやり方で活動に参加している。きょうだいたちは近隣に住む者がほとんどで、かつて会の活動に参加したり、なかには他の障害者の介助もした経験をもち、折にふれて、本人の地域生活を見守り、支えている場合が多い。本人が亡くなった後も、会の行事に参加してくれる親きょうだいが少なくない。

かつての「埼玉県東部地区に総合養護学校をつくる会」会長で、わらじの会結成に参加し、以後三十数年にわたり共に学ぶ親子を応援する活動を続けてきた白倉保子さんは、「学校卒業してからが長いんですよ。だから私たちがいま大変な思いの中で、先生ともいろんなことがあったとしても、栄養剤だと思ってほしいんです」と、若い親たちにいつも話している。いま娘・清美さんは近所の作業所に通っているが、自分の身の回りの世話もできないのに他人の世話をしようとするというので、いつも職員に叱られる。保子さんは、「あなたの取りえはそれしかない。他人のお世話係をする母をそのまま受け継いだもの。それしか残っていないから遠慮しないで、先生に怒られてもいいから、お世話係しなさい」と言って毎日送り出す。「注意しました」と書かれた連絡帳を持って帰ってくるが、それでも「お世話係しておいで」と送り出しているという。

白倉さんはまた「清美ちゃん元気に歩いてるね〜」と、毎日近所の人に誰かしらにいつも声をかけてもらっていると語る。「やっぱり自分たち家族では、こんなに大きくなっても無理があるんです。近所の人の声かけがやっぱり必要なんです。だからいま大変でも、みんなの若さでこれを乗り越えてほしいんです」と若い親たちに伝える。

いま、できないことを克服するか補うことなくして他者と関わるべきではないという発想が、特別支援教育や福祉制度の拡大に伴ってひろがっている。できなくても、支援制度がなくても、いやそうだからこそ迷惑をかけることを恐れず、みんなと一緒の場で手を借りながらかけがえのない一員になってゆくのだということが見えなくなっている。娑婆は「忍土」とも呼ばれるように、四苦八苦の苦しみに耐える世界である。清美さんが他人の世話をして自分の身の回りの世話が後回しになり、職員によけいな手間をかけさせるなと叱られることを通して、母娘と職員は四苦八苦を共にしている。こうしてみると、「障害のある人もない人も」という言葉は、「障害のある人とない人が一緒に」というだけでなく、障害のある人にとっても障害のない人にとっても「地域で共に」なのだ。

中学浪人を数年強いられた後、県立高校定時制に入学した中川正嗣くんは、ダウン症で聾唖、そして心臓の病気をもっている。ほとんどの高校教員の意識では、「高校の教育を受けるに足る能力・適性がない」と受け取られる。しかし、共に学ぶ教育をめざす教員が複数いた高校で、定員割れなのに希望する生徒を落とすようなことはしてはならないという意見が多数を占め、やっと入学できた。「わからない授業を受けるのは、本人にとって苦痛じゃないのか」といった発想は、中川家にはなかった。重い障害であればなおのこと、できる限り多くの人たちが本人の思いや表現を理解し、一緒に学んだり、一緒に遊んだりする関係を、共同で編み出してゆくことが不可欠と考えていた。小・中学校とも近所の普通学級で過ごす中で、この確信は裏付けられた。地元の高校を一次、二次とも定員内不合格にされたときは、中学のクラスメートのほぼ全員が、高校長に手紙を書いてくれたほどだ。

やっと入学できた高校は、生徒を選り好みせず、希望する生徒をできる限り受け止めようとしてきたから、他校で門前払いされたヤンキーの生徒も多かった。中川くんが入学した年、新一年生二十数人中、女子が一〇人入ったので、上級生のヤンキーたちは一年生の教室に入ってきたり、一年生が授業をしている教室の外でバイクをふかしたりしながら、わいわい盛り上がっていた。中川くんは、そんなヤンキーたちに強い関心をもち、ヤンキーがタバコをくわえると、近寄って、さっとライターをつけることを覚えた。ヤンキーの方も、いつのまにか手話を覚えて、中川くんとコミュニケーションするようになった。そうかと思えば、中川くんは、パソコンに魅入られ、ローマ字のお手本を全部入れ終えるまで、居残りでパソコンにかじりついたりもしていた。また、二十歳の美女（クラスメート）のそばにずっといて、選択の授業をすっぽかすことも、しばしばだった。ヤンキーも、中川くんも、中学では学校に行けなかった美女も、高校に来て仲間に会うのが楽しくて、非常に精勤だった。「高校は勉強をするところで、義務教育とはちがうんだ」という信仰にこり固まっている人々にはわからない、家族・ご近所の関係をひきずった「娑婆としての高校」がある――日常が少しシャッフルされるだけで現れる地域再生の芽がそこにある。生活共同体やコミュニティづくりとはちがう何かが。

八　「しがらみ」の編みなおし方――地域再生の模索

現在のわらじの会とその周辺は、先に述べた「しがらみ」に根ざし、それを編みなおし再生された「しがらみ」の集まりといおうか、それとも環境との物質代謝を通してそのつど細胞分裂してきた相互に独立性を有する分身の連合体[注15]といおうか、さまざまな事業体の連邦共和制のような様相を色濃くしつつある。

生活ホーム・オエヴィスは、恩間新田の農家の奥で暮らしてきた故・新坂光子・幸子さん姉妹が分家し、そこに数名のメンバーが入居者仲間として加わることで設立された。ケアシステムわら細工は、その前に近くの借家で介助者を集めて一人暮らしを始めていた障害者・野島久美子さんの生活保護の他人介護手当と姉妹の特別障害者手当をひとつの財布に入れて、共同で介助者を確保するためにつくった基金に、その源流がある。通所授産施設・くらしセンターべしみは、姉妹の向かいの農家でやはり就学免除にされてこもって暮らしてきた新坂きみ子さんに対する生前贈与として寄付された土地と会員のカンパを基にして社会福祉法人を設立してつくった。きみ子さんはいまもその二階にある生活ホーム・もんてんに住む。春日部市大場の地域デイケア施設・パタパタは、その名の通り、会の在宅障害者自身が地域生活をきりひらくために初めてつくった「自立に向かってはばたく家準備会の店・パタパタ」を継承している。また障害者雇用事業所である「ぶてぃっく・ぶあく」は、先に樋上さんが店長を務めたと紹介した「トムテ」の流れを引いている。

これらの事業体のほとんどはそれぞれに理事会や運営委員会をもって[注16]、互いに独立した組織になっている。それぞれが固有のしがらみをひきずりながら、その編みなおしとして組織があるからだ。

このほかに週一回だけ活動する「自立生活体験プログラム」や「街に出るグループ」などがいくつもあり、日常活動の中はたくさんの小宇宙がひしめいている。じっさい、べしみやパタパタの通所者のうちの誰一人として同じ週間スケジュールの者はいない。さらに県レベル・全国レベルの運動体に関わったり、定時制高校に通ったりする者も含め、おのおのがいくつものちがう世界に住んでいる。

時々、「わらじ村」と呼ぶ人がおり、組織的・思想的に単一な実体をもっているかのように思われている向きもあるが、むしろ逆の面すらある。

「わらじ村」は娑婆の只中である。経済的にみれば、中小零細業者の連合体のような実態が強まり、その事業の職員として働いたり、その事業を活用して暮らす者たちがかなりの比重を占めつつある。そこでの問題は、たとえば事業体が互いに独立していることで、職員の処遇に差が出ることや職場を移るのが難しいことだ。職員たちは、障害者たちと一緒に街に出たり、交渉やデモにも参加したりもするし、夜にケアシステムわら細工の介助者として障害者宅に入る者も少なくない。さまざまな場面で共に生きる活動にかかわり続けるために職員となったのだが、基本的にはめいめいが雇われている事業体の事情によって役割も処遇も固定化されてしまうという矛盾を抱えている。[注17]「自立生活センターわらじ総合協議会」と名づけられた調整の場をもって、苦労しているが、進まない。この苦労は宿命かもしれない。それぞれがひきずってきた関係に即して金を稼いだり、できる限り福祉以外の制度を使い、また地元自治体ならではのオリジナルな制度を育ててゆこうという発想にこだわっているからである。

共同体どころか単一組織ですらないわらじの会が、かろうじて会としてつながってこれたのは、年間三大行事である「夏の交流合宿」、「わらじ大バザー」、「みんな一緒のクリスマス」と『月刊わらじ』発行、そして随時開催する「拡大くっちゃべる会」を、三〇年にわたりなんとか継続しているからだ。ここに日常活動にかかわるメンバーも積極的に参加し、諸事業体もそれぞれのやり方で関わっている。三大行事のうち「わらじ大バザー」は、数か月かけて、近隣地域のあちこちでそこに住む障害者メンバー宅などを拠点としてＰＲし、出張受付日を決めてみんなで出かけて直接品物を受け取り、会場も毎年変えてあちこちの住民と出会う場としている。バザーでの出会い、再会は数知れない。『月刊わらじ』は日常活動の報告ではなく、共に生きる同人誌、タウン誌として編集している。このわらじの会という「しがらみ」をベースにして、個々の事業体が、迷い惑いながら、おのおののしがらみを編みなおしているのだ。

とはいえ、個々の事業体の予算規模が小さく、専従職員も少ないことは、「しがらみの編みなおし」としての事業体に必然的に伴うことである。例をあげれば、自治体の単独事業として制度化させた全身性障害者介護人派遣事業や知的障害者介護人派遣事業は、ご近所づきあいや友達関係の延長で介助を受け、その手当てを自治体が介助者に支払う制度であり、わらじの会周辺では大いに利用されている事業だ。とうぜん、ケアシステムわら細工で介助の調整をするときにも、自立支援法のヘルパーや生活保護の他人介護加算で本人が雇う介護人などと組み合わせてこの制度の利用も入ってくるのだが、全身性は自治体が直接介助者個人に振り込むシステムであるため、ケアシステムわら細工には一円の事務手数料も入らない。生活ホームや通所の場も、最小限の規模とし、そこに囲い込まないことを原則にしているため、報酬の日割り計算化などの影響をもろにかぶる。地域の人々がさまざまな形で関わることで活動は成り立つが、経営的にはおぼつかない。

私たちのジレンマは、社会的に見て、どのような背景をもっているか？　支援費制度から障害者自立支援法に変わった時、小泉改革の流れで利用者負担や障害程度区分や報酬日額制が導入され、障害者団体から猛反対が起こり、民主党政権になってその廃止が宣言された。だが、支援費制度のように限度額が青天井であっても、私たちのジレンマは解消されようがない。福祉国家という仕組み自体が、ジレンマの根源にあるからだ。

福祉国家とは、たんに社会的困難を抱えた人を共同で支えるシステムなのではない。それならば、どんな社会でも必要だろう。しかし、現実の福祉国家とは、経済恐慌やそれに伴う社会的対立の激化を予防するための、労働・教育・医療・福祉にわたる制度を、労働力対策と所得再分配のメカニズムとして、経済の基本構造に組み込んだ国家体制といってよいだろう。世界的に見て、その端緒は第二次大戦前後であり、戦後を通じて各国に定着していった。はじめ、この福祉は、病人・障害者の隔離・収容を基調としていた。一九六七年、デンマークのバンク・ミケルセンはカリフォルニアの州立施設を訪問し、大規模収容の悲惨さを目の当たりにして帰国し、ノーマライゼーションを提唱し、国際障害者年への流れを切り拓いた。

とはいえ、「分けられた所から一緒に」というノーマラーゼーションの取組みには大きな困難があった。そこで、私たちが一九八〇年にＲＢＵ（スウェーデン肢体不自由児青少年協会）の言葉から示唆を受けたように、「分けずに一緒に」という取組みが大きな意味をもってくるのだ。

「分けずに一緒に」ということは、学校、職場、地域で一緒にということであり、基本的にはナチュラルサポート、すなわち級友・担任、同僚・上司、隣人が生活を共にする中で、結果的に援助もできているような関係をめざすことになる。福祉的支援は、ナチュラルサポート[注18]を支える限りにおいて意味がある。私たちが地元自治体に働きかけ、実現させた制度は、すべてそうした内容をもっていた。だが、これらが国に吸い上げられ拡充されてくる時、内容が変わってしまう。福祉国家は、国際経済競争のための労働力育成を基準として人々を分ける。分ける福祉を整備して所得の再分配を行う。小泉改革も福祉の規制緩和をして、このような福祉を拡大した。これが私たちのジレンマの背景だ。このジレンマは永久に続くと、腹をくくるしかない。

私たちは、この宿命を、くりかえしつきつけられてきた。当初は外出さえままならなかった人々が、アパートや生活ホームで独立し、活動拠点ができ、介助にかかわる人々の給料も部分的に出せるようになってきたことは、外から見れば「世の中よくなってきた」という幻想を生じやすいし、本人たちもこの生活の充実と拡大によって差別からの解放がもたらされると錯覚しやすい。障害者自立支援法への反対運動の中にも、このような意識が多分に見られる。しかし、実際には「世の中悪くなっている」からこそ、「障害」や「病気」の範囲が拡大し、社会の中で分けられた場が増えてゆくのだ。分けられた場での定点観測だけではその構造が見えにくいし、外部だけからでもわからない。だから、双方から、壁に穴を掘り、出入りしつつ観測することが必要なのだ。

私たちは、そのためのひとつの試みとして、「自立生活体験プログラム」などと名付けられた街に出る複数のグループ活動に九〇年から取り組んでいる。それは、関西青い芝の障害者たち自身が、家や施設の奥にいる人たちのところを訪問し、家族に追い払われたりしながら、一緒に街に出て行った「そよ風のように街に出よう」運動や、その後の大阪青い芝の「こんにちは訪問」などに学んだ取り組みでもある。「自立生活（体験）プログラム」というと、自立生活をきりひらいた先輩障害者が、そのノウハウを後輩たちに伝えてゆく、このサービス提供を障害者の仕事としてゆく……といったアメリカの自立生活センター由来の活動の名称であり、実際そうした位置づけで取り組んでいる団体も多い。しかし、より大事なことは、自立生活や共に生きる活動拠点や共に働く事業所等を、完結されたものとして絶対化せず、学校や職場や地域の差別の流れの中で常に洗い直すことであり、それを通して学校や職場や地域にゆさぶりをかけ、問い直してゆくことだろう。先に「しがらみを編み直す」と述べたのも、そういうことである。

二〇〇二年以後、越谷市の「苞《ぱお》」、春日部市の「えん」と名付けた生活支援センター事業を、わらじの会の社会福祉法人つぐみ共生会が受託して運営し、またわらじの会には関係のなかった事業主、研究者、医療関係者、障害者、家族等と協働してNPO法人障害者の職場参加をすすめる会を立ち上げ、越谷市から就労支援センター事業の委託を受けたのも、単にサービス提供をするということにとどまらず、地域全体を共に生きる場・共に働く場に変えてゆくための、新たな関係を求めてのことだった。公的な相談窓口を運営することにより、「しがらみ」は一挙に広がった。公的なサービスの利用者と提供者という限定された出会いと、地域で生活者・共働者同士として生きる関係の間を隔てている谷間は深く、広がった「しがらみ」の編み直し作業は容易ではない。とはいえ、こうして地域への旅はすでに始まっているのだ。

九　わらじの会をこえて同床異夢

この旅の風景を読者にイメージしてもらえるように、私が事務局長を務めているNPO法人障害者の職場参加をすすめる会の代表理事・鈴木操さんに登場していただこう。

もう十数年前のある日、卵屋の鈴木操さんが、「山下さん、これはどう考えたらいいかな？　意見を聴かせてほしい」と言った。画伯の個展をきっかけに知り合った、ロータリークラブの役員だった。筆者と天皇制論争をした。「右」とか「左」とか意見はさまざまでも、地域でこういう論争がやれる関係はいいなあという結論になり、つきあいが始まった。いわば、「けんか友達」である。

話はこうだ。鈴木さんの中学の一年後輩で、親の代からの養鶏場経営者がいる。病気で、目がほとんど視えなくなっている。軽い障害があると思われる女性と結婚している。五、六年前に、何千万か借金して、鶏糞を急速乾燥する設備などを入れた。かつて越谷は養鶏の町だったが、都市化に伴い、目先が利いて資本力のある業者は、近県に大規模な機械化された養鶏工場を建て、転出している。この時点で、残っている業者はわずかだった。だから、鶏糞の急速乾燥設備などの導入は、鈴木さんの後輩にとって、生き残りをかけた「近代化」だった。鈴木さんも、いくらか出資した。それを機に、創業者の親は隠居した。

障害者夫婦には、小学校三年生の娘さんがいて、学校は家の目の前だ。その娘さんの担任が、給食のときに言った。「あなたの家の臭いで給食がまずくなる」このようにストレートな表現であったかどうか、確かではない。しかし、娘さんはそう聞いた。泣いて帰った。鶏糞を乾燥させる煙が、臭いの原因だった。娘を二度と悲しませないように、父親は機械を止めてしまった。ところが、猛暑で、今度は溜まった鶏糞が発酵し、ハエが大量に発生した。そのハエが、家の周りにこの数年間で新築された住宅街に押し寄せた。「公害だ」と苦情が殺到した。父親は、どうしていいか、わからなくなった。昔からの土地の人も、障害者夫婦には、「道で会っても挨拶もろくにできない」と言う人もいて、概して冷たい。

国・県の出先機関である春日部の農業改良普及センターに相談に行った。相談員は、大学を出たばかりのエリートだった。「養鶏場を処分して、借金を返し、職安に仕事を探しに行きなさい」市も同じ意見だった。父親は何をやる気もうせ、いまボーっとして日々を過ごしている。子どものころからのつきあいで、今も卵の取引がある鈴木さんは、そのエリート相談員に、「現場を見に来い」と言ったが、「そんな必要はない」と言われ、逆に「じゃあ、あなたは公害を出さない保証ができるか?」と反論された。市も、「鈴木がこだわっているのは、財産目当てじゃないか」と勘ぐっているふしがある。

鈴木さんは語る。「近県の巨大な養鶏では、一生太陽を見ない鶏に、機械的に卵を産ませる。平飼いとはいかないが、昔の卵に近い味の卵を産む飼い方を続けられるようにしたい。俺だって、公害を出さない名案はない。でも、謝ったり、話し合ったりして、折り合いをつける自信はある」

筆者は、かつて新坂姉妹が自分たちの家の奥での暮らしを市の管理職に語ったとき、「人権擁護委員会に訴えなさい」という答えが返ってきたことを覚えている。姉妹は、そんなつもりはさらさらなかった。将来もずっとここで、みんなと生きていきたいと、姉妹は思っていたからだ。「公害除去」にしろ、「人権擁護」にしろ、問題そのものをなくしてしまえという発想だ。だが、その通りにしていたら、いまのオエヴィスもべしみもなかったことだけはたしかである。

そんな鈴木さんは、障害の有無や能力によって分けてゆく社会の流れには反対だ。養護学校もないほうがいいと語る。かといって、中堅企業の社長だから、空理空論をもてあそぶことはない。鈴木さんは、「企業は利潤追求が目的」とはっきり言う。だからこそ、出会って間もなく、橋本画伯が時々『克己絵日記』を駅前で販売しているのを見て、「障害者を囲い込んで大事にするより、街におっぽなして、あわよくば本人にもうけさせちゃおうという根性が気に入った」と、評価してくれた。この発想が、「障害者の職場参加をすすめる会」につながっている。

障害者の雇用促進制度は、一定規模以上の企業に法定雇用率を課し、雇用しようという企業にはさまざまな援助を行うことによって、企業のインセンティブを引き出しつつ、雇用を進めようという公的な仕組みである。そのためにハローワーク等の就労支援機関や養護学校等では、障害者の能力や適性を判定し、一定のレベルをクリアーした者だけを、就労支援の対象とすることになる。制度が充実すればするほど、この傾向に拍車がかかる。また、障害者を対象にした特別な制度なので、就労困難者で障害が疑われる者は、障害者というお墨付きをもらえば特別な支援を受けられるということで、軽度障害者として認定を受ける者が増えるという状況も生じる。

その結果、就労支援の対象ではないとして福祉・医療等へ振り分けられてしまう人々の存在を、職場は知らないままになる。振り分けられた人々も、職場で働く人々と出会う機会が失われる。鈴木さんの言う「障害者を囲い込んで大事にする」状況が固定化した結果、職場で働く人々の障害者観も固定化したものになる。

それは、「就労支援の対象」とされた就労支援センター登録者の就労にも影を落とす。子どものころから他の子どもたちと分け隔てられたレールを進まされ、さらに「就労向き」のレールを選ばされ、就職したが、それまで障害のない人々の中でもまれた経験がなく、ショックを受け、職場の人々も初めての出会いに戸惑い、けっきょく離職を余儀なくされるというケースは少なくない。登録者の多くが就職経験者だが、登録者のうち就労している者は、常に三分の一くらいであり、新規就職者と離職者が相半ばし、半数以上の人は就労していない状況にある。就労できそうな人を就労支援するという発想では、多くの登録者が切り捨てられてしまう。

障害者の職場参加をすすめる会の発想は、雇用・就労という既成の枠組みを脇において、就労から遠い人、福祉・医療の対象とされている人が、そのような人々と出会ったことのない人々と、地域の職場で出会うところから始めようということである。その手法としては、会のオリジナルな取組である「仕事発見ミッション」と称する、障害者が二人一組で行う、商店街軒並み飛び込み訪問もあるだろうし、職場見学や職場体験もあるし、業務委託によるグループアルバイトもあるだろう。そのほかに、短時間就労など多様な就労もある。手法はさまざまだが、ポイントは、それらを就労への準備と限定しないことだ。就労に近いと思われる人から支援するという発想が、墓穴を掘ったのだから。

ちなみに、「仕事発見ミッション」のセールストークは、「働かせて下さい」ではなく、「職場見学・体験の機会を提供していただけませんか」である。当事者二人で入り、支援者は外で待ち、記録する。身体、知的、精神とさまざまな障害の人々が、交替で参加している。コミュニケーションが苦手という人が多いため、続かないと思ったら、楽しいという声が多く、ずっと続けている。「職場見学・体験の機会を」という目的と、途切れ途切れのトークに、応対するほうも面食らって聞き返し、やりとりになることが「楽しい」ようだ。また、飛び込み自体が、小さな「職場見学」であるともいえる。

これまで、関係機関や家族がしつらえたレールにいかにきちんと乗れるかという形で、「就労」に対してきた障害者たちにとって、失敗が許されない面接や実習と異なり、自分自身が事業所とやりとりし、かつ何度でも試みることができることも、「楽しい」のだろう。「楽しい」とは意外な誤算だった。

先日、わが子の事業所訪問風景を見学した親たちは、「私はできそうもない」とびっくりしていた。

見学ＯＫという答は、三〇件に一件くらいだが、多岐の職種にわたっている。小さな体験もできるようお願いしているので、花屋さんで花束をつくって持ち帰ったり、イタリア料理店でスパゲッティをつくらせてもらい会食してきたり、銀行で挨拶の特訓を受けてきたり、不動産屋さんと一緒に家賃滞納者の車に督促状を挟んできたり、さまざまなことをしている。

NPO法人では、「グループ・アルバイト」にも積極的に取り組んでいる。現在、個人や小さな事業所からのポスティングと、県立公園を運営する財団法人、入所施設を運営する福祉法人からの草取り・花植え作業の業務委託を受け、それを就労支援センターの登録者や福祉施設、精神科デイケア等に呼びかけ、ささやかなワークシェアリングの試みとしている。「仕事発見ミッション」のメンバーたちは、いずれにも積極的に参加している。そのほか、ポスティングには、ふだんひきこもっている登録者たちが参加する。マイペースで働けるのがいいようだ。草取り・花植え作業はグループでやるので、障害の重い・軽いに関わりなく一緒にやれるし、利用者と職員だけでなく、NPOや受け入れ事業所の人たちとのやりとりもあり、一度参加した福祉施設、精神科デイケア等では人気が高い。また、施設内作業の工賃よりは格段に高い賃金が得られる。ただ、コーディネートを担うNPO法人の体制が十分ではないので、これ以上は拡大できない。この「グループ・アルバイト」は、ぜひ県庁や市役所、さらにはその出先機関で拡げてゆき、福祉施設からの施設外就労やNPO法人や院内デイケアなどを通じたグループアルバイトの形で、さまざまな障害者たちが介助者・援助者と共に働く風景を、役所の中に出現させたい。

要するに、鈴木さんの言う「障害者を囲い込んで大事にするより、街におっぽなして、あわよくば本人にもうけさせちゃおうという根性」が、障害者の職場参加をすすめる会の活動につながっている。地域全体を「けんか友達」にしようということである。「同床異夢」――大いにけっこうではないか。異なる夢を見る者が、しがらみゆえに、たとえしかたなしにであっても同じ床で眠る、「地域再生」は、そこから始まり、常にそこへ戻る。

注1　スウェーデン福祉体験旅行

一九八〇年八月十五日から二週間にわたって、スウェーデンの障害者にかかわる教育、住宅、労働、福祉、運動の実情を視察してきた。参加したのは八木下浩一団長、白倉保子副団長以下、わらじの会と川口とうなす会の障害のある子供と親が三組六名、教員二名、医師一名、そして事務局長役の筆者の一二名。通訳及び調整役として、ストックホルム在住の藤井恵美さん。宿泊はRBU（スウェーデン肢体不自由児青少年協会）の職業訓練校の寮を提供していただき、毎夜学生たちと語り合うこともできた。埼玉社会福祉研究会編『ハンディキャップ・レポート――親と子の福祉体験記』（現代書館発行）参照。

注2　スウェーデンの障害者たちを日本に招待

一九八一年十一月二十五日から十二月十二日までの一八日間、RBU（スウェーデン肢体不自由児青少年協会）のメンバーたちを、札幌いちご会（小山内美智子代表）、埼玉社会福祉研究会（八木下浩一代表）、東京社会福祉研究会〈一番ヶ瀬康子代表〉が共同して、日本に招いた。RBUは、親と障害当事者が来日した。札幌での交流は後に『みちことオーサ』という映画になる（監督・西山司郎）。埼玉担当の日程では、できるだけ日本の現状を伝えたいという私たちの企画に沿って、県立コロニー嵐山郷、原爆の図丸木美術館、新日鉄君津工場、草加市立高砂小学校（障害児が共に学ぶ普通学級）、越谷養護学校、川口市内の障害者家庭などを訪問した。

注3　地域モデル

まだきちんと整理できてはいないが、ここで断片的に述べたことの中には、欧米的な市民社会と国家（あるいは共生と権利）のイメージが日本には必ずしもあてはまらないというレベルの問題と、もうひとつ奥にある普遍的な問題とが含まれていると思う。

注4　和田博夫氏に運営を丸投げ

この経緯に関して、「川口に『障害者』の生きる場をつくる会」の八木下浩一・吉野敬子の連名で書かれた、『障害者』にとって地域に生きるとは」と題する論文が、『障害者と福祉労働者の地域闘争は可能か』（『季刊　福祉労働　二号』、福祉労働編集委員会編、現代書館、一九七九年）に載っている。

注5　関西青い芝、自立障害者集団友人組織グループゴリラ

この間の経緯を特にグループゴリラの側から詳しく整理し、考察を加えた本として、山下幸子著『「健常」であることを見つめる――一九七〇年代障害当事者／健全者運動から』（生活書院、二〇〇八年）がある。なお、当事者からの報告としては、全国自立生活センター協議会発行・現代書館発売の『自立生活運動と障害者文化――当事者からの福祉論』所収の「座談会・兵庫の『武者』たち大いに語る」（澤田隆司・福永年久）がある。また、定藤邦子さんの論文「障害当事者運動における介助者の役割―大阪青い芝の会の運動におけるグループ・ゴリラを事例として―」（Core Ethics、4号、二〇〇八年）も参考になる。

注6　言葉とは別の表現を通して意志決定に参加

川口となす会から多くを学ばせてもらった私たちが、けっきょく彼らの障害者解放をめざす組織建設についてゆけず、自然と置き去りになっていったのは、「意志決定」ってなんだろうという疑問を重く抱えていたからだといえる。このことは、その後の組織形成過程でもくりかえし問い続けてきた。

注7　障害福祉計画

これまでも障害者基本法に基づく障害者計画が策定されてきた。この障害者計画は、これまで援助や介助を必要とする人々を別枠にくくりだしてきた教育や労働や住宅等の施策を含め、行政の施策すべてを共に生きる施策に変えてゆくためにあるはず。しかし、自治体段階ではどこも障害福祉担当課が事務局となり、福祉分野の施策が主で、他の分野は付け足しとしか言いようがない内容が多い。障害者自立支援法の障害福祉計画は、こうした全体構造はカッコに入れたままで、福祉のあり方だけを変えようというもの。福祉施設・精神科病院に滞留してきた人々を、地域生活や一般就労へと移すために、利用者負担を課したり、成功報酬制にするといった経済的シバリをかけた。その上で、移行の数値目標を設定し、そこから逆算してサービスの供給量を割り出して、年次整備計画を立てる。だが、障害のない人たちの育ち方、暮らし方、働き方を一緒に考えることなしには、地域も就労も言葉だけで終わるしかない。

注8 『坂田くんにナイスピッチ』

著者・故糸賀美賀子さんから贈られたこの初版（あかね書房発行）には、「共に生きる仲間に感謝をこめて」という言葉が書き込まれている。中途障害者としてひっそりとリハビリをしていた彼女は、縁あってわらじの会と出会い、障害者の職業自立をめざす店「トムテ」やケアシステム「わら細工」で活躍した。発足時の「全国自立生活センター協議会」（ＪＩＬ）の事務局員として、東京へもせっせと通った。この本は彼女が活動で多忙になる前に書かれた。毎日新聞「花いちもんめ《小さな童話》大賞」編集部賞を受賞した短編「坂田くん」をもとにして書かれた本書は、一九八八年児童文芸新人賞を受賞した。養護学校に通う守が自宅の窓から外を見ていたら、ボールを拾いに来た坂田くんと出会い、「歩けなくてもこいよ。学校に。おれたちといっしょにさ」と声をかけられることから、ストーリーが始まる。著者はあとがきでこう書いている。「おとなたちの『障害のある子は養護学校へ行くものだ』という考え方を改めさせてください。わたしはおとなになってから、病気のために車いすの生活になりました。守のように生まれた時から車いすだったら、たぶん何の疑問も抱かずに養護学校に行ったと思います。スクールバスで遠くの養護学校に通い、近所には友達もいなくて……。そんな毎日ってつまらなかっただろうなあ、と考えることがあります。養護学校に行っている人たちを批判するつもりはありませんし、養護学校には養護学校の優れている点もたくさんあると思います。ただ、養護学校の外にも世界は広がっているんだということを知ってほしいのです」

注9　「克己絵日記」

一九七八年秋にわらじの会と出会い、街に出始めた橋本克己さんが、新聞チラシの裏に絵を描き始めたのは、自立に向かってはばたく家準備会の活動に参加するため、三輪のチェーン式手動車いすを用いて自力で外に出るようになってからのこと。「克己絵日記」として『月刊わらじ』に連載されるようになったのは、一九八二年から。この連載をまとめた本が、『克己絵日記』（一九九五年発行）、『克己絵日記2』（二〇〇二年発行）の二冊。いずれも千書房から発行されている。

注10　閑居山コロニー

茨城県の閑居山願成寺住職だった大仏空《おさらぎあきら》師の呼びかけで、脳性マヒ者たちが閑居山につくったコンミューン。青い芝の思想、運動の原点。閑居山の体験について、『月刊わらじ』一三二号〜一三三号（一九八九年四月〜六月）に、無縁仏さんが「私の中の戦争」と題して書いている。

注11　陸軍兵舎

太平洋戦争が敗戦色濃きころ、松脂で飛行機を飛ばすといった状況にまで追い込まれた軍が、その試作機のための飛行場として急遽越谷市南荻島を指定した。近郷近在の農家や強制連行された朝鮮・中国の人たちも徴用されて、飛行場が作られたが、ほとんど活用されずに敗戦を迎えたらしい。飛行場跡はコンクリートが厚く、どうしようもないので、国が開拓民を募って田んぼとして使わせた。兵舎は大蔵省が分譲長屋に改造し、この開拓民たちが入居したようである。橋本克己さんのおじいさん・市太郎さんも開拓で入った一人でここに住みついた後、息子一家を呼び寄せた。

注12　社団法人日本青年奉仕協会（ＪＹＶＡ）

一九六七年に文部省所管の社団法人として設立された青少年のボランティア活動の草分け。「ボランティア学習」の提唱と普及、「全国ボランティア研究集会」など多岐にわたる活動を行ってきた。一年間ボランティア（Ｖ３６５）計画は、一九七九年より実施され、若者を募り、国内各地にあるボランティア活動先に一年間派遣するユニークなプログラム。参加者も受け入れ団体も希望が多く、選考の上で決めていた。わらじの会は、一九九〇年から毎年Ｖ３６５受け入れを続けてきた。しかし、残念なことに、二〇〇九年、同協会は経営難のため解散を余儀なくされた。

注13　障害者入所施設建設の波

所得倍増を掲げて登場した池田隼人首相に対し、一九六三年、作家・水上勉は「拝啓池田内閣総理大臣殿」と題する文章を書き、親の立場から重度障害児・者の収容施設への支援を訴え、反響を呼んだ。一九六五年、厚生省は、成人の重度知的障害者を収容するコロニーを、全国各地に整備してゆく方針を打ち出し、さらに一九七〇年には「社会福祉施設整備緊急五ヵ年計画」を策定した。そして、一九七〇年代にわたって続々と大規模コロニーや高齢者・障害者施設が建設されていった。

注14　めだかの会

発足間もないころの「めだかの会」の活動については、埼玉社会福祉研究会編『ユニーク自立埼玉』一九八四年、千書房発行）を参照。現在は、NPO法人「障害者自立センターめだか」として、組織改変している。

注15　分身の連合体

この組織のかたちをどう説明したらわかってもらえるか、いつも悩む。私たちが常に迷いながら、いつも「とりあえず」という限定つきで、結果的に自分たちを組織してきた過程を、どう言い表したらいいか？　一九九〇年前後、生活ホーム「オエヴィス」やケアシステム「わら細工」ができたころ、全国的レベルのシンポジウムに出した資料に、細胞が分裂し分化してゆくイメージ図を付けた。樹木が枝分かれしてゆく形の組織図では、運営主体が互いに独立し、相互に往き来している組織の姿が伝えられないと考えたからだ。かつて「川口とうなす会」は指揮系統がはっきりした樹木型の組織を選んだが、分離独立した私たちはごちゃごちゃと一緒に作ってゆく組織をめざした。そこが出発点といえるだろう。しかし、現在、細胞の分裂と分化はさらに進み、「職場参加をすすめる会」のようにわらじの会の範疇を超えた組織も生まれている。分裂と分化だけでなく、分かれたものがどう一緒にやってゆくのか、またはどう一緒にやれているのかを考えるための、モデルがないかと悩んでいる。最近知った言葉だが、粘菌やシロアリが司令塔なしで統合された相互作用や社会的生活を行っていることを意味する「自立分散制御システム」という概念が、参考になるように思う。私たち人間のからだも、種々雑多な細胞が生まれては相互に作用し合い、組織を作り、組織を壊し、また死んで、また生まれて、という生態系であり、司令塔なしでの制御がいたるところにあることをベースとして、脳という司令塔が成り立っている。

注16　それぞれに理事会や運営委員会

組織は互いに独立しつつも、それらを構成する個々人やグループは、組織として一体的に行動するだけでなく、他のわらじ組織と多様な組み合わせで、わらじ界隈の外へ出て行って行動している。これも自立分散制御といえようか（特に施設制度的には施設外支援、施設外就労が多い）。

注17　役割も処遇も固定化

福祉制度以外の財源をもたない場合、制度間格差がストレートに処遇格差につながり、人事交流を難しくさせる。かといって、所得再分配システムのような仕組みを作ることは、司令塔と部隊への役割固定化への道である。それぞれの分身が周囲の環境との関係の中で、財源を見出したり、支出を減らしたりする動きなしには、自立分散制御機構自体成り立たなくなる。

注18　ナチュラルサポート

これはジョブコーチ業界の用語だが、意味を膨らませて使わせてもらった。

自立と共生

あたりまえに生きる

今井　和美

ブレーメンの音楽隊か？　みんなでビラまき……

一　縁をたどり、縁をつむぐ

「縁」にはいろんな形があると思う。その中で私に深いかかわりがあるのは「地縁（地域）」と「血縁（家族）」。「地縁」とは作ったり切ったりできるもので、「血縁」は選ぶことはできないものだろう。

■血縁——家族は社会の一番小さな単位？

私は五人姉妹の末っ子として埼玉県草加市で生まれ、育った。父は一九一八年、埼玉県北足立郡草加町で生まれ、母は一九二〇年、東京市浅草区西三筋町で生まれた。現役兵で戦地へ行った父は、そのまま終戦までの八年間を戦場で過ごした。通信兵であったと聞く。戦地の父へ母が手紙を出したのも、父と母の実家が同郷だということからだったのではないだろうか。父の生死もわからず母は終戦を迎えたという。父は六人兄弟の二番目であるが長男だった。父の妹たちは父の生死がわからないのだから、待たなくてもいいと言ったと聞いていた。「かあちゃんは俺を待っていてくれた」と父が嬉しそうに話してくれたことがある。しかし、母に聞いたところでは、「別に待っていたというよりも、働いていたし別に好きな人もいなかったから……」と言っていた。しかし、最近父と母が結婚する前に書いた手紙が出てきた。それを読んで見ると、そんなに甘いものではなかった。戦地でしかも戦況が悪化していく中で、父に届く母の手紙はどれほどの生きる力を父に与えていたのだろうか。敗戦の中、父と母はこの国の再建を願って家庭を作った。それから四半世紀たち、長女も結婚し、父と母が新婚旅行に行っていないので、一九七三年に娘たちで「京都新婚旅行」をプレゼントした。旅行から戻ってきて、「かあちゃんと初めて手をつないだ」と私たちに嬉しそうに報告する父に比べて、なかなかクールな母だなと思ったものだ。

母は長女だと思っていたら、実は母のすぐうえに女の子がいたが小さい時に亡くなったこともあり、母は大事に育てられたのだと後で聞いた。母は危ないからと言って自転車に乗ることを許されなかったようだ。母は本当はとても乗りたかったそうだ。母には兄が一人と弟が二人いたそうだが、病気や戦争で亡くなっていた。たった一人の弟も、私が小さい時までは行き来をしていたが、ある時期から音信が取れなくなっていた。そのせいか母は嫁に来てからのことを「私は家族が多くて、いつも人がたくさんいたから淋しくなくて幸せだった」と言っていた。戦争から帰ってきてやせ細った父が、ある日「肥料公団で働く」と突然口走ったので、母は「この人は馬鹿なのか、それとも本当は大物なのか？」と思ったと言う。戦後の大変な時期に、就職などできると母は思わなかったようだ。しかし、父は本当にその会社に勤めたのち、自宅で肥料販売を初めて私たちを育ててくれた。一九五九年生まれの私の年代ではきょうだいの数が五人であり、しかも全員が女であるということは特別であった。

父は、六人兄弟の二番目で七歳離れた長女がいた。父が生まれるまでは、とても裕福な家だったという。しかし、父が生まれる頃には傾いていったのか生活は変わっていったようだ。祖父は病気を患い療養地で暮らした。父にはその地に腹違いの弟がいた。その弟を引き取るとき父は十五歳だったが、自分の両親に「弟たちのしつけはおれがやるから、親は口を出さなくていい」と言って、親代わりをするようになったという。理由は躾のつもりで叱ったとしても、世間からは「継子いじめ」と言われることから自分の両親を守ることを買って出たのだと聞く。四人の弟妹と自分の娘五人を育てた父は、さすがに私のすぐ上の姉と私の時には子育てに疲れてしまったらしく、厳しさはなく、ほめて育てられた記憶しかない。だからこそ逆に、私には威厳のある父に思えたのかもしれない。

私の家族には両親と姉妹と月に一〇日間泊まりにくる祖母と、住み込みで働きにきている従兄弟がいた。本家なので伯母たちが盆や正月にやってきた。私は五人姉妹の末っ子で、気づいたときには家の中はもういろいろな決まり事があった。私が知らないうちに決まっていることや、話が終わっていることもあったので、すべてが「すでにあるもの」として、受け入れてしまうことは私にとってあたりまえのことだった。

そんな中で育ったせいか、私は子どもはたくさんの人に囲まれて育つのがいいと思っていた。大人の代表が「母親だけ」というのは「まずい」と感じていた。自分に自信がなかったこともあるけれど、「家族は一番小さな社会。社会の始まり」と友人に言われたことも引っかかっていたのかもしれない。とにかくたくさんの大人や子どもと過ごす時間を大事にした。それは、子育てに迷ってしまう時がある私にとっても、とても大事な時間となった。

■地縁

《血域から始まり地域で育つ》

私にとって地域というものは、長く住んでいるので居心地がいいものでもあり、けれど、「どこそこの誰さん」と知られているので、常に周りの人から「見られている、知られている」という窮屈な感覚でもある。これは、私自身が作ってきた縁というよりも、父や母、家族が作ってきた地域の関係の中で私が生活していたということなんだろう。

子どもの時に、近所に住んでいたおばあちゃんは「しんこやのおばあちゃん」と呼ばれていた。庭が広く、学校に花を持って行く時はしんこやのおばあちゃんに花をもらいにいった。よく遊びにいっては、内職の袋はりの手伝いをした。ぼ〜っとしたおじいちゃんと二人でいた時もあった。いつからか週に何日か我が家の風呂に入りにきていた。たぶんおじいちゃんが死んでしまったからだと思うが、小さかったのでよく覚えていない。みんなは父方と母方一人ずつで、二人しかおばあちゃんがいないのに、私にだけはなぜか三人いて、「なんか変だな?」とは思った。でも、特別で嬉しい気もしていた。大人になってしばらくして、実は赤の他人だったということに気づいた。一人暮らしなので風呂代がもったいないとか、火を出したら大変だということで、父が話をして我が家に入りにきていたらしい。我が家が仕事の関係で、駅から遠くに引っ越しをした後、高校に通うため、しんこやのおばあちゃんの家に自転車をおかせてもらったりしていた。私の「ちいき」は家族をはじめとする血縁が作った関係から始まっている。

《地域を出て知域が広がる》

小学校に入ると、近所の友達も増えた。子供会や自治会やクラスの友達で、親同士もよく知っていて、親の地域と私の地域はほぼ同じだったと思う。近所づきあいで不思議に思ったことがある。小学校五年生の時に転居し、それから二〜三年たって、近くの肉屋へ買い物に行った時に、何の話だったが知らないが、肉屋のおばさんが私の家の内情をよく知っていたのだ。しかも、私が知らないことだった。私はどこで覗かれているのかしらと本気で思った。私の旧姓は谷田部なので学校でも「谷田部さんの末っ子」とか「○○さんの妹」で知れわたっていた。

高校は地元にだけは行きたくなかった。当時、理由などはっきりとはわからなかった。準急三つ先、二つ隣の市にある高校を選んだ。隣近所や学区から離れたことで、私の家族を知っている人たちはほとんどいなくなった。私は「谷田部さんの末っ子の和美」から正真正銘の「谷田部和美」になってきた。父や姉や私の家族から離れて、私個人が認められている気がした。落語研究部に入り「春美亭あんこ」という芸名がつけば、私は「谷田部和美」ではなく「あんこ」として、ますます「血縁」とは離れた個人となっていった。高校以上は「血域」や「地域」というよりは「私自身の知り合いがふえていくちいき」という意味で「知域」があちらこちらに増えていった。それは、高校を卒業し専門学校へ行きわらじに入ってどんどんと増えもし広がりもしていった。

《大人になり家庭を持ち、「血域と地域と知域」の中で暮らしている》

結婚して千葉県野田市に嫁いだ。今井の家は親戚つきあいも深く、今井氏の育った場所なので「血域」も「地域」も深い。いまだに私自身は隣近所や野田での友達は少ないが、子ども達が育ち学校を通して知り合いが増えていった。仕事場では、わらじの活動のおかげで、どんどんと知人が増えていき「知域」も広がっていった。

そうこうするうちに、地域って人の数だけあるのだと気づいた。

「障害者が地域で生きる」なんてことを、しょっちゅう口にしているうちに、私の地域ってなんだろうと考える。生まれ育った街では、周りは知り合いばかりが当たり前だったが、結婚して野田の街に来て、知り合いが一人もいないことを知った。春日部に働きに出て、野田に寝に来ているだけの生活では、地域なんて考えたことがなかった。子どもが学校へ行き、地区の子供会の役員をやらされた後、買い物に行ったり、運動会で声をかけてくれる人ができた。それまでは、授業参観に行っても、話す人もなく「私一人」みたいな気持ちが強かったから、ちょっぴり嬉しい気持ちと「ゲエ！　見られている。悪いことはできないぞ」という気持ちが交差する。そんな時に「これが地域かな」と思う。最近では犬の散歩のおかげで、知り合いが増えている。

わらじの会の活動の場面では、交渉相手が担任だったり、知り合いだったりするので、私の生まれ育った地域とつながっている（でも、結局は生活をしている場ではないので、よそ者でもある）。

今住んでいる所では、私の地域はこれから築いていくものなんだと痛感する。漠然としていてなんだかよくわからなかったけれど、この頃「ちいき」は「血域（家族・親戚）と地域（隣近所とか自治会）と知域（職場・友人関係）がいりまじったもの」だと思うようになった。だから、「人の数分、地域がある」と思うのも、その三つの比重が人によって違うから、さまざまなとらえ方や暮らし方になるんだろうなあと思えてきた。

新坂光子《てるこ》さんと幸子さんという二人の姉妹は脊髄小脳変性症という障害があり、どんどんと障害が進んでいった。一九四〇年代生まれの二人はお兄さんが引く荷車の後ろに乗って小学校へ通ったものの「危ないから来なくていい」と先生に言われ在宅になったと聞く。彼女たちの向かいに住む新坂きみ子さんも年は少し下だったけれど、同じように学校へ行けなくなった。わらじの会長である野沢啓祐さんは、三人よりも少し年が上だが、学校に通い続けた。きみ子さんのお兄さんと野沢さんは同級生で、大人になってもクラス会で顔を合わせていたのだという。

光子さんと幸子さんはチャリティー番組で一つの電動車椅子をもらい、幸子さんは電動で光子さんは手押しの車椅子で外に出た。はじめは介助者などいないので、わらじの会の例会で知り合った学生の電話番号を聞き、電話をかけ家から出てきた。そこからは通りすがりの人に介助を頼み出会いやつながりを広げた。一九七九年、それまで月に一度の例会が主だったわらじの会の中に日常的に活動する自立に向かってはばたく家準備会を作った。自立に向かってはばたく家準備会を作るきっかけとなったのは、一人の障害を持つ女性のお父さんが亡くなり、活動の場で日中の介助をし、市のヘルパーも利用することで平日は何とか生活を成り立たせ、施設ではなく自宅で生活が続けられるようにするためだった。その彼女とわらじの会の代表の野沢さん、光子さん、幸子さん、きみ子さんが中心になった。当時は障害者施策など何もない時代だったので、谷中耳鼻科の職員として雇われていた山下浩志さんと私が「派遣職員」[注1]として自立に向かってはばたく家準備会の専従職員となった。平野栄子さんや町で出会った主婦に手伝ってもらって、まずは外に出て自分たちで活動をして、地域の人と出会いぶつかり記録をし伝えた。市役所に出向き交渉をし、署名活動もし、「越谷市重度障害者の自立に関する援助要綱」[注2]ができ、初めての専従介助者を雇った。そして、一緒に街に出ていき世間とぶつかり、周りを巻き込み家族とぶつかりながら、右往左往、試行錯誤ののち、光子さんと幸子さんは生活ホームという形をとって分家で暮らすようになった。

今、わらじの日中の活動の中心になる地域は、光子さん、幸子さん、きみ子さん、わらじの会の会長である野沢さんの「ちいき」の上に成り立っているのだと思う。

二　命を選ぶ・命を選ばされる・命を選ばれる

■「五体満足で生まれてほしい」と願うことは障害者差別だ！――命を選ぶ

私がわらじの会で活動を始めたころ、「五体満足で生まれてきますようにと願うのは障害者差別だ！」と八木下浩一さんに言われた記憶がある。

八木下さんは、二十七歳の時に小学校に入学をした人だ。脳性マヒで生まれた八木下さんは就学年齢の時には学校へは行けず、近所をふらふらし、近所の人と遊んでいたという。ある時同じ脳性マヒの人と出会い「青い芝」の人たちと知り合った。先日話を聞いた時に、「僕は学校に行って初めて差別があることを知った。地域でいる時には感じなかった。だから、みんな普通の学校に行くべきなんだ。ちゃんと差別を感じなくちゃ世の中のことがわからないんだ」と教えてくれた。八木下さんは全国障害者解放運動連絡会議の代表監事をしたこともある人で、だからこそ「五体満足で……」という話を私にしたのだと思う。

その時には、そうなのかなぁ……と思っただけだったが、そのうち私も結婚し妊娠をした。自分が出産をするとなった時に、八木下さんが言った言葉を思い出した。出生前診断の一つである羊水チェックについては、危険な検査であるということや、出産前に障害があるかないかを調べることは、最初から「おかしい」と思ってはいた。けれど、「五体満足で生まれてきますようにと願うのは障害者差別だ！」ということについては、正直言ってよくわからなかった。おなかの中の子どもが障害を持ってきたらどうしよう……と思うことも差別なんだろうか？　と若かった私は悩んだ。お腹がどんどんと大きくなる中で、こう開き直るしかなかった。

「親であれば、わが子に苦労はさせたくないと思うのはあたりまえだ。今の社会が障害を持つ人にとって生きづらいのは事実なのだから、やはり、障害を持ってこなければいいなと私は望んでしまう。でも、障害があるとわかったからといって、この子の命を奪わない。障害を持って生まれてきても、それが私の子だ。普通に育てるように頑張る。それでいい」と。

■命を選ばされる

一九八八年頃はまだ障害を持つ人が恋愛をするとか結婚するとか、ましてや子どもを産むなどとは一般的にはごく少数の話だった。そんな時、故・松沢恵さん（仮名）は子どもを宿した。恵さんは小・中学校を普通学級で過ごし、養護学校高等部へ数か月通ったがやめた。「ここは私の通うところではない」と思ったという。その後、わらじの会で作ったリサイクルの店「吐夢亭（トムテ）」の社員になり、通勤用に会社の車を借りたことで、自宅から自由に外に出るようになる。普通学級で過ごした彼女は、あたりまえのように障害のない人の世界に飛び込む。手話サークルに入り、そこで彼氏と出会い恋をし、子を宿す。

「コアラ日誌」というものが大学ノートで五冊ほどある。一九八七年から一九九八年まで、誰が何を書いてもいいというノートであった。主に自立に向かってはばたく家準備会の専従たちが書いていた。新しいことや未知なことを始める時、信念を持っているとか、漠然とでも先がイメージできている人ならばともかく、「ただ一緒にいることから始める」という専従介助者や、そこになんらかのきっかけで携わるものにとっては、この手探りな活動をしていくということは、体を動かす以上に大変なことであった。障害を持つ人と出会ったことのない、会ったとしても忘れている人間にとっては、健常者の中で生きてきた自分と向き合うことから始まり、矛盾や混乱や混沌や……どう表していいかさえもわからない出来事や感情を常に持ち続けるわけだ。そんな時に、一緒にいる人たちが何を考え、どんなことを悩んでいるのかを書き留めるノートを作った。その中に彼女のことが書いてあった。

——おじさんが言うの。「これ以上迷惑をかけるのは許さない。お前のためにお母さんが兄弟に手をかけられなくて、弟妹にも迷惑をかけるつもりか。許さない」彼にも言うの。私と別れろと。別れてもっと五体健全な女の人と結婚しろと。まだ、若いんだから、そうしろと。つきあうのは許さない。五年間許さないって。でも、私、五年間なんて待ってられない。すぐにでも家を出たい。私のためだとみんなは言うけれど、私のためなんかじゃない。すぐに家を出たい。私、一生の間、こんなこと（結婚とか妊娠とか）っておこらないと思っていた。おじさんにもそう言われていたし。あきらめてた。だから、彼とのことも嬉しかったし、妊娠したって、わかったときもただ、嬉しかった。

だけど、経済的にもやっていけないし、だから。でも、五年間なんて待ってらんない。家を出たい。すぐにでも出たい。

いったい、普通のおんな（二十歳のおんなが）が、「一生の間、あり得ないもの」として結婚や妊娠を考えるだろうか。大多数のおんなが最もあり得るものとして、結婚や妊娠はあるのではないだろうか。社会も、またそれを女に期待しているし……。

障害とは、その人個人の特性ではなくて、社会的なものだという定義がある。私もそのことには異議はないけれど、もっと深いものがあると思う。私たちの日々の生活が障害を作り出しているのだろうし、障害があることから生み出されてくる〝個性〟をもっと大切にしたいと思う。
（「コアラ日誌」4　一九八八年七月二〇日　水谷淳子記）

彼女は周囲からの反対を受け一度は中絶したものの、駆け落ち同然に家もトムテも出て行き、一九八九年に長女を出産した。これは、周りの女性に、それぞれにいろんな影響を与えた。同じ障害を持つ若い女性には「私も恋愛ができるんだ」という希望を与えた。私は「一緒に」と言いながらも「彼女には妊娠も結婚も出産もあり得ない」と思っていた自分を知り、彼女が障害者であることをあらためて意識した。また、それまで「権力」というものは行政とか国家とか組織とか、少し遠いものだけが持つものだと思っていたが、実際は、家族とか親とかさえ、社会の中の一つであり、「組織」の一つの形であって、個人を押さえ込むほどの力を持つものだと実感した。

■命を選ばれる——命に優先順位をつけるということ

二〇〇〇年頃のこと。居間のコタツに入り、テレビに向かいながらパソコンを打っていた。長女は隣で寝息を立てていた。次女は、新学期から高校生になるということで、学校の最寄駅から使う自転車をカタログで品定めしていた。お父さんは早朝の犬の散歩があるために、既に就寝。我が家は「テレビは家族の団欒の道具」という私の持論で、子どもたちの部屋にテレビを置くことを断固拒否していた。その甲斐あってか、我が家の居間は、テレビありコタツあり食卓あり電気マッサージ機ありという何でもありのゴチャゴチャ部屋であったが、家族全員が、ほとんどこの居間で時間を過ごした。そんなとき、突然テレビの速報が目に入った。夜中の十一時半のテレビ『ぷっすま』という番組で、ユウスケ・サンタマリアとSMAPの草彅剛が画面に出ている上に「速報　関東越地方で20代患者が脳死判定終了。5例目の臓器移植」というテロップが流れた。

前日の長女との会話を思い出した。

「お母さん、私の臓器って提供できるの？」唐突に長女が背中から話しかけてきた。その日も私はコタツに入ってテレビを見ながら、パソコンを打っていた。長女はバイトをおえ、私の後ろの食卓で遅い夕食をつまんでいた。そんな、「今井家の家族団欒のひとコマ」の中に出てきた会話が「臓器移植」だった。「なんで？」と聞く私に、彼女は持病の気管支炎があるので、医学的に自分の臓器が提供できるかどうかを聞きたかったらしい。しかし、彼女の問いかけに私は答えず、嫌悪剥き出しの言い方をして、「お母さんは、あなたが臓器提供の希望を出しても決してYESとは言わないと思うよ」と答えてしまった。「そう言うと思った」と言う長女に「生まれてからずっと私とつきあっているからかさすがだ、ひるまない」と妙な感心をしながら、私の思いを続けた。

■生かすために比較する

私には「いとがねえさん」[注3]という友人がいた。彼女は私よりも少々年が下であるが、彼女の懐の深さに私はいつも感心し、ヨヨヨヨなんて、泣きついたりしていた。彼女は社会人になってすぐ、脳血管が切れて、いわゆる「障害者」の生活を始めることになった。初めて発作を起こした時に、彼女は宇宙をさまよっている、SFのような世界をただよっていたらしい。看護婦さんに声をかけられ「私は○○惑星にいる」と答えたとか。知り合ってから発作を起こした時も、運ばれる救急車の中で「議員になるまで死ねない」と冗談なんだか本当なんだかわからない台詞をはいたという逸話がある。私はそんな話を聞くたびに、ますます彼女が好きになる。

その彼女が脳死・臓器移植の問題になると「私は今度発作が起きたら、まっさきに脳死判定の対象者になる」と言う。私は「いとがねえさんを失いたくない」と単純に思う。臓器移植をした時に確かに一方ではそれによって「生きていける」人がいるだろう。けれど、一方では「この人は脳みそが死んでいるので『人』ではありません」と死を宣告される。少なくとも「延命治療」をさんざん進めてきた現代医学が一方で「生かされるはずの人」に「死」と判定するのだ。それは、「どっちの命に価値があるか」と判定することと同じことだ。

光子さんは生活ホームで数か月暮らした後、床ずれの手術のために入院、手術をしないまま亡くなった。私たちはそれまで彼女の家族とある意味ぎくしゃくとした関係であった。けれど、私は集中治療室で管につながれ意識のはっきりしていない光子さんが、その家族と私たちの距離を近くしてくれたことを目の当たりにした。車椅子に乗っていなければ「寝たきり」といわれてもおかしくないきみ子さんが、「そこにいる」だけで、私の中に意地悪さや優しくなれない嫌な自分が存在し、それと向き合うことを教えてくれることを知っていた。そして、他の人がどう言おうと、私にとっては、

「私は真っ先に対象者と言ってのけるいとがねえさん」が目の前にいた。

■あるがままに命を全うする

長女には「倫理の問題とかそんな理屈ではなく、おかあさんの友人のいとがねえさんの命が誰かを生かすために奪われるのは納得いかないんだよ。どうして、こっちの人の命よりこっちの人の命が大事だなんて、命を天秤にかけられると思う?」とつけ加えた。長女は、「ふうん」とかわした。いとがねえさんを知っている長女の心に私の話はどんな風に染み込んでいったのだろうか……。高校生らしい女の子が街頭インタビューに答えて、「ドナーカードにYESかNOか初めて記入しました」という宣伝が流れていたのをラジオで聞いた。たぶん長女もそんな風に友達同士で、話題になったのだろう。ドナーカードは、いたるところにおいてある。当然、娘たちは目にしている。それは、特別なことではなく、どうしようもなく日常のひとコマの「社会の流れ」として触れていくのである。

そういえば、旅先で入った旅館の風呂場で、いとがねえさんに対して「あの人は要介護度いくつなの?」と聞いてきた元気なお年寄りがいた。臓器移植とか介護保険とか要介護とかケアマネージャーとかサービスという言葉も、業界用語ではなく一般の人が口にするのがあたりまえの社会で、私も子どもも生きている。これからも今回のように、娘たちと私は「社会の流れ」に直面し、話し合わなくてはならないのだろう。そんな時に、私の基本になる考え方は、障害者とか高齢者とか弱者とかいう一般的な言葉ではなく、私の知りえる一人一人の顔を思い浮かべ、「結局は苦しいことも辛いこともいっぱいあるけれど、笑って生きていく」という「あるがままに命を全うする」というところしかないだろう。

三　できる＝できない・やらせてくれない・やってみる＝できなかった

■できるようになるために一緒がいいのか？

故・原有《みち》さんと初めて会ったのは、彼女のお母さんに「瀬崎小学校の普通学級に行くの」と紹介された時だ。正直驚いた。車椅子に乗っているだけでなく寝たきりで流動食を食べていて、しゃべりそうもなくて「どうやって学校生活を送るんだろう」と内心思った。そして、九年後、彼女は地元の草加南高校を受験した。五年間落とされ続けたが……。

実際に付き合いを始めたのは、一九九三年頃、交替で水曜日の介護に入ることになってからだ。私は有さんのお母さんが苦手だと思っていた。一人で行くのはなんとなく怖かった。だからといって、私と専従職員の二人が行くのももったいない。そんな時は……と、ゆっちゃんこと巽優子さんと行くことを思いついた。

巽優子さんは大阪の普通学級で過ごしてきたが、越谷に引っ越してきた時には養護学校高等部に入った。お母さんが大阪の友人に聞き、進路先を決める実習でわらじの会へやってきた。実習に来た日、ゆっちゃんはリフターを勝手に操作して、きみ子さんの車椅子のフットレストを壊した。反発心が旺盛で、人の注意は聞かない、ぷりぷりと怒る。私ははじめのうち、ゆっちゃんがちょっと怖かった。けれど、ゆっちゃんは卒業してわらじの会に通ってくるようになって、なかなか社交的であることに気づいた。そんなわけで、私の思いつきは大正解で、ゆっちゃんは原母のモンモンとした思いを弾き飛ばし、「わらじの会」や「生活ホーム」という場や、他人の生活への関心を引っ張り出し、「有と見に行きたい」という行動を起こさせた。そんな風に、「人（当事者であり、一緒に活動している人たち）」が一緒に動くことで、言葉や文章だけではわからない部分を伝える強力な情報伝達や、ネットワーク作りになることを教えてくれたのが、私にとって原宅だった。私は、有さんのことは最後までわからなかったけれど、家にいながらたくさんの他人が介護に入り、家庭という場で「ひとつの社会」を作っていた有さんと、有さんの周りをとりまく人たちに「在宅」のイメージも変えさせてもらった。

「一緒がいいならなぜ分けた」とは、元特殊学級の担任で障害児を普通学校へ・全国連絡会の北村小夜さんが書いた本のタイトルだ。障害を持つ子どもと持たない子どもたちが「一緒にいるのがいい」と言うのなら、なぜ通常学級と障害児学級を作って分けるのかと、特殊学級の子どもに言われた言葉だ。選ばれた行事や授業だけを一緒にするのではなく、最初から一緒にしたらいい、ということを言っているのだ。私が勝手に思う「一緒にいるのがいい」は、「一緒（同じところにいる）」が「いい（当然のこと）」だ。これは、「良いことも悪いこともあるだろうけど、それをいろんな方法や考え方を出し合って解決していくことが大事なことでしょ。障害があってもなくても個々人が生きていくってことの先は明確にわからないんだから」ってことだ。

でも、多くの人は……「いい（良い効果がある）」から「一緒にする」なんだ。つまり、「まずは目標ありきで、それに向かって良い効果があると思われるものについてはチョイスする」というもの。「あるべき正しい姿」という意図が強く感じられる。それに「いいこと」に対する概念が、明るいことや楽しいこと、笑っていることを多くを含んでいて、悩むことや泣くこと、苦しいことしんどいことはマイナスにとられている。

同じ言葉を使っていても、意味が違う。意味が違えば方向も違う。方向が違えば暮らしが変わる。なぞなぞか言葉遊びのように思われるかもしれないけれど「同じだと思っていたのに、全然違った」というのは「違うと思っていたのに同じだった」に匹敵するくらいのショックがあるものだ。そしてそんなショックが何度も何度も繰り返されることが、あたりまえのことなんだろうと年齢を重ねるごとに思えてきて、あきらめに似た気持ちでショックを受け止めることを学んでいる。けれど、先はわからない。私自身も変化し続けているから。

■面接は何のためにあるのか?——やらせてくれよ!

武田暁君（仮名）の高校受験の時のこと。私は彼の受験でとても残酷な場面に遭遇した。暁君は言葉をほとんど発しない。字も書けない。けれど、彼は小学校も中学校も通常学級で過ごしきっている。他の子どもたちとも先生たちともコミュニケーションをとりながら過ごしてきた。それは中学の担任も親も高校側に説明をした。彼が受験という限られた場で、唯一自分を表現をできる場面は面接の時間だったろう。

私は介助者として彼の面接に立ち会った。彼から五メートルくらい後ろに離れて座った。私の目には面接官の顔と暁君の後ろ姿が映る。面接官は彼に質問をする。「出身中学と名前を言ってください」彼は言葉を発することができない。当然彼は何も応えない。「もう一度聞きます。出身中学と名前を言ってください」次に「では、中学校生活で一番楽しかったことはなんですか？」と聞かれ、彼は車椅子に乗せた足をブラブラさせた。「サッカー」と言っているのだと私は思った。「もう一度聞きます。中学校生活で一番楽しかったことはなんですか？」面接官は質問だけを繰り返した。質問のほかは沈黙しかなかった。

私はとても気持ちが悪くなってきた。目の前で行われていることに身震いするほど腹が立った。心の教育だの、人を思いやるだのを指導要領に入れながら、実際に行うことは「公平性」の名の下に、こんな残酷なことをしているのだ。彼は私たちの言葉を聞いている、わかっている。けれど表現する方法が限られているのだ。唯一足をブラブラとしたことは、不真面目と面接官には映り「彼は何も応えられない、わからない」と評価される。彼が言葉を発することができないと知っている面接官が「彼を知ろうとする努力」が何もなされないままに……。面接は何のために行われるのか？　その子を「知ろう」とするためではないのか？　目の前で行われている「面接」という行為の意味が私にはまったく理解ができなかった。

例えば、日本語しか話せない人に対して「あなたの出身大学と名前と好きな食べ物をポルトガル語で応えてください」と言われた時、その人はどう感じるのだろうか。質問の意味は十分に理解できる。答える内容もわかっている。けれど、答える術を奪われている。そんな姿を黙って観察されているのだ。そしてその後、評価され明日の生活を奪われる……。

こんなこと教育がしちゃいけない。人を育てる教育現場でしちゃいけない。どんな教育をするかでどんな国になるかが決まってくると私は思っている。愛国心などと唱える前に、生身の人を知ろうとする術を奪わないでほしい。国は人がいなければ存在しないのだから……。

土曜日のラジオで永六輔氏が話していた。確か最初は漫才の話だった。漫才一つとっても長い歴史がある。どの時代のどんな中から漫才が生まれ、今の形があるのか。それは文化でもあり日本の歴史でもある。そんなことをきちんと知っていくこと、大切にしていくこと、それが愛国心につながる。自分の国を愛すると言うことは、自分の国を知ることであり、身近に感じることであり、身近なところから生まれてくる。「愛国心とは」などと教えるものでもなく押し付けるものではない。今いる自分からきちんと文化をたどっていくことが、国の歴史を知り自分の国を見直し、好きになり大切にしていくことになる。それはいろんな形、いろんな場面にあり広がりがあるものだ……とまとめてみればそんなことを話していた。

■子どもの時は、楽しいことばかりをする（やってみる・できない・でも）

私は嫌いなものは、なんとか食べずに育ってこられた。昭和三十年代でも珍しかった大家族だから、一つ皿におかずを載せて、箸でつつくような食卓だった。だから、おのずと嫌いなものは避けてとおれた。一人一皿なんて洗い物が増えるようなことはしなかったし（手間や水の無駄遣いを避ける）、安い材料でたくさん食べられる料理なんて理由もあったろう。でも、「ご馳走」や「珍しいもの」の時は少なくても、人数分に分けて、一人一人盛られていた。それは、「平等に分ける」という父母の考えもあったのかなぁと今は思う。

嫌いなことは避けて通ることができた。必要と思われることや、やらなきゃいけないことは「やらされた」ので、逃げることはできなかったが、自分から進んで嫌なことはしなかった。それこそ大家族で末っ子という利点をフル活用し、嫌いなことはやらなくても何とかすごしてくることができた。嫌いな人には近寄らなかった。だから、他人から見ると「嫌いな人がいないのね」と見られていたらしい。大人になってもしばらくの間はそんなことを聞かれたことがあった。でもそれは、なんとなく肌が合わないと直感した人には近寄らなくてもすごすことができたので、「嫌い」と言い切れる人というのが、私にとってはどんな人たちなのかを感じたり経験することもなくすごしてきたせいだと思う。

ところが、歳を重ねるにつれて、「嫌い」とお付き合いすることが増えてきた。食べ物は「食わず嫌い」から、「食べてみる冒険」ができるようになってきた。「嫌いなこと」については、責任を負うということを、いろんな場面で体験せざるを得なくなってきた。これは一つの仕事を長くやっていると、自ずと立場が作られてきたり、社会に出て「嫌だから」では済まされないこととか、他にやる人がいないという状況の中で「逃げるわけには行かない」場面が増えてきたせいだ。人に関しては……これは、仕事という一つの限定された環境の中で嫌だろうがなんだろうが「仕事を進めなくてはならない」という、自分の気分ではなんともならない役割が付いて回っているせいだ。

けれど、一番付き合いが深くなる嫌いは自分の中の嫌いな部分だ。嫌いなこととか嫌いな人と対している時、嫌な気分をかかえたり、意地悪だったり嫌なことをしてしまったり、我慢できなくって「なんて狭い料簡なんだろう」と、新しい自分と出会ってしまう。それが嫌でしかたがない。

けれど、「合わない」ものでも、食べたり、やらざるを得なかったり、付き合わざるを得ないということによって意外な展開が待っていたりする。期待がない分、未知である分、「棚からぼたもち」という感じで、けっこう気に入る場合もある。そうして、嫌いな自分とも付き合いながらでも物事を進める自分が、いとおしく思えてきたりする。自分で好きだからと選んだ時よりも、数倍も楽しい思いに感じることのほうが多いものだ。

白倉清美さんのお母さんは、「清美がいろんな人のお世話になりながら地域で住み続けられるようにしたい」と、自分の子どもも他の子どもも同じようにしているという。清美さんのお母さんは「小さい時から一緒がいいの」と、障害がある子はできるだけ普通のクラスで一緒に育つのがいいと、学校の問題にずっとかかわっている。娘の清美さんは、もしょもしょと話すけれどもおしゃべり好きな、世話を焼くことが大好きな女性だ。市立の作業所に何か所か通ったが、この頃はわらじの会で作った「デイケア施設パタパタ」に通い、そこからさまざまな活動に参加していた。

二〇〇四年の頃、清美さんは黄色い部屋の電話番をしていた。黄色い部屋はわらじの会の連絡先であったり、埼玉障害者自立生活協会の事務所であったりと、そもそもが「障害者がいる」というのが前提だから、「電話を通してもそのことを伝えていこう！」なんてことを、その八年前に清美さんに電話番を頼んだときに考えた。そして、それは清美さんと同じ場所にいる私たちが、清美さんにその役割を全うしてもらうために、どんなかかわり方や努力や工夫をするかっていうことも含まれていた。最初のころは「もしもし……どちら……モニョモニョ……」なんて受け答えをしたり、私が外から電話を黄色い部屋にかけた時に、「あっ、切られちゃった」と、独り言のように言いながら電話を切り、再度かけなおし「そっちで切るな！」と怒ったこともあった。それでも、逆に電話を聞きながら、ペンを片手に記録をとりながら受け答えしていたこともあったので、「秘書っぽいじゃん！　清美さん」と思ったこともあった。と思えば慣れてきたり生活環境が変わると、清美さんの電話番の対応は、そばで聞いていて「おいおい」と思うようなことが重なってきた。

私は清美さんのお母さんに「火曜日の仕事はきちんとしてもらいたい。できれば家でも電話を彼女がとるように協力してほしい」と電話を入れた。「清美さんが毎週火曜日に七年間電話対応をしているのをみてきて、いい時も悪い時もあった。けれど、結局はこの日一日が彼女の能力のすべてではないし、七日間のうちの一日をどんなに集中して練習したところで、残り六日間の暮らし方や取り巻く人間の中身によって違ってしまう。日々の積み重ねや習慣とか慣れがポイントで、部分的な訓練とか練習ではなく、適度な緊張関係の継続の大事さ」ということだった。私のお願いが彼女の日常の中でどんな風に受け止められたかは知らない。けれど、不思議なことに、次の週の火曜日の清美さんはほんのすこし違っていた。前の週まで、一緒にいながら名前を忘れてしまっていた矢野陽子さんのことを自分から「矢野さん」と呼んでいた。そして、「すごいじゃない、どうしたの」と驚く私に、誇らしげに笑ってみせた。

その次の週は、周りにいる人の名前を全部言えた。清美さんの不思議は、きつく言われて、いじけるけれども、いじけっぱなしということがないところ。いつのまにか、きつく言われたことに対して、やんわりと……適当にあしらっているというか、努力しているというか、よくわからないが、何かがほんの少し変化していたりする。しかし、電話の対応はあいかわらずモニョモニョしているので、「そんなんじゃわからない、相手に失礼だから大きな声ではっきり言って」と私がきつく言った。その時、彼女はポツリと言った。「だって、すごく緊張するんだもの」と悔し涙を浮かべて……。そうだよ、清美さん、それが大事なんじゃないのかな？　それから数か月……彼女は、新しい記録用紙にもなれ、自信満々にメモをしていた。誰からの電話かもはっきりと教えてくれた時の彼女の笑顔は、これまた本当に嬉しそうであった。

四　親から離す・親から離れる・親が離す・親を離す

■由利子さん自身が書類を提出する大切さ！——親以外の関係

田口由利子さんは重度の知的障害がある。両親が健在で、草加市に住んでいた一九九七年ごろの支援費制度が始まるずっと前のこと。由利子さんが草加市の全身性障害者介護人派遣事業を利用できるようになったので、活動の報告書を提出しに社会福祉協議会に行った。由利子さんは、車に乗ったとたん「レ～……」と鼻歌を歌い出すほど、「ドライブかしら」という期待に胸を膨らませた。私は由利子さんに「あのね、草加の社会福祉協議会に書類を置きに寄りますからね」と何回も言ったが、一向に聞こえない様子。案の定、目的地に着いたとたん、由利子さんは「バスバスバス～」と怒り始める。

事務所に入って担当の人が来るまで待っている。由利子さんは「パッパア～」「ダダダダダ……」「オ～シマイ～」と叫ぶ。プレハブ建ての事務所の中に響き、職員の人たちが戸惑いながら苦笑したり、目を丸くして私と由利子さんを見る。見知った顔だけの時には由利子さんの苛立ちを煩わしく感じてしまうのに、この時は由利子さんの「自己主張」に嬉しさを感じてしまった。

由利子さんは書類上では「知的障害者」であり「身体障害者」だ。だから、担当者やその上司は文章で読んだような一般論で由利子さんをイメージし判断するだろう。でも、実際の由利子さんは生きている。泣きもする。笑いもするし怒りもする。叫びもするし、私とはりあいもする。ヘルパー研修の中には由利子さんのような人をイメージしたものなど絶対にない。担当者の上司らしき人が「もし持って来られなかったら郵送でもいいですよ」と言った。

それは違うのだ。由利子さんが毎月、この場所に、制度内容を運用する場所に自分の書類を持って来ることが、由利子さんにとっての最大のお仕事だ。できる限り、由利子さん本人と一緒に持参すること、それが「現場を伝える」という由利子さんの「配達業」であり、由利子さんの「自己主張」が生かされる時だ。

その年のわらじの会の夏合宿で、田口由利子さんはひと夏の経験をした。同じ部屋に知っている顔が一人もいない中で二晩を過ごした。今までの合宿ならば、彼女が利用する通所授産施設・くらしセンターべしみの外に出る活動である「黙れ妖怪団」[注4]のメンバーや、由利子さんの昔なじみの人を一緒の部屋にしていただろうが、今回は由利子さんのことを知ってはいるが一緒に時間を過ごしたことのない人が一人いるだけの四人部屋にした。一夜明けて、由利子さんはおなかの調子を崩してしまった。私は冷房による「冷えだ」と言い、パパは「ストレスじゃないか」と言った。どっちがどうだかはわからない。が、その後の由利子さんは元気だった。

これまでの合宿では、そんな冒険はしなかった。しかし、由利子さんがべしみの通所者になり、妖怪団として二年ほどあちらこちらを一緒に渡り歩いた。その間、繊細な（神経質な）由利子さんはどんどんと図太くなってきていた。知らない人の中にほおりだされたり、子どもで騒々しいファミリーレストランで食事もするようになったり、走るべしみ号の中でお昼ののり巻きをモシャモシャ食べたり……。由利子さんは「困れば、それなりに工夫して表現する」ことを私たちは見て来た。そんな日常の積み重ねがあるから、由利子さんに「合宿の夜」という限られた場で限られた時間だけれど「放り出す」という冒険を止めずにいられた。どうなるか様子をみてみたい……という気持ちが起きる。当の由利子さんは合宿の後ぐったり寝込んだのかというと、二日後、とっても晴れやかな顔で現れ、「ねんね！」と合宿の催促をしていたのだった。

由利子さんと私の二人だけの関係から、べしみという通所の場を通し、由利子さんは人にもまれる。親のように「わかってくれる人」だけではない。いろんな人が周りにいるから、いろんな場面を作り出すことができる。状況が変われば関係は変わるのかもしれないし、関係が変われば「本来もっている性格」は変わらなくても「表現の仕方」は変われるんだと思う。そして新鮮に感じられる。

「新鮮に感じられたことが何なんだ？」と言われるだろう。でも、「生活を作っていく」とか「暮らしていく」ということは、そんな些細な「可能性」や「偶然」や「新鮮と思える出来事」の積み重ねだと思う。ついつい「同じ状態がずっと続く」と思い込んでしまうが、実はいくつ（何歳）になっても「変わる」のだろうし、いくつになっても「可能性」はあるのだろう。

二〇〇八年夏、由利子さんは家族を亡くし、とうとう一人になってしまった。けれど、あいかわらず由利子さんは「努力」とか「訓練」ではない「雑多な人々の中での関係」や「さまざまな状況」の中、手探りで暮らしている。その延長に将来がきっと隠されているに違いない。

■県庁へ泊り込みをし、突然に「政治」が暮らしの中にあることを知り怖くなる

義務教育を通常学級で過ごしてきた障害を持つ子どもたちが、初めて県立高校を受験した。当時は受験をすることさえ簡単にはできない時だった。埼玉県の教育局と話し合いを重ねていたが、排除され続けていた。一九八八年、県庁の知事室に座り込みをした。その後言葉が声にならず涙になってしまうという困ったことが、私に起きた。光子さんに非難をされたことがきっかけだった。光子さんの頼みごとを私が「嫌だ」と拒否したと非難された。そんなつもりはなかったが、光子さんは私を許してはくれなかった。私の中の糸がプツリと切れたのはその後だった。何かを喋ろうとすると言葉が出ずに、涙ばかりが流れ、人が怖くなってしまった。

その頃はいろんなことがあって、とても疲れていた。知事室座り込みの時、県職員を問い詰めた言葉……「あなたはここにいる障害者たちの声を聞こうとしない」……という言葉は、時間が経つうちに「話を聞こうとしないのは私ではないか？」と自分自身を問い始めていた。言葉のやり取りがどうであれ、やることをやっていれば信頼関係は維持できると考えていた私は、光子さんに「言った、言わない」と非難され、すべての信頼関係も崩れていくような、そんな感覚になっていった。

ごちゃごちゃした感情の中で、そんな話を山下さんにしたら、「一〇〇％の信頼が一本しかないよりも、一％の信頼が一〇〇本あったほうがいいんじゃないかな」と言われた。たぶんそんな意味だったと思う。その頃の私は良いか悪いか、〇か一〇〇か、右か左か、そんな風に物事を二者択一だけで考えていた。どっちでもないとか、どっちでもあるとかそんな「あいまい」な部分を、他者に対して

は認められなかった。だから、山下さんが言ったことの意味が、その時にはよくわからなかった。私はそのまま、しばらくは人の前で思ったことを口にできなくなった。それを言葉にしようとすると声が出なくなり、「人」が怖くなった。本当だったら一番頼りにするであろう家族との関係は、あまりにも距離が近すぎて怖かった。毎日、どこでもとても緊張していた。家族や周りに迷惑をかけてしまうことや、敏感に感じ取ってくれるところが、ますますしんどかった。けれど、たった一人だけ、怖くなかった友人がいた。専門学校のときの友達だった。今考えると、彼女が山下さんの言う「一%の信頼」を一本だけ私に持たせ続けてくれたのだろう。おかげで、長い時間はかかったが、また本来の人好きに戻れた。

■一%の信頼をつなぎ合わせた生活

幸子さんは、毎日数人の介助者や職員やボランティアの人と関わりながら生活していた。朝は泊まりの介助の人がいる。その後はヘルパーや生活ホームの職員が来て、外に出かける準備をする。介助者や通所授産施設べしみの職員が迎えに来る。夕方は帰ると生活ホーム専従が出迎え、夕方の介助の人がくる。一〇時近くなると泊まりの介助者が来る。一日少なくても四人の介助の人を頼んでいた。それが三六五日である。毎週の人もいれば、月に一度の人もいる。

晩年の幸子さんは体調もしんどく気持ちも不安定になっていたから、不信感の塊みたいな時もあった。そんな幸子さんといる時間が増えたせいか、「一〇〇%の信頼が一本あるよりも、一%の信頼が一〇〇本あるほうがいいんじゃないか」と言われたことを思い出した。幸子さんの生活はまさにそれだったと思う。彼女の生活に関わっている相手に対する信頼度のパーセンテージは違うだろうが、たった一人を完全に信頼しきって、すべてをゆだねた生活をしているという形ではなかったことだけは確かだ。幸子さんが自分で積極的に判断し決定し、物事を決め突き進んでいるような「自立」という形ではないけれど、一か月に何人もの人を自分の生活の中に受け入れて、暮らしを作っていた。一人だけを信頼しきっているだけでは成り立たない生活だったろう。

幸子さんは猜疑心を持ちながら、でも彼女をとりまくたくさんの人、その人その人に合わせた信頼を見つけていたのではないか。だから、自分が痛みや不安でいっぱいになった時、その一％の信頼が見えなくなって九九％の不信感がムクムクと頭をもたげ、頼りにしている人に対してほど、きつくあたっていたのかもしれない。あるいは、私でさえ家族は関係が近すぎて恐れてしまったように、幸子さんにとって信頼度が強いほど、去られてしまうかもしれない不安で、不信感が強くなってしまうのかもしれない。

■大変なはずなのに、家族であるがゆえの粋な逆襲

「信ちゃんみたいな子がバスに乗ってたよ。整理券を次から次から取っちゃって、ずっとそれをやっているの。バスの運転手さんが『後ろの人、止めてくれないかなあ』って言ったから『いやあ、止まりませんよ、こういう人は』って僕、言ったんだ。朝だったら無理にでも止めさせたけどさ、帰り

だったから、まあいいかなって、そのままにして見てたんだ」と信ちゃんの弟がお母さんに教えてくれたそうだ。

家族ってすごいなと思う。自閉症の新川信二君の頑固さにお母さんが逆襲した事件。信二君は朝食と夕食は必ず食べると決めているが、昼は食べないこともあるらしい。「せっかく作ったのに」というお母さん。そこで、夕飯をおでんにし、ガンモドキの中にからしをベッタリ塗って挟み込んで信二君の皿にのせておいたそうだ。一口食べては目から涙を流し、鼻をまっかにさせ、ヒーヒー言いながら、それでも「夕飯は食べる」という自分の決め事を守っている信二君。「それ見てかわいそうになっちゃった」と反省の色を見せるお母さん。「でも、そのしっぺ返しも大変だったのよ……」と話は続いた。

「私、わかったのよ。今、私ね、ガバガバ食べてるの。信二が荒れててさあ。もうどうしようかなって、涙ボロボロ流しながら『薬に頼ろうかな』って思ったの。そうしたら、作業所の担任に『信二君が薬飲むわけないでしょう』って言われて、『そうだ』って気づいたのよね。サッサと薬をかたして、『もうどうしようか』ってオロオロしてたんだけど、ある日なぜか立ち向かったのよ。信二を倒して、そのうえに私が覆いかぶさったら、信二より私の方が重いでしょ。信二が動けなくなっちゃって、そうしたら立場逆転しちゃって、信二がおとなしくなったのよ。だからね、私、信二よりも二～三キロは太ってなくちゃいけないのよ。だから、今ガバガバ食べてるの」とお母さんは言った。

一緒に生活している家族って偉大だよなあ。「大好き！　粋な逆襲だなあ」と私は感心した。

私が子どもに腹をたてると「怒鳴る」とか「もうやってあげない」と脅してしまうのに、信二君のお母さんは彼と生活しながら逆襲を盛り込んでいたのだ。だから、はたで聞いていると落語みたいでおかしい。「大変」そうなことを、毎日「あたりまえ」にやってのける「生活の知恵」の宝庫だと思った。

支援費制度になり、支援法になり……「大変な生活」を介助や制度に頼ったり、簡単に補うということは、逆に「大変さ」だけをクローズアップしているような気がする。暮らしというものの豊かさは、「なんとかしなくてはいけない」というエネルギーから生まれてくるのではないだろうか。半端な支援は、親と子どもが社会で一緒に苦労をするという共有の体験やちょっと楽しい「共犯関係」を奪ってしまうのではないかと、私は思っている。

■母と私――親から離れる

母はもうすぐ九十歳になる。父は七十歳でこの世を去った。私の祖父は七十歳で他界し、父はその年齢をとても気にしていた。父は亡くなる数か月前からものを言わなくなり、物を食べなくなってていつも下を向いてふさぎこんでいた。私には、父は自分の親の歳を超えて生きることを積極的ではなく遠回りに拒否していたように見えた。なんだか、歳のとり方がわからなくって死に向かっているような、そんな感じさえ受けた。姉たちは「お父さんは自分で寿命を決めたんだね」と言っている。そんな気がしないでもない。そして、母も同じことをしているように見える。私には母が死ぬことは選ばないけれど、生きることを拒否しているように思える。母は今いるところから、どんどんと遠のこうとしているように見える。はじめは口をきかなくなった。今は目をつぶり、見ないようにしている。言わざる見ざるになっている。今はまだ聞こえるけれど、いつか聞くことも拒否してしまうような気がしてならない。それでも、まだ私たちの話を聞いて時々、「ふふっ」と笑う。ちょっと、悪口のようなことを言うと、「ふふっ」と笑ったりうなずいたりしている。母は昔の女だから、人を悪く言うことや、文句を言うことをとても嫌っていたから、そんなことをどう表現したらいいかわからないんじゃないかなと私は思っている。私たちが一生懸命になればなるほど、母はつらくなっているような気もする。

つい最近、母が独り言のようにつぶやいていた。「おじいちゃんは本当によくしてくれたの。全部やってくれた。だから私は何もできないの」と。おじいちゃんとは母の父と、連れ合いの二人のことを指しているようだ。驚いた。母の中に「ありがたいという気持ち」と「悔やんだ気持ち」が同居していたのだ。母は、よかった話しかしてくれたことがなかったので、悔やんだ気持ちを聞いて、なんだか少しホッとした。

ものをいわない母に対して、五人の娘たちは勝手なことをしている。それぞれが母に対して良かれと思ってしているのだけれど、それは母にとってはよけいなお世話なんだろうなと思う。それでも、母が何も言わないので私たちは行動を起こすしかない。「当事者の意思」なんてまるで無視している私たちと母の関係である。それに対して母は「拒否」をしているのかもしれない。母は言葉では表すことはせず全身で表現しているのだろう。けれど母の拒否は「死」を思い浮かばせるので、ますます私たちはあれやこれやと、余計なおせっかいをしている。悪循環になる時もある。わかっている。しかし今はそれ以外の方法はみつからない。そして悪循環であれ、それが母と私たち娘が織り成す家族の生き様なんだろうかとさえ、今は思っている。

五　他者と自分――「自立」も「共生」も他者がいなければ始まらない

■座り込みの前――混乱のするほんの少し前の私へのアドバイス

アンコへ

人を傷つけることを、あまりに恐れすぎてもいけないよ。そもそも自分が今、存在することが、(何も言わなくても) 人を傷つけるということがあるわけだから。口で傷つけるということは、たいしたことじゃない。

人を傷つけたと自覚した時は、とても〝めいる〟ものだけど、それをとりつくろうと、傷口を覆い隠そうとすることはよくないよ。自分はもっとわかってほしい。自分の真意をもっとわかってほしいと「口」「ことば」でいうことには、限界があるのだと。「ことばでわかる」ということはむつかしい。もちろんコミュニュケーションの手段としては、人間はことばが最優先するものだけど……。「ことば」には限界があるのだと思う。「ことば」にふりまわされてはいけないよ。

（「コアラ日誌」３　一九八八年四月十四日夜　水谷淳子記）

……この時、私は二十八歳。この少し前、私の不用意な言葉で傷つき入院してしまう人や、一緒に働いていた人が辞めてしまうということが続いた。自分の言葉は起爆剤のように人を傷つけると思い、びくびくしていた。娘は四歳と二歳で保育所に預けて働いていた。子どもたちは自分の意見が言えないのだから、と保護者会の仲間と一緒に市と話し合った。子どもへの施策はどんどんと縮小されていく始まりの頃だった。国はまずは学童を委託化し、公立保育所の職員配置がとても低くなってきていた。厚生省が出している配置は、本来は最低基準であったはずが、野田市は独自の職員配置から厚生省へ合わせようとしていた。保護者会野田市連合として市交渉をする中に、私もいた。

その頃、わらじの会では家族だけに頼らない、障害者の地域での暮らしを支えるしくみづくりを始める準備が始まっていた。家庭奉仕員制度[注5]はホームヘルパー制度に変わり、越谷市が一三人の正規職員でヘルパーを抱えているということがいずれは特別なことになるように、社会福祉協議会への委託に移っていくところだった。当時始まったばかりの、横浜ホームヘルプ協会[注6]と横浜市の家庭奉仕員制度との関係、ヒューマンケア協会[注7]（八王子）という身体障害の当事者たちが中心のケアシステムも始まっていた。自分たちでケアシステムを作っていくとしたらどんな形がいいのか？

同時に全県的な動きとして、養護学校義務化を無視し、地域の普通学級を選んで義務教育を終えた子どもたちが公立高校への扉を叩き始めた。定員内不合格こそ受けなかったけれど、点数重視の受験を経験してきた私が、点数を取れない人も県立高校へ……という動きは、疑問を抱きながらも、目の前に社会から拒否されている子どもたちがいるということは許せないことだと思ってもいた。そして埼玉県庁知事室へ二泊三日の泊り込みとなる。

「政治」というものとは、かかわりたくないと生きてきた私は、次々に行政とさまざまな場面で向き合うことになっていく。人が暮らしていくということは「政治」というものとは無関係では暮らせないことを知る。やらなければいけないことは「生活を語る」ことではあったが、急に「政治」や「広がりを持った社会」がのしかかってきていた。

■出会うということ——陸続きで価値観の違う人も暮らしている事実を知ること

一九九四年前後、月に一度コアラグループで、東京の開放病棟のある精神病院へ面会を兼ねて陶芸に参加していた。そこに入院していた星恭司さんと知り合ったことは、私の中にある「精神障害者」ということばをそれまでのイメージから変えてくれた。彼だけではなく、病院内の陶芸に参加して出会った人たちが教えてくれたことがたくさんある。一番印象に残っているのは、陶芸で一人の患者さんが部屋に入ってきた時に、言った言葉だった。彼女は調子がとても悪いのか、少し興奮気味だった。「ここにいる人たち（コアラグループのこと）は、偉いんだよ。あんたたち（患者さん）と違って強いんだよ」と別の患者さんに怒鳴った。私はとても驚いた。ちょっと怖かったけれど、その言葉の意味を考えた。私たちの何が偉いのか？　強いのか？　それから、次の時までの一か月、私は彼女が気になった。そして、今度行った時、彼女と話がしたいなと思って参加した。けれど、しばらくして、彼女は別の病院に転院したのだと聞いた。

私はそれまでは、精神に障害のある人は別の世界に生きている人たちだと思っていた。別の世界を持ち、そこで生きていると。でも、そうじゃなかった。少なくとも私が会っている人たちは、そうじゃなかった。ああ、同じなんだと思えた。調子が悪い時もあるけれど、そうじゃない時もある。そこを行き来しているのだと気づいたし、自分の中にも同じような部分が潜んでいるのだと感じた。精神に障害を持つ人を怖いと思うのは、きっと自分の中に潜んでいる「同じ部分」を無意識に気づかされるからなんだろうと思った。それからかもしれない。障害を持つ人、重度の知的障害と言われる人たちだって何で悩むかわからないけど、独自の世界で生きてるわけじゃなくて、一緒に生きているんだって思えるようになったのは。

私の独特の感性で言わせてもらうならば、「一緒に生きている」とは、「同じ時代にどこかで存在している」ということを認識したり、意識できることである。だから、個別な顔を浮かんでこないことも含まれる。それが、いつか顔を合わせ、固有名詞がわかるくらいの関係になったりする。それは「同じ空間を共有」する機会を持つ。それは「一緒にいる」かもしれないけれど、ただ肩を並べているだけにすぎない。あるいは一方通行、片思いみたいな感じでぶつかり合ったり、向き合うことはない。けれど、いつか何かのきっかけで、知り合いたいと思ったり、向き合いお互いがぶつかり合ったりして、何かしらの影響をお互いを受ける時、私にはそれが「出会った」と思える瞬間になる。

星さんは亡くなってしまったが、私は最後まで出会えてはいなかったと思う。顔は知っている、名前も知っている、話もする。でも、まだ出会えてはいなかった。そのかわり、星さんに出会い、みんな同じ世界で一緒に生きていると気づかされることで、わらじの人たちと「ただ肩を並べている」ことから「出会い」に変わったような気がした。

■さいごに

これを書き終わる前に、母が他界した。八十九歳と二日で母はこの世を去った。

一年前に心筋梗塞で倒れ、その後、跡を継いでいる姉の家族が中心になり、ウィークデイはデイサービスを利用しながら実家の姉たちが母と過ごし、私たち妹は週末の時間を母と過ごした。母が亡くなった時にその姉が言った言葉が印象的だった。「おじいちゃん（父）の時は突然で何もしてあげられなかった。田舎のおばあちゃん（義兄の母）の生活も見た。それから、一人娘でお母さんの介護を一人でみている友人が、亡くなってから私は好きなことをすると言った。それは嫌だと思ったの。だからこんな形をとったの」と。姉は自分たちや母の生活スタイルをなるべく変えないようにしていた。好きな卓球は必ず行くことにしていた。そして、私たちが母といる時間も作ってくれた。母が姉を犠牲にしたと思わないように、姉が母の犠牲になったと思わないように。母が頑張っているのだから、自分も頑張る……。それは姉が考えた方法だったのだと私は勝手に推測している。そして、母といる時間を持たせてくれた姉の家族に感謝している。

母が亡くなる数か月前くらいに、土日しか母と接することがない私たちが、母に対して気弱な態度をとってしまった。その時に姉が話してくれた。「おばあちゃん（母）は心臓が普通の人の六〇％しか動かないんだから、ハアハアするのは当たり前だと思わなきゃだめ。それでおばあちゃんが、つらかったり、何かあったら、その時はごめんなさいと言うしかない。怖いという気持ちは日常、怖さと背中合わせ。でも、寝てばっかりいたら寝たきりになるしご飯を食べなきゃ弱っていくだけ。病院に入れないようにするには、できることはしなきゃならない」と。姉が言うひと言ひと言は、光子さんや幸子さんと過ごしてきた私が経験してきたものと同じものだと感じた。

「あたりまえに」というのは、「正しい」とか「平凡」ということではない。「いろんなことが、いいも悪いもあってあたりまえ」ということであり、それを教えてくれたのは、わらじの中で出会ったいろんな人の死に方（生き様）であり、そこに付き合い立ち会う人たちだった。そして、なんのことはない、私の家族の中にもあった。

障害者の生活を語る時、自立とか自己決定とか共生とかさまざまな言葉が使われ、時には対立するような時もあるが、どっちかが正しいわけじゃない。常に状況に対する時の行動でしかない。そしてその状況は、決して一人では成り立たないのだ。今、ここで生きていること、暮らしていること……そこから始まる時、時には親から離れなくてはならないだろう、時には誰かにすがらなければならないだろう、時には対立をしなくてはならないだろう、時には手を取り合っていくだろう。その程度でしかないのだ。大切なのはその「状況」が、人を分けてはいけないということだ、その「状況の中」

に選ばれた人ではなく「すべての人」がいなくてはならない。それだけは守らなくてはならないことだと思う、そして、とても難しいことだと思う。

注1　派遣職員

今でいうと企業の社会貢献活動従事者。勤務時間の三分の一は谷中耳鼻科で働き、三分の二は「自立に向かってはばたく家」やわらじの会、県内の活動に関係した仕事をしている。介助、会議から報告、交渉なんでもござれ。形があるようで形が見えない仕事のように感じることがある。

注2　越谷市重度障害者の自立に関する援助要綱

一九八二年に「自立に向かってはばたく家」が越谷市に要望書を提出した。きっかけは専従介助者である私が出産をするために介助者がいなくなるということだが、それまで活動していたものを行政にぶつける初めてのこと。内容は①介護者の派遣、②活動の場となる建物の提供、③公共施設内に常設の店を、の三点。その年の十一月には市長や助役等と会い説明をしたが進展がなく、翌年二月に越谷市役所玄関先や駅頭で障害当事者による署名活動を行い、二五〇〇人の署名を集めて越谷市に提出。七月に介護者一人月額九万六〇〇〇円で二人分の助成の回答があり、「越谷市重度障害者の自立に関する援助要綱」ができる。当時は重度の障害者の通う場はなく、山奥の施設か家の一室にこもるだけだった人たちが、「とにかく家の外に出て、町に出て行く」ことが、社会参加であると認められた画期的な制度。

注3　いとがねえさん

糸賀美賀子（一九六〇〜二〇〇一年）さんのこと。『坂田君にナイスピッチ』の著者。

注4　黙れ妖怪団

木曜日に活動する通所授産施設（建物の中で物を作る）の外に出る活動の一つ。「木曜に動く会」であることからヒントを得て、妖怪のような人々が町にうるさく出歩くので、「黙妖怪（もくようかい）団」からひねり出した名前。建物の中で作業することが苦手な重度の障害者と電車やバスを利用しながら、在宅の人を訪ねたり会報を届けながら、街の人たちに障害者の存在をアピールする活動。そうすることが「街で授産していく、街を変えていく」という願いをこめて。また、行動や現場に行くということを通して一緒に動くことで、言葉では伝え合えない会議を実感していこうという思いもある。

注5　家庭奉仕員制度

家庭奉仕員制度は老人・身障者本人に対してではなく世帯に対して派遣され、親兄弟の足りない分を補うという、基本は家族が面倒をみるという制度。低所得世帯に無料で派遣されていたが、一九八一年に利用世帯を拡大することで有料となった。一九八九年に実施主体は市町村とし、社会福祉協議会や特別養護老人ホーム等を運営する社会福祉法人、在宅介護サービスガイドラインを満たす民間事業所に委託できるようになった。国としては上限をどんどんとなくしていったが、市町村段階での実際の運営としては週三回二時間程度が上限としてある。

注6　横浜ホームヘルプ協会

（財）横浜ホームヘルプ協会（一九八四年発足）のこと。地域における自発的な協力ボランティア活動を実践していた市民団体（ホームヘルプ協会）と横浜市が協力して設立した法人。

注7　ヒューマンケア協会

一九八六年に東京都八王子市の障害者グループ「若駒の家」のメンバーが中心となって、アメリカの自立生活センター的要素（①ピアカウンセリング、②自立生活プログラム、③介助サービスシステム）を入れた、日本で初めての自立生活センター。

医　療

死生の橋の憩い

——医学モデルの彼方で——

水谷　淳子

みちくさ塾（1992 年）

はじめに——医師として、生活者として

大学病院で病気の人を診るということとは違う経験を否応なくすることになった。大学病院では、生活とか家族とかが切り離された場所で患者さんを診るわけだから、あまり想像力を働かせなくてもすむことが多い。当たり前のことかもしれないが、生活の場では、不便や制約があるけれども、障害者とか病人として生活しているわけではないということにも気づかされた。

病気や障害があっても医療に身をゆだねない生き方をした人もいる。私の診療所の患者さんとして知り合った女性の場合もそうだった。彼女は元看護師で、脳腫瘍の治療のため今では考えられないほどの大量の放射線の照射を受けた。腫瘍の再発はまぬがれたが、放射線の照射による後遺症がじわじわと出てきて、手足が不自由になり、歩くのも困難になり、飲み込みも不自由になり、呂律もまわりにくくなり、聴こえなくなった。一人では歩けなくなってから、二人目の子供を出産し、子連れで受診したりした。家族の協力や、訪問看護やわらじの会でやっているケア・システムの介助者を利用して生活していた。何度か誤嚥性の肺炎になり、入退院をくりかえし、気管切開もした。だが、彼女は入院が大嫌いだった。一度は髄膜炎になり、「お願いだから入院して」と言って入院してもらったりもした。とうとう口から十分には食べられなくなって、胃ろうの手術のため入院し、入院中に亡くなった。知り合って一五年がたっていた。彼女は、最低限必要な医療は受け入れるが、家族と生活してい

くことを最優先した。

最近は、「健康」であることに価値がおかれ、健康に関する情報がみちあふれている。健康でなくてはと強迫されているような感さえある。「健康増進法」という法律まで作られて「健康であることが国民の責務」であり、病気になるのは「自己責任」とまでいわれている。でも、健康という定義はそもそも曖昧であり、人それぞれで違うはずである。しかし、かつて成人病といわれていたのが一九九六年に生活習慣病と言い換えられるようになり、「病気になるのは自己管理ができないという自己責任」という風潮が強くなってきたころから、健康の指標を血圧やコレステロール値や血糖値など数値に求める人が多くなっている。何の症状もないのに、血圧やコレステロール値などの数値を、年齢を考慮しない正常範囲といわれる数値に下げるために何種類もの薬を飲み、薬の副作用や値を下げることによって引き起こされる別の病気の危険性が増大するというような事態[注1]は、とても健康とはいえないだろう。

一　日常の中の生老病死

■カルチャーショック

わらじの会が始まった一九七八年は養護学校義務化の前年である。当時付き合い始めたおとなの障害者は、就学猶予でそもそも学校に行かなかった人や、危ないから来なくていいといわれ途中から学校に行かなかった人や、母親が乳母車に乗せて通ったり、自分で歩いて普通に近所の学校に通っていた人たちである。小さかったころ、都内の大病院に親子で通ったが、治る見込みがないといわれてからは病院めぐりはやめて暮らしていた人々であった。今のように通所の場や特別な支援のなかった時代に巡り合えたことはとても意味のあることだったと思う。お互いの生活の場に入り込まざるを得なかったからである。

越谷市のケースワーカーであった正木敬徳さんに連れられてはじめて在宅訪問というものをした日のことは、今でも覚えている。なんと一本の道を挟んで向かいあった家に三人の障害者がいたのだ。「生活の場」という私にとっては非日常の場で障害のある人と初めて会い、病院という限定された場所で、患者さんとして病気の人や障害のある人に接する時には感じたことのないクラクラするめまいのような感じがし、軽い吐き気も感じた。それまでの生活は病院や診療所と住まいの往復で、どうやって近所づきあいをするかも知らなかったのに、「地域で生きよう」と障害者連中を誘いに行ったのだ。そのころ知り合った障害者連中は、先祖代々そこに住み続けていた人たちがほとんどで、新住民の私たちが「地域で生きよう」などと言って、家の外へ誘い出したりするのは「大きなお世話」と思ったにちがいない。壮大なすれ違いから付き合いが始まった。

■ベッドサイドの出会い

わらじの会でさまざまな人とつきあっていると、生老病死は日常茶飯事である。健康と病気、正常と異常の境界もあいまいである。死を看取って忘れられないひともいる。新坂姉妹である。ふたりは脊髄小脳変性症[注2]でかなり進行していた。姉の光子《てるこ》さんは褥創の手術をするために入院したのだが、手術をする前に敗血症になり意識を失った。そして意識が戻らぬまま一か月後に亡くなったのである。一九九〇年のことである。その一か月の間私たちはローテーションを組みベッドサイドにつきそった。もの言わぬ光子さんに語りかけ、「光子さんの財産全部使っちゃうぞ」と言ったら、唇がぴくぴく動いたんだよ、とか、「ご飯うまそー、食っちゃうぞ」と言ったら血圧上がったよ、と他愛ないことを言い合いながら過ごした。ベッドサイドには実に多くの人が付き添った。付き添いながら様々なことを語りあった。光子さんのお兄さんともこの時に親しくなった。「地域で生きよう」と、勝手に突然入り込んできた〈よそ者〉である私たちを快くは思ってはいないだろうという思い込みがあり、私は何となく敬遠していた。病院からの帰り道など、専業農家の長男であるお兄さんに子供のころの越谷・恩間新田の風景や、農業や水路のことや、ご飯の芯の有無やお米の炊き方まで教えてもらった。

光子さんがごく近いうちに亡くなることは誰しもわかっていた。でもこの時間を誰しも大切に思っていた。意識のない光子さんは、呼吸器をつけ、点滴をし、導尿をし、心電図などのモニターをつけていた。光子さん自身がこのような状態を、尊厳がないとか尊厳があるとかどのように考えていたかは知らない。付き添う私たちもそんなことは考えなかった。いま、尊厳死とか、後期高齢者医療制度[注3]でどのように死ぬか自己決定をするような制度がつくられているが、欠けているのは、まるで一人で生き、死んでいくかのように考えられていることだ。他者は、迷惑をかけるかどうかの存在としてしか考えられていない。確かに動けなくなったり、認知症になったり、入院が長びいたり、自分のことが十分にできなかったりすれば、周りの人の手を煩わせるし、今までの生活自体もあやうくさせることがある。でもそれらは、単純に「迷惑」という言葉でくくれない豊かさをも内包しているのではないだろうか。

医師として病院勤務の経験しかなかったらこんな風に考えたかどうか。

■死の予感……周りをまきこむ

光子さんは、入院する少し前から周囲の人を悩ました。彼女は、寝たきりで生活のすべてを介助者にゆだねていた。「背中がもえている」「焦げてるにおいがする」と言っては泣きわめくのであった。みんなは、一応は否定し、そんなことはないと説得するのであるが、毎日毎日、何度も繰り返されるとうんざりしてくる。幻覚かとも思ったが、彼女には確固とした感じがあるようであった。そんなある夜、彼女に聞いてみた。「どんなにおい？　焦げてるといってもいろいろあると思うんだけど」「人が焦げてるにおいだよ」「死んだ人を焼くにおい？」「そうだよ」昔、集落のはずれのほうにある彼女の家の近所には、伝染病で亡くなった人を焼く場所があった。このあたりは戦後も土葬が行われていたが、伝染病で亡くなった人は、野原で薪を積んで焼いていたのだ。彼女の小さいころ、死んだ人を焼く煙がたなびいたのかもしれない。彼女は、現代の弔いを知らない。障害者が火葬場まで行くことはなかったのだ。「ねえ、今じゃ死んだ人を焼くときはね、昔みたいに薪で焼くのではなくて、コンクリートの窯に入れてしっかり蓋をして、重油ですごい高温で焼くから、人を焼いてもにおいはしないんだよ」「そっか、におわないのか」「全然におわないんだよ。わたしの親父の時も、におわなかった」「そっか……」しばらくたって、入院の日取りが決まった。そのころには、彼女は「焦げてる……」とは言わなくなっていた。

周りの人には言わなかったが、彼女の中には死の予感があって、死と向き合っていたのではないか。昔の人たちは自分の死を感じると、周りの人たちを巻き込んで死への準備にとりかかったというが、彼女の死はちょうどそんな風ではなかったか。意識がなくなってから一か月の間、彼女は付き添っている私たちに、彼女と彼女をとりまく人々が共有する時間を与えてくれたのではないだろうか。

■在宅の死……自己決定と自己責任

妹の幸子さんは、乳がんになり、その後一年二か月の間、私たちや社協のヘルパーさんの介助や訪問看護師の看護を受けながら、自らが大家でもある生活ホームで過ごし、そして亡くなった。二〇〇〇年のことである。この年は、わらじの会関係ではほかに七人が亡くなった。

幸子さんの乳がんは、大きくなってからわかった。がんに対する治療をしないということは、幸子さん自身が決めたことであった。外科の医師に診察を受け、私の友人のガン専門医に相談もした。もしも私が同じ立場になったら同じ結論を出しただろうとも思う。でも、私は、今でも幸子さんにその決定をさせたことに、「本人が決めたことだから」と割り切って自分の気持ちに決着をつけられないでいる。

「インフォームド・コンセント」[注4]、「選択」、「自己決定」などは、一九六〇年代にアメリカではじまり、一九九〇年代に日本でも急速にひろまった。医療の現場でも、それまでの医者が主導権をにぎった治療法の決定に対比して、肯定的にとらえられていた。でも、私には違和感があった。どっちに転んでも崖っぷちという状況で「さあ、あとはあなたが決めてください」と、「自己決定」を迫られるとはいったいなんなのか。だいたい幸子さんは「自己決定」という手法には遠い人だった。普段あまり主張しないから、何事も人まかせという風を装っている。でも、親、兄弟、仲間うちなどで自分に分が悪くなり責任を追及されそうになると、「ほんでも、何々さんがそう言ってたで」とするりと責任逃れをするのだ。思いもかけず責任を追及される立場に立たされ、地団太踏んだり、おろおろする人をしり目に当の本人は素知らぬ顔でうつむいているだけ、ということが何度あったか。したたかなのである。「自己決定」とそれにもとづく「自己責任」よりもっと高度な技なのである。幸子さんは、亡くなるまで「ほんでも、水谷さんが手術しないほうがよいと言ったで」とは言わなかった。なぜ言わなかったのかと、私は今でも考えている。「インフォームド・コンセント」は力も知識も情報も持っている医者が、患者に「自己決定」してもらうことによって、すべてをしょい込むことから逃れられるという側面がある。患者は病気の重荷だけでなく、自分で決めてしまったという重荷をもしょい込むことになるのではないか。人は、自分で決めたことだからと、命に関してもそんなにも潔くなれるのだろうか。

■生活者同士の関係……社会的存在

終末期医療ということがあからさまに語られる時代になっている。延命という言葉にわざわざ「たんなる」とか「無駄な」という形容詞をつけて、厚労省のアンケートが取られたりしている。もう死にそうになっている人は無駄な抵抗はやめて、さっさと死ぬのが社会のためなのだという意識が知らず知らずのうちに浸透している。疾病の負担や、病気や介護の負担など社会的な負担を減らすことに判断の基準がおかれるようになっている。「住み慣れた自宅で死ねるように」という美しいキーワードも、この文脈で考えると胡散臭い。幸子さんは、手術もしなかったし、入院もせず、住み慣れた自宅で死んだ。二〇〇九年の今になってそれだけを取り上げると、最近の国策に沿った、まるで美談ではないか。でも、ぜんぜん違うのである。では何が違うのだろうか。幸子さんはわらじの会での二二年間で、驚くほどのネットワークをつくりあげていた。毎晩毎晩電話にかじりついて泊まりや日中の介護者を探していた。大学を卒業したり、家庭の事情や仕事の関係で遠方に住むことになった人も、月一回、泊まり介助に入ったりしていた。人と人のつながりを切らないのである。だから、誰それさんが結婚してどこに住んでるとか、子供ができた、どんな仕事に就いたとか、人の情報を私なんかよりよく知っていた。まるで、ミス・マープルみたいに。幸子さんの介助をしながらも、実は幸子さんに支えられていたと思える人も少なからずいた。ある時なんかは、ベロンベロンに酔っぱらった武田圭子（仮名）さんがパトカーで送り込まれてきたりもした。自宅でなく生活ホームの幸子さんのところにである。居合わせた平野栄子さんが、「友達ですか？」と警官に問われ、「知り合いですけど友達ではありません」ととっさに言ってしまったほどの酔いつぶれ方だったという。それまでも酔っぱらって幸子さんの介助に入ることがしばしばあった。特殊学級（当時）に通う息子を持つ彼女は、悩みが多かったのだろう。幸子さんは、そんな彼女を受け入れながら、時にはまるで弱みを握っている強者のように、彼女をこき使ったりもしていた。

何十人もの人が交代で幸子さんの介助に入り、幸子さんは、亡くなる数日前まで外出したりわらじの会のイベントや会合に参加したりして過ごした。障害者自立支援法など制度ができ、サービスの「利用者」と「労働者」になることで失われたもの、生活者同士であった「障害者」と「関係者」が右往左往していた。

この数年間で人の生き方死に方に対する社会の意識はずいぶん変わったのではないかと思う。意識のなくなった人はもはや社会的存在ではなくなり、生きている価値がない、医療費の無駄使いということがあからさまに言われる時代になっている。出生前診断、脳死・臓器移植、尊厳死、後期高齢者医療制度などにはこのような考えが根底にある。「選択」「自己決定」という言葉でその根底に潜む優生思想[注5]が不問に付されている。でも、どのような状態であれ、死ぬまでは、あるいは死んでからも、人は社会的存在なのではないだろうか。

二　選別される生命

わらじの会では、何かしらの目的をもって行動することは少ない。でも例外もあった。ただし、わらじの会の一部の人たちではあるが。「越谷市立病院の体外受精を考える会」と同会が母体となった「こころ・からだ・いのちを考えるみちくさ塾」である。

■「体外受精を考える会」

日本で初めての体外受精児が生まれたのが、一九八三年である。この四半世紀の間に体外受精と顕微授精など不妊治療は、国の少子化対策の一環として公的助成の制度までつくられ、おおっぴらに疑問を呈するのに躊躇してしまうような雰囲気がかもしだされている。不妊治療の成功率は患者一人当たり二五%、治療回数当たり一六%と、この二五年間でほとんど上がっていない。身体も、心も、時間も、お金も負担は並大抵ではないが、それに耐えてでも自分たちのＤＮＡを持った子どもを得たいというせっぱつまった気持ちが強いのだろう。だから、不妊治療は人体実験的な「治療」がやりやすい領域である。

一九八五年の春に越谷市立病院産婦人科・不妊外来で秘密裡に体外受精をしている、問題にしたいのだが、という相談が持ち込まれた。わらじの会の発足時から付き合いのあった越谷市職員組合からであった。市民と共同で取り組みたいという。

体外受精をはじめとする生命操作には少なからず疑問があった。日本で初めて東北大で生まれた体外受精児は、最初に華々しい報道がされてから、地の底に潜ったように消息が消えてしまっていた。そのうちにどこからともなくあの赤ちゃんは障害児であったという話が流れてきた。それで消息が地の底に潜った理由がわかった。体外受精は、技術である。その技術からみれば、障害児は不良品である。プライバシーの保護という理由はつけても、結局は、不良品を作ってしまったことを隠しておきたかったのだろう。その赤ちゃんは亡くなってから、障害児であったことが公表された。病院に通うのも、マスコミの目を逃れ、短い命をひっそりと隠れて暮らしていたと報道された。

障害児が生まれることを許さない体外受精をはじめとする生命操作技術とは何だろうと勉強会をした。その分野で活躍されていたライターの福本英子さんや産婦人科の医師に来ていただいて話を聞いたり、文献をあさったりして勉強した。越谷市立病院で行われていたことでわかったことは、「治療」と称して行われているものの、実際のところは「患者」を練習台にして、医者が「実習」をしているにすぎないこと、これまで外国や国内の大学などで行われてきた「体外受精」の成功のための手順ではない「変法」をしていること、「子供がほしい」という願いを逆手にとり、医師の権威を利用して、「成功」ははじめから期待せず「実習のための実習」に徹しているということだった。もちろん倫理委員会などはつくられてもいなかった。「体外受精」の技術は、「遺伝子操作」の技術につながるため、時代のスポットライトを浴びていた。「悪い遺伝子」を「良い遺伝子」に組み替えるという考え方は、社会にとって役に立たない人間は、生まれないほうがいい、本人もそのほうが幸せなんだという考えにつながる。「体外受精」それ自体が、いかに良心的になされようとも「人権」と対立するのだ。

この時代はまた、超音波、羊水、じゅう毛検査など胎児チェックが盛んになった時代である。一九八三年に、厚生省（当時）の先天異常モニタリング研究班による『遺伝相談ガイドブック』が出され、大阪府、神奈川県、鳥取県でパイロットスタディが行われていた。出生前診断は、先天異常児の早期発見と早期治療のためといわれていたが、治療の可能性はほとんどないわけだから、それは障害胎児の中絶を意味していた。一九八六年には、日本新生児学会で、障害胎児の「取り扱い」についての社会的合意づくりが語られたりした。中絶は、母体の保護等の理由以外行わないとか、どんな先天異常児でもできる限り延命をはかる、診断後の胎児をどうするかは、両親の意見を尊重するという項目が並べられていた。一見もっともらしいが、こんな基準が出される背景には、「障害胎児」とレッテルを貼られる胎児の数が上昇し、しかもどんどん中絶されていっているという状況があった。「母体保護」を拡大解釈して中絶したり、生まれてもミルクをやらず「死産」として処理していた。表面の統計には出てこない闇の部分である。だから、「取り扱い」というのは「障害胎児の殺し方の合意」を意味していた。体外受精はそれ自体出生前診断と密接に絡み合っていた。

■無視された公開質問状

しっかりと勉強し、シンポジウムをし、市立病院に公開質問状を出した。わらじの会以外の市民も加わって三九名の連名で出した。「考える会」の代表には、新井豊さん[注6]がなった。質問状の答えを求めて、市立病院の責任者とも話し合ったが、平行線をたどり、情報の公開や、「治療」をやめて話し合いをということは無視され続けた。越谷市立病院の体外受精のことはマスコミや県議会・国会でも取り上げられたが、あいかわらず「治療」は続けられていた。そのうちに、市立病院内では手術室の看護婦四名の突然の異動命令が出された。「治療」内容の点検より誰が情報を漏らしたかが、病院にとっては最大の問題だったのだ。

いつお世話になるかもわからないという身近な市立病院を相手に、その治療の内容に異議を申し立てることは難しい。それと同時に、人体実験に等しい治療内容やそこに潜む優生的な考えを問題にしても、「どんな困難があっても自分の子どもがほしい」という人にとっては、自分たちの最後の望みを断ち切ろうとしているようにしか見えないという難しさもあった。「考える会」にも切々とそのことを訴える手紙が届いたりした。「自分の子」ということに関しては、有形無形な社会的な圧力がある。私自身は子どもがいない。母からも、義母からも「子どもは？」と聞かれたことは一度もないが、「高校生が子どもを出産したので、その赤ちゃんをあげる」と知人に言われ驚いたことがある。子どものない夫婦は世の中からそのように見られているのだ。ある時は、週一回診療に行っていた大学病院で、男性医師が、妊娠した若い医師に「これでやっと一人前になれるね」と私の目の前で言った。蹴っ飛ばしてやろうかと思ったが、何を言われるかわからないので自制した。多様な生き方とか言うが、世間の価値判断から自由になることは難しい。

■「こころ・からだ・いのちを考えるみちくさ塾」

市立病院だけを相手にしていても仕方がないので、これを機に自分たちの生活、家族、子ども、障害、病気など考えていく場を作ろうと「こころ・からだ・いのちを考えるみちくさ塾」を始めることにした。その時代は、体外受精などの生殖補助医療、出生前診断の増加、一歳半の乳児にも心理テストを導入するなど障害の早期発見・早期治療など優生思想がどんどん強くなっている時代であり、同時に脳死・臓器移植論議が始まっていた。一九八四年には、精神障害者からすい臓・腎臓が取り出され移植されるということが起こっていた。[注7] 一九八五年には厚生省の「脳死に関する研究班」によって脳死判定基準が出された。ここでも臓器を取られ死んでもよいという人と、臓器を移植して生かしていこうという命の選別が問題になっていた。

「考える会」を一緒にやっていた糸賀美賀子さんは、脳血管障害で障害者になった。彼女の頭のMRIを見せてもらったことがあるが、脳幹部に巨大な出血の跡があった。「こんなのでよく生きていたね」と言うと、彼女は得意そうに「そうなのよ、意識がない時も死にたくないと叫んでいたらしいのよ」と答えた。その彼女は、「私は臓器を取られる最短距離にいるのよ」と言っていた。

「みちくさ塾」は、第一次を一九八五年の暮れから五回、第二次「みちくさ塾」として一九九二年に五回催した。一九九二年は、脳死臨調の最終答申が出た年である。

「みちくさ塾」の講師としてお願いした人々は、今振り返ればすごい人たちで、よくぞこんなちいさな会に来てくれたものだと思う。小児科医の毛利子来さん、児童相談所のケースワーカーの門平公夫さん、小児精神科医の石川憲彦さん、医療過誤訴訟の第一人者の弁護士の加藤良夫さん、『いいんだ朝子、そのままで』の著者の岩生純子さん等。フィールドワークでは、「どの子も地域の公立高校へ」の運動で知り合った浦和高校定時制の教師であった鈴木淳さんの案内で、戦争中に朝鮮人労働者が多数働かされた埼玉県内の吉見百穴の「地下軍需工場跡」の見学などもした。

「みちくさ塾」をしたことで、それまで障害者と付き合ったこともなかった人たちとの新たな出会いがあり、そのなかから、新坂姉妹への給食サービスが始まった。別に頼まれたわけでもないのに、毎日、夕食を作って届けるのである。今のような制度も何もなかったから、時間も材料費も持ち出しの純粋におせっかい部隊である。一五人のおばさん達が雨の日も風の日も夕食を届けた。この給食サービスは、姉妹が分家を建ててもらって、そこを生活ホームにして移り住むまでの五年間続いた。この給食サービスは純粋におせっかいなのだから、心をこめて作ったとしても、本人たちの希望のメニューではない。一生懸命作っていったコロッケを「なんだ、じゃがたらか」と言われて、がっかりしたこともある。農家の出だから、ジャガイモはごちそうではないのだ。

三　救急医療との再会

■メディカル・シスターズの出動

二〇〇八年三月日曜日の夕方、夕食の準備をしている時、お隣の平野さんから電話があった。「山野内さんの様子が変だという電話が入って、これから行くのだけども、一緒に行って」

平野さんとはわらじの会が始まる前からの付き合いである。お隣同士になってからでも二六年である。平野さんは看護師・保健師で、私は医師である。昔は今みたいに何でもすぐ医者にかかるという習慣もなかったし、まして障害者が気軽に受診するということも少なかった。だから、誰それさんがやけどしたとか、おなかが痛いとか、吐いてるとか、熱があるとか、けがをしたとか、なにかといえば呼ばれて、二人して出かけて行った。私は耳鼻科医であるが、専門なんて関係なく医者ならなんでもよいという風な調子であった。今でも覚えているが、新坂光子さんがやけどをしたということで、二人で出かけて行った。光子さんはお湯をこぼして、大腿部に大きなやけどをつくっていた。西日の当る縁側で明治生まれのおばあさんが手当てをしたキズを見た。なんとジャガイモをすってやけどの部位にぬり、その上に笹の葉が当ててあるのだ。なるほど、昔はこんな風に手当てをしたのだ。二人で少しは近代的な処置をした。光子さんが入院するまでの数か月は褥創の手当に毎夜毎夜通ったり、妹の幸子さんの乳がんが開放創になった時も手当に通った。最近は、医者なら何でもよいということはなくなり、私が呼ばれることは減ってきた。そんな私たちは、当時ひそかに「メディカル・シスターズ」と呼ばれていた。平野さんは、やさしく面倒見がよくて、私はめんどくさがり屋のコンビである。

■ビールの香り

「どうしたのかしらね。具合悪いとかいう話はきいてなかったけれども」

「ヘルパーさんからの電話だったのよね」と平野さん。平野さんの車に同乗して、家から数分の生活ホームについた。生活ホームは、くらしセンター・べしみの二階にある。二人で山野内時雄さんの部屋に入った。なんと山野内さんは、ベッドで心肺停止状態ではないか。なんてこと！　と気持は動揺しているが、身体は反射的に動く。ベッドに乗って心マッサージをした。平野さんが息を吹き込む。こんなこととはつゆ知らず、持物といえば、聴診器と血圧計しか持ってこなかった。そんなものは役に立たない。ひたすら心マッサージをしながら、ヘルパーさんに状況をきく。ヘルパーさんは、救急車を要請してくれていた。

山野内さんは、夕食に缶ビールを一本飲んでベッドに移動し、そして、目がうつろになりいびきをかき始めたというのである。間もなく救命救急士が同乗した救急車二台が到着した。七〜八名の救急隊員が処せましと動き回り、挿管、点滴、ＡＥＤを使い心臓にショックを与えたが、山野内さんはびくともしない。そして独協大の救命救急センターに搬送された。私たち二人も同乗した。一時間半心マッサージをして心臓の拍動は戻ったものの、意識はもどらず翌日早朝息を引き取った。何とか親族の方が間に合ったのがせめてもの救いであった。突然の心肺停止の原因は、救命救急センターで撮った胸部ＣＴで明らかになった。心臓がものすごく肥大していて、肺が極端に小さくなっていた。もし、山野内さんが、動き回れる人だったら、こんなになる前に異変を感じていただろう。障害が進行し、褥創の悪化を防ぐために、最近の山野内さんはベッドにいることが多かった。息を吹きこんでいた平野さんの話では、山野内さんにはほのかにビールの香りがしていたそうだ。

山野内さんは、十代の終わりごろから少しずつ脊髄空洞症[注8]の症状が出始めて、だんだん仕事ができなくなった。車いすで散歩の折に、建設工事中のくらしセンター・べしみを見て、立ち寄り、開所時からの通所者となった。頸の手術をし、術後のリハビリをし、今度は、褥創になりその手術をし、そしてまたリハビリ入院という風に、入退院を繰り返し、生活ホームの住人になって三年がたっていた。山野内さんは、自分と同年輩ぐらいの、定年を迎えた父ちゃんたちの介護を受けながら、父ちゃんパワーの絆的存在であった。突然の死で父ちゃんたちは、死に目に会えず落胆し、絆も失ってしまった。

■施設の〈定義〉

一緒に来た生活ホームの職員やわらじの会の人たちは控室のほうに行き、救急隊の人たちは別室で書類を書いていて、私はひとりで独協大の医師たちに救命処置を受けている山野内さんを見守っていた。年配の救急隊員が私に近づいて声をかけた。「あそこは、どんな施設なんですかね？」と、生活ホームのことを尋ねた。「生活ホームは、施設ではないんですけど」と答え、県の単独事業で、今現在は四人の障害者がそれぞれ介助者を入れ生活していることなどを説明した。「そうすると、一階はなんなんですか？」と、尋ねられた。一階は通所の授産施設だと答えながら、少しばかり成り立ちなどを説明した。「ああ、そうすると、先生はあそこの施設の医師ではなくて、福祉法人の理事さんがたまたま医師だったということですか」「ええ、そうですけど。通所授産施設のほうは、嘱託医の内科の先生がいます。私は、たまたま家にいて、呼ばれて行ってみたら、山野内さんが心肺停止状態になっていて」救急隊員は、疑問の一部が解けたかのようにうなずいた。「ところで、生活ホームというのは、行政からお金が出ているのですか？」「県と市町村から少しばかり運営補助が出ています。いわゆる収容施設ではありません。世話人がいるアパートに近いのです」と言ったが、「行政から何らかの金が出ているところは、〈施設〉というのだから、生活ホームは施設の範疇に入る」と断固とした結論を出した。

救急隊の人と話しながら、私がずっと抱いていた違和感がどこから来ていたのかがわかった。心肺停止状態の人を前にしているのだから緊迫感があるのは当然なのだが、それに加えて怒っているというか、いらだちのような、そのような空気が濃厚に生活ホームの山野内さんの部屋にたちこめていたのである。「職員は誰もいないのか」「ここはどうなっているんだ」と怒声が飛び交っていたのである。障害者の生活ホームというのは、世間ではほとんど知られていない存在だから、駆けつけた救急隊の人は、高齢者のグループホームか、特別養護老人ホームなどと思い込んだに違いない。越谷市のはずれのこの近辺は、最近その種の施設が急増していた。生活ホームが入っている建物は、一階が通所の授産施設だから全体としては大きいし、山野内さんは高齢者だし、医師と看護師がそろっていれば、そう思うのも無理はない。それなのに当直の職員はいないし、山野内さんが今現在通院している病院名や、服用している薬を誰も答えられなかったから、高齢者をくいものにしている悪徳施設と思ったのかもしれない。

誤解がある程度は解けたらしいのと、疲れてもいたし、救命救急センターの処置室で「施設の定義」について救急隊の人と論争しても始まらないと思い「まあ、いいか」と引き下がった。福祉の世界で市民権を持っていると思っていても、少し枠の外へ出ると全然通じないことは結構多いのである。

ところが、三か月後の六月に、神奈川県綾瀬市で障害者のグループホームが火事になり、三名が死亡、一名が重傷を負うという出来事が起こった。消防庁は、「障害者が複数居住する建物は福祉施設とみなす」といい、障害者のグループホームなどにも二〇〇九年四月以降、自動火災通報装置やスプリンクラーを規模に応じて設置する防火対策を義務付けた。そもそもこれは、二〇〇六年に長崎県の認知症高齢者グループホーム火災があったのを契機に改正した消防法施行令が根拠になっている。その適用範囲をぐんと広げたものである。この認知症高齢者のグループホームは、街なかから外れたところにあり、いろいろ問題のあった施設だったという。

〈複数〉の定義がどんなものかわからないが、障害者といっても、それぞれの人がいろんな生活スタイルで生活しているのである。昔、一階は通所授産施設にして、二階部分に新坂きみ子さんらが住む生活ホームを作ろうという計画を立てた時のことである。「火事になったら二階だと逃げ遅れるかもしれない」と心配する私に、土地を寄付した新坂きみ子さんのお父っさんが言った。「そん時はそん時。焼け死んでもしようがない」「そんなー」と思う一方で、「そうか」とも思った。娑婆で生活するということは、そういうことだ。障害者同士の夫婦など、障害者が複数生活している住宅は昔より増えているし、老老介護で高齢者だけが暮らしている住宅も多い。防火対策をしても、生活や命が守られる保証なんてどこにもないのが現実だ。何か事件が起きてからたてられる行政の対策は、生活の実態からはかけ離れていることが多い。〈施設〉の定義も時代や行政の都合で変わるということだろうが、なまじっかな防火対策よりも大切なのは、そこに暮らしている人の顔が地域の住民に知れわたっているということだと思う。

四　風を感じる

■進行する障害

二〇〇八年四月、新坂きみ子さんを取り囲んでいる人たちで集まりをもった。くらしセンターべしみの嘱託医であり、きみ子さんの主治医でもある大西康医師、訪問看護ステーションの看護師さん、ヘルパー事業所の担当者、きみ子さんが暮らしている生活ホームの職員、ケア・システムわら細工のスタッフ、通所しているくらしセンター・べしみの職員、昔からのつながりのある人たちである。

三〇年来の付き合いのある今井和美さんは、その時のことを「きみ子さんが、地域で暮らしている証」とわらじの会の会報に次のように記している。

きみ子さんの今の生活を話し、今後の協力や連携のとり方を話し合った。でも何よりも、どんな人たちが、きみ子さんを取り囲んで生活しているのかを顔を突き合わせることができたのは、とてもよかった。

その中で、訪問看護の人が「病院にいたら考えられない、でもこんな生活もあるんだな、と思った」と話してくれた。はじめは正直驚いたりもし、いろんな人がかかわることや外出をするなど、本人の障害等を考慮したら考えられなかったようだ。けれど、だんだんと「きみ子さんに対して思い入れのある人たちが集まって、きみ子さんの暮らしをつくっている。だから変わらず暮らせる」と思ったのだという。その言葉を聞いたときに、私はとてもびっくりした。

数年前、オエヴィスの幸子さんが、乳がんで在宅療養を選び、市のヘルパー担当者に話をした時に、「本来病院で暮すような人にヘルパーは派遣できない。何かあったらどうするんだ」と言われた。けれど今回の訪問看護の人の言葉は「病院ではない暮らし」として受け止めてくれた。それは、いろんな形の在宅医療を受けながら生活している人が増えたせいもあるのだろう。

きみ子さんの外出の話を聞いて、嘱託医の先生は、「楽しいんでしょうかね？」と素朴に聞いた。それに対して「でも、耳は聞こえるんですよ。調子のいいときは返事をしてくれるんですよ」と私たちではなく、訪問看護の人が答えてくれた。

目が見えなくても、身体が動かなくても、音を聞き匂いをかぎ、風を感じる……。外に出るということは、五感を使って刺激を受け止めていくこと。

■でも……戦友だった

きみ子さんは障害が進行し、今は、しゃべれず、見えず、動けなくなっているが、三〇年前に知り合ったころは、とても自分勝手な人だった。一日一緒にいると、自分がこんなに意地の悪い人間だったかと思わされたり、こんなに偽善者だったかと思わされたりして、自己嫌悪に陥るのである。そして、そのように追い詰めるきみ子さんを恨んだりもした。わらじの会の合宿で二泊三日一緒に過ごした翌日などは、仕事中もきみ子さんの喚く声が頭の中で鳴り響いて、集中するのを妨げるほどであった。でも、戦友だった。一九八八年の五月、障害児の公立高校への入学を求めての三泊四日の知事室の泊まりこみの交渉の時などは、ここぞという時に、「そーだーよー、(学校へ) 行きたかったよ〜」とわーひーひー泣き叫ぶのである。私などにはとてもできない芸当である。翌々年の一九九〇年の県立高校の入試で、それまで三年間落とされ続けていた猪瀬良太君がまたもや落とされた。教育長に面会を求めて、その日から一か月間県教育局の廊下で障害者が中心となった座り込みをした。夜は、リレー式に障害者が一人廊下で寝て過ごすのである。きみ子さんも参加した。仕事が終わって夜の十一時頃、きみ子さんのトイレ介助に県庁に行き、廊下に寝る態勢を整え、「それじゃ、おやすみ」といって帰ってくるというのが私の役目であった。朝は、県庁周辺の住民である猪瀬佳子さんや、武内ふみよさんが介助に来るという風に。反天皇制のデモにも行った。警官隊や機動隊にかこまれても、きみ子さんの車いすを押していれば怖くはないのだ。きみ子さんにとっては、お父っさんにいつ首を絞められるかもしれない家にいるよりは、少しでも外にいたほうがましだし、楽しいというのがそのような行動に参加した理由だったかもしれない。でも、理由なんて大したことではない。とにかく、一緒に行動した。そういう時は、少々腹がたっても許せたし、頼りにもしていた。

■「本当によく生きてるよね」

「きみ子さんて、本当によく生きてるよね。人間の命って不思議だよね」と、私は時々口にする。「ほんとだよね」という人もいれば、「よくそんなことが言える」とあきれる人もいる。実際に、血圧が七〇ぐらいになった、といって連絡がはいり、駆けつけたりすることがあるが、何もしないでも復活するのである。「息してないみたい」と連絡がはいり、平野さんが駆けつけ、「きみ子さん、死んでる場合じゃないでしょ。ちゃんと息して」と胸をドンと叩くと、これまた復活するのである。そして、翌日には何事もなかったように車いすに乗って外に出ていくのだ。

きみ子さんを前にしていると、私は自分が医師としてはなにも役に立っていないと感じる。医師としての存在を消しているといったほうがよいかもしれない。きみ子さんの障害者手帳の病名は脳性マヒであるが、あきらかにきみ子さんは脳性マヒではなく、大きくくくれば変性症のうちに入るだろう。もう少し若かったころは、より正確な病名がなんであるか興味があった。けれど、そのため検査入院をすることは、勧められなかった。以前に、新坂光子・幸子さん姉妹が検査入院をしたことがある。二人とも障害者手帳の病名は脳性マヒであった。脳性マヒではないということで、都内の神経専門病院に一か月あまり検査入院したことがある。退院して家での生活に戻った時、障害がより一層進行していて介助者の手を借りることが多くなってしまっていた。正確な病名がわかっても、治療法はないし、暮らしていく上でたいして意味はないのである。そんな経験があったから、きみ子さんの場合は、検査入院は勧められなかった。医師としては失格だなと思いながらも踏みとどまった。

きみ子さんは、私の予想をはるかに超えて生きていて、病名なんか超越しているかのようだ。きみ子さんを取り囲んでいる人々も病名を話題にしたことはない。大学病院では、神経耳科という専門外来で、きみ子さんのような変性症の患者さんを多く診ていた。いろいろ検査をして、どのタイプの変性症かということを突き止めるとそれなりに喜びを感じてもいた。何年にもわたり診ているうちに患者さんの障害は少しずつ重くなっていったが、通院できないぐらい障害が進むと結局縁が切れてしまった。今にして思えば、通院の困難もさることながら、見限られたのかもしれない。病院や診療所という限られた場所でできることは、社会が期待しているほどには多くはない。病気にもよるしケースバイケースなのはもちろんだが、医療というレールに乗らないほうが長生きできるのではないかと密かに思うことがある。

■老い……困るのは誰？

九十六歳になる私の母は姉夫婦と一緒に暮している。いわゆる老老介護である。着替えたり、食事をしたり、ベッドから起き上がり手すりにつかまってトイレに行くことぐらいはなんとかできる。ケアマネージャーさんの勧めもあって、近所のデイサービスに週一回通うことになった。元来そういう場所は苦手とする母だったので、よく承知したものだと思うが、見学に行ったのがちょうど桜の花が満開のときで、デイサービスもこじんまりとしていたのと、檜のお風呂がよかったらしい。すこし呆けてもきているので垣根も低くなっているのだと思う。その母が二回目にデイサービスにいく朝「今日は出かけないで家にいる」と、ベッドから出ようとしなかったらしい。姉が「寝たきりになったら困るでしょ」と言うと、母は「寝たきりなって困るのはあんたでしょ。私はちっとも困らん」と切り返したという。言われた姉は、落ち込んだらしい。その話を聞いて、私は「結構鋭いこと言うじゃない」と少しばかりうれしくなった。

八十歳を過ぎたころから母はおりにふれ「あんた達に迷惑がかからないように、ぽっくりと死にたい」と口にするようになった。母にそう言われるのは結構つらくて、最初のころはなんだかんだと抗弁していたが、慣れてくると「そやねえ、うまいこといかんもんやね」と聞き流せるようにはなってきた。それでも母が尊厳死協会に入ると言い出した時には、猛反対した。老親を相手に大人げないと思いながらも、抑えられなかった。娘でもあり医師でもある自分を否定されているような気がしたものである。尊厳をもって生きるというならまだしも死ぬなんて胡散臭い。「尊厳」という言葉の奥には、寝たきりの人や認知症の人、重度の身体障害者・知的障害者など、社会的に迷惑をかける度合いの強い人を、あってはならない存在、自分はああはなりたくない存在と暗黙のうちに了解し合っている、内なる差別がある。迷惑と感じるのは周りの人で、それを先回りしていわないでほしい、迷惑かどうかを自分の死の基準にしないでほしい、云々といって反対した。

健康であることが国民の責務であるという「健康増進法」や、介護を受けないですむようにという介護保険法の「介護予防」、これから準備されていくであろう尊厳死法など、国家がひとの生き死にまで法律をつくって介入する時代に、「困るのはあんたたちでしょう」という言葉はある意味本質をついていないか。抑制がきいていた以前の母ならけっして言わないせりふである。呆けるのも悪くはない。

注1　別の病気の危険性が増大するような事態

たとえば、血圧。一九七八年に日本高血圧学会が作られ、高血圧治療のガイドラインが作られている。二〇〇〇年の改定では、「130／85未満を目標に血圧を下げる」となった。この基準に従えば日本の成人の約半数が「高血圧」となる。この段階では、六十歳以上の高齢者はもっと基準が穏やかであったが、二〇〇四年の改定では、「すべての高齢者に六十歳未満の人の基準で降圧剤を使う」となった。降圧剤で血圧を厳しく下げることで死亡率が下がったかというと結果はその逆である。同じように、コレステロール値、体重なども正常範囲とされている値よりもやや高めの人のほうが長生きする。

注2　脊髄小脳変性症

歩行がふらつく、手がうまく使えない、呂律が回らないなどの運動失調が緩徐に進行する神経変性疾患。さまざまなタイプがある。

注3　後期高齢者医療制度

二〇〇八年四月一日制度施行。七十五歳以上の高齢者が対象。扶養されている七十五歳以上の高齢者の保険料はそれまでは免除されていたが、全員が払うことになった。また、後期高齢者終末期相談支援料という診療報酬が新設され、回復が難しいと判断された場合、患者本人の同意を得て、終末期における延命処置など治療方針を話し合い文章化した場合、二〇〇〇円が算定される。「後期高齢者は死ねと言うのか」「高齢者いじめ法」ともいわれた。「法律や制度が人を死に急がせることを認めるわけにはいきません。」と、がん患者であった故山本孝史参議院議員。

注4　インフォームド・コンセント

医師が患者に十分に情報を提供し、患者が納得できる治療法を選択し同意する。アメリカで生まれたが、背景には、訴訟に対する医師の自己防衛という一面があった。

注5　優生思想

一九八〇年ごろから、羊水検査、絨もう検査、母体血清マーカー検査、超音波検査などさまざまな出生前診断がされるようになった。一九八八年の新聞報道では、先天性代謝異常の胎児診断の結果、異常と診断された全例が中絶されている。一九九三年の新聞報道では、重い障害をもって生まれた赤ちゃんの半数が治療をされずに「自然死」させられている。一九九四年の新聞報道では、出生前診断を受ける人が一三年間で一〇倍に増えているという。障害児として生まれる前に殺される数が増えているということだ。障害をもって生まれたり、病気になったり、長生きして動けなくなったりすることは、個人のレベルだけの問題ではなく、社会的な負担が増える、だからなるべくないほうがよいという、緩やかな優生思想が浸透している。

注6　新井豊さん

一九〜二〇ページ参照。

注7　精神障害者からすい蔵・腎臓が取り出され移植

筑波大で行われた。患者は、一一カ月二二日目に死亡。ドナーとなった人は、精神障害者でもあり、「殺人ではないか」と医師グループが刑事告発したが、一九九八年三月一括不起訴となった。

注8　脊髄空洞症

脊髄の中心部に脳脊髄液がたまった空洞ができることにより、脊髄を圧迫しいろいろな症状が出る。山野内時雄さんは頸髄に発生し、症状が進行していた。

仕事

共に働く

巽　孝子

旧「ぶあく」正面

優子が生まれて

私の娘、優子は一九七一年に生まれた。生まれて一カ月目の健診のとき、医者からダウン症で知的障害者になると告げられた。

以前「わらじの会」で『こんちくしょう』というドキュメンタリーのＤＶＤ上映会があった。その中で知ったが、まさにその年一九七一年、「青い芝の会」の人たちは、障害のある我が子を殺した母親への温情判決を求める市民の動きに真向から反対して立ち上がった。「我々は愛と正義を否定する」という、彼らの行動綱領の中の言葉は衝撃的だ。当時その過激な運動がマスコミを賑わせたそうであるが、私にはあまり記憶がない。それまでは障害者の問題にまったく関心がなく、別の世界の出来事だったのだろう。優子が生まれてからは、自分のことで頭が一杯で、新聞やテレビさえろくろく見ていなかったような気がする。しかし確かなことは、私がまぎれもなく一九七〇年に我が子を殺してしまった母親や、温情判決を求めた市民と同じ地平にいたことだ。

生まれて二カ月目から優子は生まれた病院で三カ月間入院していたが、その三カ月間は私にとって地獄の苦しみだった。その頃は付き添いが必要だったので、私も一緒に病院に泊まり込んでいた。大きな大学病院だったので、かなり病状の重い乳児が集まってきていた。聞いたこともない病名の難病の子もいて、次々に乳児が亡くなっていった。一人亡くなりベッドが空くと、すぐに別の子が入ってきた。外見はかいがいしく子供の世話をしていたが、私の心の奥底では恐ろしい思いが渦巻いていた。「うちの子もいっそ死んでくれたら……」という思いが打ち消しても打ち消しても鎌首をもたげるように湧き上がってくる。子供を亡くし泣きながら帰ってゆく母親達が羨ましくて仕方がなかった。瀕死の乳児ばかりの中で優子だけは目に見えて回復していった。喜ぶべきことなのに、私の心は鉛のように重かった。何ということだろう。私はそれまで自分のことを善良な市民の一人だと信じて疑わなかった。お年寄りには進んで席を譲り、勿論障害者の人にはいつでも親切に接するつもりであった。その私が、知的障害者であるとわかったとたんに我が子の死を願っている。打ち消しても打ち消してもその思いが心の奥底に湧き上がってくる。乳児の優子が私の薄っぺらな偽善の皮をひきはがし、本当の姿を暴き出した。醜い自分の本性を見るのは耐え難く、私は苦しんだ。夜眠る時、明日からは絶対に恐ろしいことは考えまいと固く決心する。しかしその決心は何の効果もなく、次の日はまた同じことの繰り返しだった。そんな風に三カ月が過ぎ、優子は元気になり、退院した。私は心の奥底に懊悩を抱えたままだった。

実家に帰っての出産や入院だったので、そろそろ夫のもとに優子を連れて帰ろうとすると、聞きつけた夫の親から待ったがかかった。親とは別居していたにもかかわらず、「社宅に連れて帰るなんて息子に恥をかかせる気か。結婚していない下の息子のためにも絶対に連れて帰ってもらっては困る」と言うのだ。「別居を強要されるくらいなら離婚します」と言うと、「息子が離婚すると言っていないのに、女のあなたの方から離婚とは何事ですか」と義母は烈火の如く怒った。優しい人だと思っていたのでショックだった。「どうせ慰謝料を要求する気でしょう」と言われ、私も思わず被っていた猫を脱ぎ捨てて応酬した。「慰謝料なんかいりません。でも養育費はきちんといただきます」

とっさだったのに我ながらよく言ったものだ。そうだ。あの時からだ。味わったことのない怒りが私のうじうじした懊悩をきっぱりと消し去り、「何が何でも優子を立派に生かせてやる」という強い決意を呼び起こした。ほとんど意地だった。自分ではどうしてもできなかったくせに、義母のおかげで私はあの地平から一気に飛び立つことができた。義母を憎みそうになるたびに、「私はあの人以下だった。憎む資格は全くない」と、自分に言い聞かせた。断言できる。醜悪なことは全部、一番小さな個人のエゴイズムに起因する。

その後優子はまた入院し、その間に夫は住まいを探し、やっと一年後私たちは一緒に暮らし始めた。

光子さん、幸子さんに会って

私が初めてわらじの会に顔を出したのは一九八九年、優子が越谷西養護学校高等部二年の秋のことで、はや二〇年になる。古びたプレハブの建物に車いすの障害者の人たちが集まっていた。人手が足りないのは一目瞭然だったので、さっそく週に一、二度ボランティアに入るようになった。

そのうち新坂光子《てるこ》さん、幸子さんの休日の自宅でのトイレ介助を頼まれた。姉妹は大きな農家の一室でお母さん、高齢のおばあさん、知的障害のある叔母さんと一緒に暮らしていた。簡単なトイレと台所があり、他の家族とは別の生活をしているようだった。まずその障害の重さに驚いた。二人は夜は横にならずに、座ったまま、前に置いた小さな机に身を突っ伏して眠るということだった。横になると寝返りをうたなければならず、そんな人手がなかったのだ。光子さんはトイレの後、お尻にできた褥瘡の手当てもしなければならなかったが、そのひどさに思わず息を呑んだ。

部屋は暗く、妙に生暖かく、最初はこの人たちは病院にいるべきで、これは虐待ではないのかと恐怖さえ感じた。しかしそうではなく、暗いのは電気代を節約してのことで、生暖かいのはホットカーペットを敷いているせいだとわかってきた。実は病院にいる間に病状が格段に悪くなったのだということも教えられた。光子さんは痛い痛いと泣いていた。褥瘡の手当のあと元通り座らせてあげるのは至難の業であった。骨太の光子さんの体重はかなり重く、しかも障害のため全身ほとんど力が入らず、体がだらりとしていた。大阪から来て間もなかった私には、光子さんの言葉はわかりにくく、光子さんもさぞかしイライラしたことだろうと思う。

お正月休みに、続けて朝のトイレ介助に行ったときのことだった。四、五回やり直してもうまく座らせてあげることができず、光子さんは悲鳴をあげて痛い痛いと泣いていた。私も腰痛が起こりそうだった。壁に「横に寝かせないで下さい」という注意書きが貼ってあったけれど、光子さんが「もういいから横に寝かせて」と言った。すぐ困ることはわかっていたが、私にはそうする以外なく、辛くて私も一緒に泣いた。もうできない。私には無理だ。アンコさんに言って辞めさせてもらおう。そう思ったとき、おばあさんが側に立っていて、にっこりと大きな赤いトマトを一個私の手に持たせて下さった。このおばあさんはかなりの高齢だったが、耳が聞こえず、そのためかほとんど喋らず、白髪だった。神様が現われたような気がした。結局私は逃げることもできず、つらい気持ちのまま、また翌日からも介助に行った。

実はそのもっと前から、私はかなり精神的におかしかった。いつも喉の奥が緊張した感じで、今考えるとそれは子供の頃父親に反発して泣いていた時と同じ感じだった。結婚して父親とは精神的に訣別できたと思っていたはずなのに、子供が三人できてから私はまたもや昔の父と心の中で格闘していた。子供を叱るたびに、私は自分が父にそっくりなことに気がついた。自分に父が乗り移ったような気がした。叱られて悲しそうに私を見ている子供の目は、子供の頃の私自身の目だった。忘れたはずの昔のことが鮮明にフラッシュバックし、私は再び父への憎悪を募らせ、父のようにだけはなるまいと、がんじがらめになって、泥沼のような自己嫌悪に苛まれていた。

そんな私は、暗闇の中で痛い痛いと泣いている光子さんと自分を自然に重ね合わせていた。絶望的な無明状態。自分の力ではどうすることもできない。思えば何とすごい舞台装置と登場人物だったことか。後に知ったが、その頃光子さん・幸子さん姉妹は、世話をしてくれていたお父さんを亡くして間もなかったそうである。私のつらさは増幅し、頂点に達した。信じられないと思っていた神様に「助けて下さい」とすがりついた。あの頃だったと思う。喉の奥に短刀でも呑み込んでいるような痛みを感じるようになった。喉頭癌かもしれないと思って病院に行き、胃カメラまで呑んで診てもらったが、異常はなかった。後に何かで「アルコール依存症の人のいる家庭では家族も精神的に病んでいる」と書いてあるのを読んで、「なんだ。私は心の病だったんだ」と思って少し気が楽になったのを覚えている。私の父はアルコール依存症だった。

お正月休みが明けて、パタパタで光子さんに会ったとき、陽だまりの中で光子さんは穏やかな表情で座っていた。暗闇の中で泣いていた姿は嘘のようだった。光子さんをこんなふうに支えているわらじの会はすごい所だと、その時思った。

数カ月後、光子さんと幸子さんは自宅を出て、生活ホーム・オエヴィスで生活を始めた。私も優子を連れて泊り介助などに入るようになった。二人は夜、横になって眠れるようになった。私の来るずっと前から、わらじの会には多くの人々がボランティアとして関わり、障害者の人たちの活動を支えていた。それでもますます多くの介助者が必要となり、二人は必死だった。毎晩不自由ながらも手の使える幸子さんが介助者の家に電話をかけまくっていた。昼は駅前などで介助者募集のビラ配りをし、最後には光子さんはストレッチャーに横になったまま、マイクで訴えていた。

その後光子さんはこの世を去り、後に幸子さんもまた亡くなった。私は若くてもっと元気だった頃の光子さんや幸子さんを知らないので、殊更だったと思うが、二人に出会った衝撃はものすごく大きかった。生きるとはこういうことだということを壮烈に示してくれた。二人の壮絶な生の全うを全力で支えたわらじの人々のすごさも、私にとっては大きな衝撃だった。あの頃見たり教えられたことを抜きにして、今の私はないと思う。気がつけば、暗闇でオタオタ泣いていた私はいつの間にかどこかに消え失せ、魂は生き返っていた。

優子は迷子になって

優子は養護学校を卒業してすぐ、わらじの会に参加するようになった。二、三年経った頃優子は初めて迷子になった。北越谷でみんなでビラ配りをしている時だった。アンコさんから優子が迷子になったという連絡が黄色い部屋に入り、すぐ「ぶあく」にいた私にも知らされた。黄色い部屋に行くと水谷さんが言った。「〇〇君の時は、銭湯に飛び込んで通報されたから、すぐ見つかったのよね。こんな時、コンビニにでも入って、アンパンなんか万引きしてくれたらすぐ見つかるんだけど、あなたそんな躾、してないよね？」

私は思いもよらぬ思考法に度肝を抜かれて絶句した。それから信じがたいことが始まった。心配で青い顔をしている私を横に置いて、その場にいた人たちで、何だか楽しそうに次から次へと迷子事件談義に花が咲いたのだ。何々君は電車に乗って栃木まで行ったとか、何々君は１２２号線まで行ったとか、誰々さんは都内で見つかったとか……。全部無事見つかったのだから案ずることはないということだったと思うが、栃木とか都内とか聞くにつれ、私の顔から益々血の気が引いてゆくのが自分でわかった。とどめに山下さんが言った。

「こんな時親は誰でも、もう子供が乱暴されて殺されているかもしれないなどと想像して心配するけれども、そんなことはなくて、みんなちゃんと見つかるんだよ」

それは図星で、その数日前に千葉県で小学生が二人山で行方不明になり、死亡していた事件があった。そのことが頭をよぎり、もしかすると優子は元荒川で溺死しているのではないかなどと思って、私は居ても立ってもいられない気持ちだったのだ。しかし、しばらくして優子が見つかったという知らせが入った。親切な女性が交番に通報して下さったのだ。なるほど山下さんの言う通り、ちゃんと見つかった。私はオタオタした自分を恥じた。

二回目の迷子は「自立生活体験プログラム・ぽぽんた」の活動中だった、乗り換えのJR武蔵野線南浦和駅で優子だけ降りはぐれたらしい。午前十時半頃から午後十時半頃まで一二時間も優子は迷子状態になった。夜になり山下さんに言われ、悲愴な覚悟で警察に捜索願いまで出した。夫は出張中で、全く生きた心地がしなかった。その時は幸いにも、船橋からの電車の隣の席に座った男性が、たまたま同じダウン症のお子さんのいる人で、不審に思い優子に声を掛けて下さり、親切にも南越谷駅で一緒に降りて駅員さんに通報して下さった。駅からの連絡で出かけようとした時、山下さんが心配して克己君の家からの帰りに自宅に来て下さり、一緒に迎えに行って下さった。そしてその男性と話すうち、その方の奥さんとお子さんが、山下さんの所に見えて話をしたことがある人だということがわかった。

その日一日中優子は武蔵野線の終点から終点まで電車に乗って、行ったり来たりしていたものと思われるが、驚いたことに、財布の中に新座にあるコンビニのレシートが入っていて、ちゃんとお昼頃にお弁当と飲み物を買って食べていたことがわかった。実はわらじの会に入るまで、私は優子にひとりで買物をさせたことがなかった。ちゃんと喋ることができないし、計算もできないので、買物などとても無理だと思いこんでいた。でも「ぽぽんた」で優子は藤崎稔さんなどの先輩から買物の仕方を学んでいた。財布ごと店員さんに渡して、必要なお金をとってもらうのである。迷子になっても優子は一人でぽぽんた活動をやっていたらしい。日頃の活動の成果だとつくづく感心した。

しかし私は、死ぬほど心配させたかどで優子を三日間の謹慎処分にした。そうでもしなければ私の気が静まらないというか、怖くてすぐに優子を外に出せない気持ちだった。でも本人は全然懲りていなかった。謹慎が解け活動日になると、「ぽぽんたは駄目」と言う私を振り切って、行先も言わず勝手に出かけて行った。後をつけると、せんげん台駅経由で自宅から大枝公民館まで脇目もふらずに一時間二〇分以上かけて歩き通した。ぽぽんたメンバーが集まっているのを陰から見て、私は本当に呆れて脱帽し、すごすご帰るほかなかった。うるさい母親を離れ、皆で行動を共にできることが楽しくて仕方がないようだった。何よりも対等に扱ってもらえることが嬉しかったのだと思う。その後も何度も迷子を繰り返したが、そのうちいつの間にか迷子にならなくなった。いろいろ体験を重ねるうちに徐々に優子はかしこくなり、たくましくなった。さまざまなことで親も子も本当によく鍛えられた。

「ぶあく」から「手づくり工房はな」へ

「ぷあく」ができる時、水谷さんから週に一度くらい障害者の人たちと働いてみませんかと誘われた。わらじの会ではすでに身体障害者の人たちが働くリサイクルショップ「トムテ」があったが、今度は知的障害者のための店だった。優子もメンバーの一人に入れていただいた。一緒に働く主婦が何人か集められ、最初の話し合いで出されたことは、「対等に働く」ということだった。障害者の人と対等に働くとはどういうことか。それぞれの人が思い切り能力が発揮できなければ対等とは言えない。少し悩んだが、考えてみれば主婦もさまざまなハンディをかかえている。それに主婦と一口に言っても千差万別。障害者との間に境界線なんてありはしない。この私にしてからが、障害がないなどとどうして言えよう。それ以上深く考えたり悩んだりするのはめんどうなので、みんな同じ障害者だと思うことにした。私の中ではそれは今も変わっていない。ハンディをかかえた人たちもたくさん集まればお互いにカバーし、協力し合って大きな力が生み出されるはず。あまり人とつき合ったことのない人たちもいろいろな人とつき合いを深めることができるし、第一楽しい。そんなふうに考えて、何年か「ぷあく」に関わった。「ぷあく」ではリサイクル品の販売のほかにもさまざまなことが試みられた。手作り品を作ったり、草木染めをしたり、障害者の生活を考えようと「生活ホーム・もんてん」の一室を借りて活動したり、閉じこもりになって「ぷあく」に来られなくなった人の家に行って一緒に作業をしたり。また優子と私は近所の人に知ってもらうために「ぷあく」の品物を自宅に運び、ガレージセールをやったり、橋本静佳さんも自宅などで「しずかショップ」を開いたりした。

そのうちデイケア・パタパタの通所者の吉田初枝さんに頼まれて、パタパタで何人かと裂き織りをするようになった。初枝さんは結婚していて、その後二番目の子供が生まれ、通所できなくなった。そのため他のメンバーと共に織り機を持ち込んで初枝さんの自宅で活動することになった。週一回であったが、赤ちゃんの沐浴や授乳を手伝いながら裂き織りを織った。病院や買物にも行った。障害者が母親になる大変さを目の当たりにした。「生活を知る」というのはわらじの会の人たちの基本的な考え方であるが、大きな経験だった。

その後「ぶあく」の手づくり班と「パタパタ」の裂き織り班が合併して「手づくり工房はな」になり今に至っている。メンバーは障害者、主婦、職員など女性ばかり十数名。障害者メンバーが織ったさおり織り、裂き織り、クロスステッチ刺繍などを小物に仕立てたりして販売している。また手づくりだけでなく「ぶあく」や「裂き織り班」でやってきたように、臨機応変に様々な活動をする。メンバーの家に行って、お母さんとお話をしながら作業をしたり、見沼福祉農園で野菜の栽培をしたり。

時々私は想像する。今のように便利なものがあまりなく、生きるために大変な労働をしなければならなかった昔の女性たちはどんな生き方をしたのだろうと。過酷な状況の中でも、人々はきっと子供や障害者や高齢者や病人も含めて助け合ったり、工夫したりしながら懸命に耕したり、織ったり、養ったりして生きたのだろう。そうやって幾世代にもわたって喜びや悲しみを乗り越えてきたのだろう。大地に足をつけて。私は光子さんや幸子さんやあのおばあさんにもそんな女性たちの姿を見たのかもしれない。そんな生き方をすれば間違いはないはず。活動も同じだろう、と漠然と考えている。

「リサイクル・café　こぶくろ」

四年ほど前から、私はわらじの会の外で、ワーカーズコレクティブ「リサイクル・café　こぶくろ」という事業にも関わっている。東武線大袋駅の近くにある。大袋にできた小さなお店という意味で、みんなで考えてネーミングした。私も所属する「越谷市民ネットワーク[注]」という団体に、店舗付き住宅を格安の家賃で、何か地域活動のために使ってほしいという家主さんの申し出が舞い込んできた。こんなまたとない話を生かさなければもったいないと、仲間が集まり、最初一七名で立ち上げた。共同で出資し、雇われるのではなく、自分たち自身が対等な立場で運営してゆく。大きな目的の一つは、障害があっても、年をとっても働ける場を作り出すこと。また地域に人々の交流の場を作ること。メンバーの中には優子も含め知的障害者三名、車椅子の身体障害者一名、私も含め六十歳以上の人が六名ほどいる。一階店舗でリサイクルショップ、二階和室ではさまざまな教室などへの貸室事業や、こぶくろ主催の講座事業などを行っている。秋には毎年文化祭を開催し、ミニコンサートなども開かれる。収益の面ではなかなか厳しい面もあるが、着実に地域に根をおろしつつあるのを感じる。

私たちの営業時間は十二時から五時までである。殿様商売だ、とお客さんにも言われたが、長く続けるためには無理はできない。労働条件を自分たちで決められるのはいいことだ。今世の中では利益追求や効率アップを最優先する企業社会の働き方についていけない人々の問題が続出している。また不況のため、物のように切り捨てられる派遣労働者の問題は深刻である。格差はますます広がり、社会から切り離されているのは障害者や高齢者ばかりではなくなってきた。どんな人でも社会参加ができるような世の中になることを願って、地域の片隅から、自分たちのできることを続けてゆきたいと思う。

共に働くこと

重度の障害者は一般的な職場ではまず受け入れられない。働く場がないということは、自然に社会から切り離されてしまうことになる。社会の中にいれば当然身につけてゆくさまざまなことを学習する機会を奪われ、差別や偏見はなくならず、薄っぺらな愛や正義が横行する。働く場がないなら、自分たちの手で作るか、闘って社会に切り込んでゆくかである。「わらじの会」では「トムテ」や「ぶあく」を作って運営してゆくかたわら、その一方で何年も前から「職場参加を考える会」で社会に切り込んでゆく活動をしてきた。その後それが土台となり、NPO法人「職場参加をすすめる会」が発足し、越谷市の委託を受けて「障害者の職場参加・就労支援センター」が設立された。また「デイケア・パタパタ」や「くらしセンターべしみ」でも通所者を社会に送り出してゆくため、日々努力が重ねられている。

「ぶあく」や「手づくり工房はな」でやってきて思うことがある。それは、働くことはできないだろうと思われる重度の障害者も、まわりの人たちが一人一人を本当に大切に思うなら、いつの間にか重要な役割を果たし、なくてはならない存在になるということである。決してただ介護されるだけの存在ではなく、介護されたりそこに生きていることで、まわりの人を働かせ、生かす存在になる。これは「労働」とは言えないかもしれないが、重要な働きである。こういう「働き」を中心に据えて「共に働く」ということを考えていけないものだろうか。

「職場参加を考える会」の活動の成果として、越谷市では「障害者地域適応支援事業」という制度ができ、毎年職場参加のための体験実習が行われている。これは一般就労はすぐには難しいとしても、まず職場に共に参加することが大切という考え方に基づく画期的な制度である。わらじの会では障害の重い人も軽い人も関係なく、積極的に実習に参加している。しかし社会の壁は厚いと言わざるを得ない。

家庭の中や、私たちのようなささやかな取り組みの中で当たり前に行われている、「共に働く」ことが社会全般に広がれば、誰にとってももっと生きやすい世の中になるのではないだろうか。

注　越谷市民ネットワーク

市民自治、持続可能な環境、福祉社会をめざす地域政党。一九九〇年に設立された。生活クラブ生協を母体とする。現在活躍中の辻浩司市議はわらじの会会員。

学 校

「地域で共に」は学校から

竹迫　和子

違法人行動の子どもたち（2001 年、国会議員会館にて）

わらじとの付き合いの始まり

我が家に、いつかは整理しようと思いながら、いろいろな資料が山のように積み重ねられている。その中に『月刊わらじ』も初めてもらったものから順に積み上げられている。一番古いものが一九八四年八月号だ。次の九月号に川口のグリーンセンターへ出かけようという例会のお知らせが載っている。初めて例会に出かけたのがこの川口グリーンセンターの時で、写真も残っている。「一度写真に写ったら、抜けられませんこの世界から」的に。

私は一九八四年四月に越谷養護学校に勤めることになった。それまでに、例えば大学時代に八木下浩一さんという存在を知ったり、『さようならCP』という映画を見たりしたことはあったが、「障害児・者」と直接付き合ったことがなく（あらためて思い出せば子どもの頃、からかったり、一緒に遊んだり、家族がたいへんらしいと記憶に残っている人が、近所に四人ほどいた）、ただ九州福岡で勤めていた中学校の隣りに養護学校という所があったり、「養護学校義務化反対」運動があることだけは頭の隅にあった。埼玉で再就職したところが養護学校になり、ここで働いていいのだろうか（といっても他に仕事のあてがあるわけではないし）、どうしようと気になって、教員仲間の友人に紹介されてわらじの会を訪れた。これが始まりである。

この年の十二月号にはさっそく原稿を書かされて（？）いて、「学校と地域」という特集で、教員という立場にとらわれずいかに生徒や親の立場に立てるか、みたいなことを書いてあり、九州で中学校に勤めていた頃の反省から出てきた思いなのだと思うが、なんてまじめだったんだろうと我ながら感心したり（翌年の五月号ではすでに破綻しているようすが書かれているのだが）、養護学校に反対する団体から依頼された原稿を、どんな気持ちで引き受けたんだろう？　と思い出してみたりする。自分がどんな立場にいるのか一応考えるのだが中途半端で、矛盾した行動をしてしまうのはこの頃から変わらないようだ。

わらじと養護学校

この頃の『月刊わらじ』には、三上真波さんの詩や、竹沢（木村）和恵さんが四カ月で養護学校を退学したインタビュー記事「四ヶ月だけの養護学校体験[注1]」、橋爪静佳さんの担任の先生の〝笑顔でがんばってます〟という養護学校の先生らしい手記から川口養護学校の先生の発達段階に分ける指導に対する批判[注2]までも載っていて、養護学校批判をしながら、養護学校ともつながっていることを感じる。つまり、養護学校という存在についてそれぞれの立場から議論ができた時代だったのだと思う。私自身も養護学校に勤めていることに対する緊張感（勤めていていいのだろうかという思い）があって、おとなしく受身的な養護学校の生徒と違い、ポンポンとものを言う和恵さんのような存在がこわくもあったが、養護学校のどういうところが問題なのか具体的に把握しようとしていて、和恵さんの記事には赤線を引いていたり、「養護学校における社会性のはく奪」[注3]などという文を書いたりしている。

水谷淳子さんのインタビューに答えて和恵さんは、「また小学校の勉強なんていやだから」「帰って来るの三時だからねえ。行くのは九時。遊びに行って帰ってくるみたい」「三年までいないと就職できないって言われて、今までいた人はどこへ就職したんですかって言ったら、例をあげたのが三カ所ぐらいしかなくてね」「中学を卒業する時点で、行き場がなかったから、とりあえず養護学校行ってみようって」「あそこ行ってたらダラダラになっちゃうよ。普通学級と違って、いじめられることもないけどね。でも、いじめられないっていうのもアレだね。ものたりないっていうわけじゃないけどね」等々答えている。その後和恵さんは、結婚・出産をし、さまざまな苦労もし、若くして亡くなったが、自分の意思で生きたのだと思う。

多少変わったところがあっても養護学校の本質はそのままなのだが、養護学校という存在をあまり問わなくなり、変に割り切ってしまっていないか？　私だけがそうなのか？　養護学校に反対しながらも、事業所に養護学校の卒業生や実習生を受け入れ、話題にしにくくなっていることもあるかもしれない。以前は、養護学校を卒業すればそれなりになつかしいこともあったろうが、批判するところは批判して、街に出たい、自立生活をしたいという思いがあって、卒業生がわらじに関わるようになっていたように思う。

そう言えば、越谷養護学校に勤め始めた頃は、保護者から「ほんとうは来たくなかったのよ。だれだって分けられたくなんかないわよ」という言葉を聞く機会があったりしたが、その後「分けられる」

ことへの親や教員の意識の違いを感じるようになったのはいつ頃からだろう……。「自己選択」という言葉も使われるようになったりして。

相談会

『月刊わらじ』には学校でいじめられたり登校拒否になったことなどがよく書かれている。また秋になると、わらじの会やめだかの会などで公民館などを利用して、就学について相談会がおこなわれるという案内や報告の記事も出ている。その報告の一部[注4]を見てみると、

「ただ机に坐らせておくだけじゃかわいそう」という考えに対し、「何もしないでじっとしているようでも、あれこれ見たり聞いたりしているもの。特殊・養護と普通学級とでは刺激の量が全くちがう」

「子どもたちは、〝どうしてこんなになったの？〟とかきびしいが、〝でも私たちとおんなじだよね〟と言える。そういう体験を少なくしてはいけない」などのアドバイス。さらに、

「たしかに学校行って勉強できなくちゃ困るだろうけど、もっと根本的に〝できなくたってありのままでいいじゃないか〟っていうのを、まず腹の底に置いとかなくちゃって思うのね」

「指導の先生が〝指示通りにおかあさんが教えれば言葉がでますよ〟って言うんですけどだめですね。それが、江戸川に遊びに行ってまっくろになって帰って来た時に、言葉が出たんです」

「普通学級にいると、言葉にならない言葉でも、周りの子が理解してくれるということがあるのよ」

「クラスの子が〝△くん、特殊学級に入れないで！　あそこはバカ学級だよ。でも△くんはそうじゃないよ。おばさん！　△くんを入れないで下さい〟って言うわけ。子ども達は、△がなんにもできなくても、自分達の仲間だと思ってくれてるのね」

といった感じで、親どうし顔をつき合わせ、自分の子どもの生活を出し合いながら相談し合っていたのである。地域ごとに、定期的に行われていたようである。

「身の回りのしつけや勉強について、親があまりこだわらないで大らかにかまえたほうがいい」とか、「できる・できないということで学校を選んではいけない」とか、「親の付き添いは負担も大きいし、子供どうしの関わりが希薄になってしまうので、徐々に減らしていき、なくしていったほうがいい」とか……。今でも同じようなアドバイスをするが、このようなアドバイスを必要とするということは、学校という所がほんとうに変わらない、むしろもっと状況が悪くなっているとも言われ、落胆させられる。

「悩みながらも救われるのは、周囲の子どもたちが変わっていくことだ」というおかあさんが多い。そのことが〝一緒に〟を続けさせる。現在でもこのように周囲の子どもたちが変わっていく関わりがあり、エピソードがうまれているのだろうかと、つい私は危惧してしまう。学校教育全体が能力主義の徹底で画一化され貧困になっていると思われるからだ。〝できなくたってありのままでいいじゃないか〟という考え方が、今どれだけ通じるのだろうか。常にできる・できないを評価し、どこまでできたか、もう少しできるように……と、できることを求められる（まさに、個別の教育支援計画によって）。できないと決めつけてはいけないし、やってみるとできることはけっこうあるし、できたほうが満足感も得られるし、付き合うのも楽である。でも、できないありのままを相互に受けとめなければ、「普通学級で一緒に」はやっていけない。今学校で子どもたちの個性や自発性が失われ、包容力も狭くなり、一緒の楽しさよりもきつさのほうが大きくなってきているように思われる。だから、「一緒に」ということにあまりこだわらなくなり、安心して過ごせる所、少しでもできるように個別指導してもらえる所を選ぶ人が多くなっているのかもしれない。

就学時健診

一九七九年に養護学校が義務化され、その養護学校への振り分けの役割をするのが就学時健診である。それに反対したり疑問を持ったりした人たちが、子どもに障害があるなしにかかわらず、就学時健診を拒否する動きがいくつもあった。片山布自伎さんは長女・次女と二年続きで就学時健診を拒否している（八五年、八六年）。

教育委員会にその旨の手紙を出し、学校の方へは電話を入れた。……「ならばお宅のお嬢さんは何でもありませんか」という問いに「何でもないというのは、どういう意味ですか」と逆に問い返すと「何かありましたら、特殊学級に行ってもらいます」という返事……その後、教育委員会から電話がきた。……前述の教師の発言を伝えると、それに対しては言なし。……教頭に電話をし、再度僕らの気持ちを伝えてから「受けなければ学校にいけないのですか」と愚問を投げかけると「そんなことはありません」でおしまいとなる。……「自己満足にしかならない」という批判も受けたし、「教育を受ける権利は憲法に保障されているのだから」と励まされたり……「もし彩ちゃんが障害をもっていたら、あんたどうしてた」と、鋭く問い詰められもした。[注5]

と経過や心情を書いている。

谷崎恵子さんは九〇年に「就学時健診始末記[注6]」を三回に渡って書いている。他市の人から、何も言って来ないし、入学もできるよと言われ、軽い気持ちで行かなかったところ、教頭から「役場から委託されているから」「クラス編成をするのに必要だから」と何回も電話をされ、ついに「義務ですから」とまで言い放たれた。そこで、就学時健診は保護者には受ける義務はない等の拒否理由を書いた意見書を教育長と校長に提出した。就学時健診を受けないことによって科する罰則規定はないことを、教頭はわざわざ辞書で調べたそうである。それからは「私たちは決して差別するために行っているのではない……そっちの学校に行けなどとは決して言ってません。……それぞれの子どもたちに合った学校で学ぶことが、いちばん幸福なことなんです」とあれこれ説得してきたり。周りの人に「言うことを聞いといたほうがいいよ」とか「子どもがかわいそうじゃない」と親切に忠告されたりもした。一応拒否できたもののあまりよい展開にできなかったことが悔しくもあり、情けなくもあり、なんともやるせない気持ちであったが、〃障害者だけの問題ではなく、みんなの問題として捉え、一緒に考えていけたら〟と述べている。

この頃、就学時健診に対して同様な考えや行動をした人たちがいて、私の友人にも何人かいる。教育委員会は「お願いであって、強制ではない」と言いつつ、何回も電話をして来たり、自宅に来たり。つい最近、TOKO（どの子も地域の学校へ！　公立高校へ！　東部地区懇談会）の集まりで聞いた話では、子どもに就学時健診を休ませ遊びに行かせたら、教育委員会の人が来て公園まで探しに行ったとか。「教育委員会で実施することは義務であるが、保護者には受ける義務はない」、「受けないことによって科する罰則規定は何らない」が、そのことを明記していないし、教育委員会や学校はさも義務であるかのように言ってくる。就学時健診は障害のあるなしや程度で子どもを振り分ける差別的な制度であるという理屈ですっきりするのだが、いざ拒否すると「子どもがかわいそうじゃない」とか「自己満足にしかならない」とか言われたりして悩むし、自分自身が問われるし、勇気のいることであるが、市民運動的に拒否の動きがあったのである。

強圧的な就学指導

養護学校義務化後の就学指導はかなり強圧的であった。草加市のAさんの話でその凄まじさがわかる。

学校に上がる時、教育委員会で相談の人がものすごい人だったの。延々二時間ぐらい、ダメだということを言い続けるわけ。「もう帰ります」と言っても、「そうはいかないんです」って閉じ込められちゃうの。「だったら、あなた、一生この子のめんどうをみてくれますか?」とワーワー泣いちゃったのね。[注7]

このように強圧的な指導をすればするほど、就学指導のおかしさが露呈されてくることを察してか、埼玉県教育委員会は一九八七年二月の交渉で「本人・保護者の意思を尊重する」と言明し、普通学級希望ということを断言すればそれを認めるようにはなってきた。しかし、別学体制を変えようというわけではなく、説得の方法を変えただけで、強制的であればそれに対する反発もまたはっきりと出てくるが、自分で決めていいですよと柔軟な姿勢を見せて、普通学級での条件整備をしないことでよりいにくくし、特殊学級や養護学校を選ばせていくという、より陰険な就学指導へと変身していくのである。「本来普通学級に来るべきではない」として、統計上でも障害のある児童生徒は普通学級にはいないものとし、受け入れ態勢も整えず、毎年毎年就学指導を行い、ネチネチと追い出しにかかるのである。就学指導に関わる親子の悩みは今も変わらない。しかし、それでも一緒にと「共に育つ」実績を作ってきたのである。

石川しげりちゃん、養護学校から小学校普通学級へ

きっかけは、スクールバスの路線変更が利用者の親子に何の相談もなしに決定され、自転車で二人乗りで行くのも困難な地点にバス停が移ってしまったことだ。決定事項だからと押し切られてしまった、他の人たちだってガマンしているんだから……と。養護学校という場自体に疑問を感じていたが、こんな通学のことで苦労しても近所の人々、特に同年齢の子どもとは疎遠になるばかり、同じ苦労するなら校区の普通学級へ、「重度障害児」は皆の中でいろいろな人々との関わりの中でこそ生きていけるのではないかと、石川しげりちゃん親子は普通学級へ移ることを決意した。[注8]

八七年三月、山下浩志さんと一緒に石川さん宅や春日部市教育委員会へ出かけていったことを思い出す。養護学校の教員という立場で、こういう立場だからこそ、地域から孤立してしまうことや養護学校ではできない面を市教委の担当者に対して並べ立てた。石川さんの決意は固く、転校要望書を市教委に提出するとともに、しげりちゃんの荷物をすぐに引き取りに行った。そのことが決意の強さを物語っていた。担任も理解のある人だったので、養護学校の中で特に混乱はなかったが、小学三年生に転入を認められるまでには日数を要した。

小学校に通えるようになり、初めの頃は子どもたちの大声に興奮して泣き出すこともあったが、徐々に慣れ、帰ろうとする時泣きだしたりおかあさんの手や腕にかみついたりするほど、意思表示が出てきたという。親の付き添いを継続させられたり、周囲の子どもたちはそれぞれに関わってくるのに、担任からはコミュニケーションが難しいので何もできないと言われたりしていたようだが、障害があっても普通学級にいてあたりまえなのだとがんばった。中学校への入学に迷っていると、「しげりちゃんも中学校にみんなと一緒にいくんだよ」と当然のこととして周囲の子どもたちが考えてくれたのでいけたように思う、とおかあさんは書いている。卒業の時はみんなから寄せ書きをもらったり、合唱してもらったり、また高校入試にも挑戦し（九四年）、担任もなぜ受験するのかを高校に何回も話しに行ってくれたという。[注9] 受験時や選抜において配慮がなされない状況で（形だけの音読、代筆は認められたが）、残念ながら定員内不合格とされてしまったが。

少し話がそれるが、八九年の『月刊わらじ』をめくっていたら、三郷養護学校（越谷養護学校に一四年勤め、九八年に異動した）に勤めていた時に担任したり、同じ学年になったりした生徒のおかあさんたちの怒りの記事が出ていた。Kくんは三歳で「集団保育になじめないため」という理由で、家族が入院していてたいへんなのに保育園を追い出されたとか、Uくんのおかあさんは就学時健診の後に市教育委員会に何回も呼び出されて「個別指導が伸びますよ」としつこく就学指導され、普通学級への入学通知が一カ月も遅れてきたということを書いていて、こんなことがあったんだと驚いてしまった。納得のいかない差別的な扱いを受け、徐々にあきらめの気持ちになってしまい、他ではなかなか受け入れてもらえず、養護学校を選ばざるを得なかったのだと、実感した。

養護学校卒業生の生活を教材に

わらじの会には、養護学校の卒業生がたくさん関わっているが、私自身が養護学校に勤めている中で疑問に思うことを、障害者の立場ではどう思うのか、また何か困った事態にどう対処しているのかなど、いろいろ相談にのってもらうと具体的な答えが聞けたり、授業の教材にさせてもらったりして、ずいぶん助けてもらった。

■野島久美子さん

家庭の事情で実家を出てアパート生活をすることになり（八五年）、月に一～二回仕事の帰りに風呂と夕食の手伝いをした。初めの頃は、本人がどこまで自分でやり、介助者である私がどの程度手伝えばいいのか、折り合いがうまくつかず、ゆっくりペースの野島さんをじーっと待っていたらイライラして疲れ果て、いくのがいやになったりしていたが、野島さんも自分で体を動かしてやったほうが自分のために良いこと以外はやってもらい、早めに済ませて自分のやりたいことをする時間を作ったほうがいいという考え方がはっきりしてきて、だんだんと二人のペースができてきた。

時々知り合いも呼んで一緒にお酒を飲んだり、野島さんが煮物を用意して、手早く調理しなければならない炒め物は私がやるといった形でメニューを考えたりした。忙しがって煮物なんてなかなか自分では作らないのに、野島さんの所で食べるということが新鮮だったりした。

野島さんの生活のようすを、例えば風呂場の改造など写真に取り、授業で生徒に教えたり、野島さん自身にも授業にきてもらい、自立生活のようすを話してもらったりした。野島さんは生徒の先輩として、自信を持ってやさしく説明していた。このような機会に教員で顔見知りの人ができると、野島さんは機会を作っては販売に来ていろいろおしゃべりしたくさん買ってもらっていた。野島さんはしっかりしていて商売上手だ。こんなギブ・アンド・テイクの関係がよかったのか、団地に引っ越してからも手伝いに行き、三郷養護学校に異動するまで続いていた。

■藤崎稔さん

越谷養護学校の第一期か二期の卒業生で、おかあさんはPTA会長もしていたということやスウェーデンにも行ったことがあることなど、山下さんから話を聞いたり、実家に連れて行ってもらったこともあった。藤崎さんは家を出て自立生活をしたいという話をよくしていたが、内心できるのだろうかと思いながら、志の高いのに感心した。

まだ実家にいた頃、藤崎さんと上野動物園に二人だけで出かけたことがある。なぜ二人だけかというと、障害のない人がデートするように、障害のある人も同性の介助者を付けないで異性と二人だけで出かけることがあっていいはずだ、やってみよう！　ということになった。つまり、トイレの介助はやってあげられないので、通りがかりの男の人に声をかけることをやってみようということになった。お互いにどういうつもりでこんなことをやろうと思いついたのか、今思えばおかしくなってしまうが、若い女性には頼みにくいし、私がちょうどいい年頃だったのかも。

当時の駅にはエレベーターなどはなく、駅員の対応も悪かったので、階段を上げてもらう人を集めなければならないし、果たして、通りがかりの人に尿瓶を渡して「お願いします」と言えるだろうか、実際に藤崎さんのトイレ介助をやったこともないのにどう説明するんだ?……と、とても不安で悲壮な覚悟をして出かけた。その頃上野公園ではパンダが人気者で、入場口にはたくさんの家族連れが列を作っていたが、長時間並ぶこともなく、警備の人に「車椅子の人はこちらでーす」と案内されて、立ち止まる間もなく、あっという間に見終わってしまったというか、遠くにそれらしいものをチラッと見ただけだった。警備の人の早く終わらせたい気持ちありありの案内で、もっとしっかり見せてよと文句言いたかったが、そんな勇気はなかった。で、肝心のトイレの方は、出ないということで、ほっとしたような、もの足りなかったような(遠慮していたのかなあ)。

やがて、藤崎さんは志に向かって生活ホーム「オエヴィス」に住むようになり、買い物、レンタルビデオ、居酒屋と生活範囲を広げていった。どのようにして開拓していったのか、こと細かにオエヴィスの所長をしていた本田勲さんからよく話を聞いた。生徒にも教えてあげたい参考になることがたくさんあり、会話に時間がかかるが、本人からも話を聞いた。居酒屋に行くようになって、いくらくらいになるか金勘定を意識するようになったとか。

私は、電動車椅子を足で操作し、会話もむずかしい藤崎さんが一人で電車に乗るところを生徒にも見せたいと思い、ビデオを撮らせてもらうことになった。決して介助者的に手伝ったり本人に代わって介助を頼んだりせず、カメラマンに徹するということで撮影しながらあとをついていった。それなりに面倒見のいい人がいて、中には自分から話しかけてきてよだれを拭いてくれるおばさんもいたりして、なんとかホームまでは行けたのだが、いざ電車に乗ろうという時、手を貸してくれる人がそばにおらず、どうするのだろうと心配していたら、なんと一人でドアが開いたところに突っ込み、前輪がホームと車輌の間に入ってしまったのである。と、周囲の人が驚いて電動車椅子を電車の中に引き入れ、乗せたのである。その時の自分の驚きようといったら、カメラはどこを写しているのかわからない状態だった。まさに体張っての乗車である。周囲の人にちょっと手伝う意識ができていればスムーズにいくことなのだが、このように先駆者として自分を周囲の人に見せて知ってもらうしかなかったのだろう。藤崎さんの身の安全は気になるし、「ちゃんと介助しろ」と私が怒られるのではないかとビクビクしていて、カメラマンに徹することのたいへんさを思い知らされた。

こういうふうに体を動かして、そこで得たものを教材にしながら授業をやれた時は元気だったし、楽しかったな。

『坂田くんにナイスピッチ』発刊

養護学校に通う男の子が、野球を通して近所の子と知り合い、一緒に地元の小学校へ行くようになるというストーリーで、現実にはそんなにうまくいかないわよ、なんて、つい思ってしまいそうだが、子供たちのほうがずっと自然に出会いを受け入れていく、そのさわやかさがうまく表現されていると思う。著者の糸賀美賀子さんとは、「くっちゃべる会」などで会っていたが、ほとんど個人的には話したことがなく、若くして亡くなり惜しかった、もっと話してみたかったと思う。

高校受験――〇点でも高校へ

一九八七年四月の『月刊わらじ』に東京の金井康治くんの高校の入学式の新聞記事が載せられているが、埼玉でもこの年の秋から高校入学に向けて熱い闘いが始まる。普通学級就学の集会で、草加の中村順子さんが「高校に行こうよ！」と言った時に、わたしも「そうだ！ 行こう」と思ったことをよく覚えている。

その頃、草加の坂口佳代子さんが吉川高校全日制に通っていて、身体に障害のある人が高校に入学するケースはいくつかあった。しかし、養護学校義務化の頃に養護学校を拒否し、普通学級に入学して学んできた障害児たちで、知的に障害のある子どもたちも高校の門をたたき始めたのである。

中学を卒業したらみんなが行くんだもの高校へ、自分たちだって！ と浦和の猪瀬良太さん、草加の本間亜貴代さんと熊谷富美子さんが受験することを決め、県教育局との話し合いが始まった。会議場がいっぱいになるほどたくさん人が集まり、夜遅くまで話し合いが続けられ、高校教育指導課長から「地域で共に学ぶことが大切」といった、障害のある子の進路は養護学校高等部だけではないという内容の確認書を取ることはできたが、高校の選抜制度――能力・適性の壁は厚くて話し合いが進まず厳しい状況であった。熊谷さんはこの時の心境を「県教育局の偉い先生方の頭の中には、私たち障害者はこの世に生を持つことは迷惑と言わんばかりの発言で、偉い先生方の心の狭さに悲しみを感じずにはいられません[注10]」と述べている。

　廊下にはたくさんの教育局の職員が待機しているというものものしさであったが、休憩時間にたくさんのおむすびなど食べ物が差し入れされたり、顔見知りもたくさんできて、なんだか楽しい気分であった。「こういう機会は、決して逃さないわらじの三婆たちは、前夜から作戦を練りました。……めんたいことうめぼしと……準備万端おこたりなく、三婆たちは出発したのでありました。……南浦和のぺんぎん村におもむいた三婆は、またまたお米をたくさん買い込んできておにぎりづくりに励みました。そうして、にぎりににぎったり四升分」と水谷さんが「おむすび物語[注11]」を書いていて、なんと二月二十四日の交渉では、四升分のおにぎりをにぎったというのだ。食事にありつけない障害者も県庁に来れば食べられる！　というノリで、わいわいと食べて話し合っていた。闘うことと、食べることと、なんとエネルギッシュであったことか。

　しかし県との再三の話し合いにもかかわらず、その年の春の受験では猪瀬くんが浦和商業高校を、本間さんと熊谷さんが吉川高校を定員内にもかかわらず不合格とされた。

県庁泊り込み

不合格は不当だとして教育局に話し合いを求め押しかけたが応じないため、知事室に押しかけ、そのまま二泊三日（一九八八年五月十一、十二、十三日）の泊り込みの交渉となってしまった。受験者の家族や支援者、障害者、教員など一〇〇人以上の人が出入りしながら六〇時間泊り込み教育局と話し合いを続けた。[注12]また、途中で県庁の施設設備について点検して回り、関係課と話し合ったりもみあったり、最終的には三日目の夜、教育長が出てきて、吉川高校の自主通学を認める回答を引き出した。また、浦和商業高校と話し合いの道をつける努力をするという確約もした。この時の回答に、障害のある生徒の高校入学について事務レベル交渉を継続していくという項目もあり、教育局との話し合いが今日までずっと続けられているが、その糸口となったのがこの回答である。私たちとしては事務レベルではなく、関係各課が揃った団体交渉にしてほしいと要求したのだが。

わらじの会をはじめ、川口や浦和、新座などからたくさんの人が参加していて、まだ親たちも若い頃で、小さい子どもを連れての参加で、子どもたちどうし仲良くなり、遊んだり泣いたり笑ったりそれはにぎやかであった。夜は知事室のソファーや廊下にごろ寝したが、新坂きみ子さんが声を出してうるさいので、ちゃんと理由を聞いてあげればよかったのに、茶化したり怒ったりしたらますます大きな声で泣き出して困ってしまった。次の朝早く新坂きみ子さんたちを連れ出してさくら草通り（郵便局あたり）まで散歩して、朝の空気を吸って気持ちよかったのを覚えている。五月は家庭訪問の時期で、それ用の服を家から用意してきて泊り込み、県庁から家庭訪問に行ったところ、教頭から訪問先の家に電話があってギョッとしたのを覚えている。昔はいろんなことをやっていたなあ。職場がどんどん管理的になるとともに、自粛の傾向も強くなっている。

最近その泊り込みの時のビデオを見たら、県庁の正面玄関の屋上でひなたぼっこ（泊り込み交渉の宣伝？）をしているところが写っていたが、私が県庁から出勤していた間にそんなこともしていたんだと、ちょっとうらやましかったりして……。私が所属している埼玉教育労働者組合（埼教労）の人たちも話し合いの進行や方向付けなどリーダー的に関わり頼もしい限りであった。ビデオを見ながら振り返ってみると、どう見ても教員には見えない姿形で、それは今も同じかな。この頃どうしてみんな参加しなくなったのだろう？　考え方にズレが出てきたのか？　余生を楽しんでいるのか？　もっと力のある人たちに関わってほしいのに、なんで私のような力のない者が……。ここで、「どうせ私は全共闘末期世代よ！」というひじけた気持ちが頭をもたげて来る。

吉川高校、自主登校から入学へ

それはともかく、受験先高校が吉川高校ということで、そこに埼教労の小沢孝雄さんと平田典文さんが勤めていたことは大きい。というよりも、二人がいたから入学への動きを作れると考えた。小沢さんはその頃樋上秀さんの隣に住んでいて、わらじとの関わりも深かった。一年目の受験では、吉川高校定時制の小沢さんと平田さん以外の教員の理解が得られず、本間さんと熊谷さんの二人とも不合格にされたが、厳戒体制の中を「楽しくスイスイと自主登校し無事入学式出席を果たした」[注13]のである。

その後も自主通学は部活、学校行事、授業へと広げていきながら続けられ、関わりは生徒にも広がり、文化祭で自主登校する二人のスナップが展示されたり、入学を要望する署名活動が吉川高校生徒の中で展開されたりした。その結果本間さんは十月に通信制高校からの転入学で、熊谷さんは翌年の入試で合格し入学することができた。

それに続き、中村要一郎くん（草加）、前田直哉くん（春日部）たちが入学した。吉川高校では教員の理解も広がって、というか、小沢さん・平田さんたちの強い意見で、定員がオーバーしても全員受け入れたり、全員進級することができた。前田くんは、定期を買うのが楽しみで自分から担任に申し出て書類をそろえたり、「吉川高校定時制の生徒の友達は、いつも元気な友達や、みんなかわいい女の子の友達など、たくさん作りたいと思います」と期待にあふれていた。中村くんのお母さんは送り迎えのために待機している間に給食室で働いていた。

吉川高校で親子共に伸び伸びと過ごすことができたのはとてもよかったのだが、「地域で共に」という視点で高校生活や卒業後の生活を広げていく取り組みをしていくまでに到らなかったことを、今ごろ自分では反省している。たしかに入学することがたいへんで、入学することしか考えられなかったのだが。

大人の障害者の受験

猪瀬良太くんの受験した浦和商業高校は、障害のある生徒は養護学校へという考え方の教員が多く、話し合いにもピケを張ってなかなか応じなかった。二年目に受験した蕨高校も応援してくれる教員が三人いたものの、やはり障害のある生徒は養護学校へという考え方で受け入れに反対する教員が多く、強くはたらきかけるほど反発を招く感じで、定員内不合格とされてしまった。三年目に受験した浦和高校には埼玉解放研（埼玉県部落解放研究会）の鈴木淳さんがいて、他の教員に理解を求めて懸命に動いてくれたが、知的障害に対する選抜の壁は厚く、定員内不合格とされた。この不合格の発表の日から、教育長に面会を求めて障害者が教育局の廊下で一カ月近くも座り込みを続けた。「駅伝のようにバトンタッチし、県教育局の職員にじゃまにされ、あしげにされながら、廊下で食事をし、交流をし、布団を敷いて寝、廊下で暮らし続けた[注14]」

廊下講座が開かれ、わらじのメンバーが学校に行けなかった怒りを語ったり（新坂きみ子さんは「がっこうにいかれなくてこうなった。あるけなくなったよ。……こうちょうやきょうとうにいわれて、ないたことがあったよ。……おおぶくろしょうがっこう、こしがやし。ほんとうにいきたかったよ[注15]」とその思いをぶつけている）、北村小夜さんが講演をして、浦和高校の鈴木淳さんの教え子がそれをワープロで打って講演集にしたりした。廊下で焼肉をして、「何が目的かわからない」と批判されたりもした。

このように、大人の障害者たちが受験生を応援する動きの中で、九一年には大人の障害者たち一一人がもう一度地域の高校で友人に囲まれて勉強したいという気持ちと、不合格とされた受験者（猪瀬良太くんはこの年も浦和高校を定員内不合格とされ、武内創源《もとみ》さんも与野高校を受験したが定員内不

合格にされた）への連帯の気持ちで願書を提出した。[注16]
就学免除で小中学校に行けなかった新坂きみ子さんや橋本克己さんたち四人は中学を卒業していないということで願書が受け付けられなかったり、養護学校高等部を卒業した人は高校の普通科卒業と同じという扱いで他の科しか受けられないということで、橋爪静香さんや藤崎稔さんたちも願書を受け付けられなかった。教育課程は全く違うのに。

野島久美子の高校生活エトセトラ

大人の障害者の受験の時、野島久美子さんは武内創源さんが受験する与野高校を受験した。野島さんは養護学校高等部を卒業しているので、普通科ではなく商業科は受験できるということであった。一年目は二人とも定員内不合格にされた。武内さんは一度拒否された高校に足を向ける気持ちになれず、二年目は受験を断念した。皮肉にも野島さんだけが二年目に合格し入学することになった。野島さんは武内さんを応援する気持ちと共に、自分自身も高校に行きたいという気持ちも強かった。

「セーラー服が着たかったから」とセーラー服で受験した。その後も機会があると県庁や集会などにセーラー服を着て現れた。千葉で高校入学の全国集会があって報告した時も、セーラー服をどこにしまったか見つからないのでと、パーティーグッズのセーラームーンの服を買って着ていた（さすがに最近は着なくなったかな？）。そう言えば、この千葉の集会の時泊まったホテルのカーテンがとても立派で光を遮断するものだったので、野島さん、狭山ペンギン村の門坂美恵さん、私の三人はぐっすり眠り、寝坊してしまいあせった。緊張感が足りなかったのだ。

野島さんが電車で通うことで、南越谷の駅員が腰痛で入院になってしまった。与野本町駅にはスロープができたり、学校にもスロープや障害者用トイレができたりと通学することにより環境が変わっていった。また高校で、はじめは介助員が付いていなかったので、生徒がトイレなども手伝ってくれたり、差別発言をした先生に対してみんなであやまらせたり、逆に野島さんが生徒と先生の間のパイプ役になったりした。[注17] その後、介助員が付くようになって生徒同士の関わりが減ってしまったとか。

進級できるよう校長に手紙を書いたりしたが一年目は叶わず悔しい思いをした。家庭教師を学生さんに頼んだり、そろばんの練習をしたり、高校も野島さんの努力を認めたのか、障害があることに対して理解するようになったのか、二年目からは進級できた。問題があれば立ち向かって生活を広げていくところがすごい野島さんだ。一人の高校生によって、学校が、周辺が、変わっていくのもすごい。障害のある人がそれまで拒否されていた場に入っていくことにより周囲が変わっていくことを実感した次第である。

増田裁判

増田純一さんが、猪瀬くんの受験に連帯して浦和高校を受験した一年目、二人とも定員内不合格にされた。その受験の際、出身校である越谷養護学校長が書いた文書に差別があったということで裁判を起こした。[注18] 障害の重い人、知的に障害がある人がなかなか高校の門をくぐれない状況のしんどさをなんとか打ち破りたい、この状況を世の中に知らしめたいということもあり、裁判を起こしたわけであるが、その訴えた内容が、緑の手帳を持っていないのに持っていると書かれたり、障害の状況をこと細かに重く書かれたために不合格とされた、書き直せ（抹消しろ）というものであった。

そのため、それは知的に障害のある者、重い障害のある者に対する差別ではないかという批判が、県内外の高校入学の運動に取り組んでいる人たちから出された。緑の手帳を持っている人、その書類に書かれているような重い障害の人は落とされてもいいのか！　ということで、当然の批判である。定員内不合格の問題を正面から訴えても現行法では訴えは通らないだろうということで、このような訴え方をしてしまったこともあったが、それにしても、何ということをしてしまったのだろう!?　県の通知の「身体障害」という文言を「障害」に変えて、どのような障害があっても高校に入れるようにと運動してきたはずなのに!?　まだ意識がしっかりと「どの子も」になっていなかったのだ。この裁判はいいかげんな終わらせ方をしてはいけないという思いで増田裁判に関わり続けることにした。

それにしても、越谷養護学校というのは私の勤め先であり、私自身も訴えられている立場である。なのに公判の回を追うごとにだんだんと事務局的立場になっていき、なんという矛盾を抱えてしまったのだろう！　このことはよく内田誼さんや鈴木照和さんにも言われた。「あんたはなんでこんなことに関わっているんだ？」

最近も言われた。「養護学校に勤めているのに、なんでＴＯＫＯ（どの子も地域の学校へ！　公立高校へ！　東部地区懇談会）に来るんだ？」

なりゆきだ。なりゆきで矛盾を抱えてしまえば、そのまま抱え込んでいくしかない。厚かましい性格なんだ。私が養護学校の教員ではなく、中学校教員とかになれば立場としてはすっきりするかもしれないが、そうもいかないし、中学校教員になれば障害のある生徒と直接付き合うことは少なくなって、何も問題が見えなくなってこのような運動から遠のいてしまいそうだ。というのはいい訳か、居直りか。

矛盾といえば、増田さんは裁判を始めたこともあり、翌年合格した。猪瀬くんはまたも不合格にされた。応援する気持ちで受験したが、皮肉にも自分のほうが合格し、入学したものの世代も違うし、授業もつまらなくて休みがちになった。増田さんはもう高校に行きたくないと言った。高校に入れるように裁判をやっているのに、それでは格好がつかないじゃないか？　とあせったが、相談にのってもらった北村小夜さんはいろいろ話した後に「行きたくないんじゃ仕方ないわね」とあっさり言った。増田裁判では、常識的な体裁を装おうとすると進めなくなることがよく起こった。それでも、その現実をひっかかえて進むしかないことを私は学んだ。

北村小夜さんもそういうことをたくさんかかえながらも、自分の信念を持ち続けてきたのだろう。北村小夜さんは増田裁判の証人を引き受けてくれ、障害があっても高校で一緒に学ぶことの大切さを訴えてくれた。「できる子からではなく、教育を必要とする子から入れたらどうですか？」と北村さんが言ったら裁判長が深くうなずいたことを、高校入学についての話の中でよく引き出す。公判の場が学習の場（公判後の裁判所前集会で、弁護士がその日の内容や今後の方向性を解説してくれた）になっていたり、弁護士たちも私たちがこの裁判で何を訴えたいのかを徐々に理解してくれるようになっていった。

わらじの会の面々が公判の傍聴に毎回たくさん参加してくれた。『月刊わらじ』編集長の巽優子さんは、私の顔を見るたびに「さいばん、さいばん、いくからね」と言って、裁判のことを覚えていてくれた。今井和美さんは、この頃わらじの会では自立生活や支援センターについて取り組んでいたと思うが、「地域生活について考えていくうえで学校のことが大きく関係してくるのよね、そういう意味で学校の問題はおもしろい」と言って協力してくれた。

いろいろありながらも、中山福二・牧野丘・新穂正俊・海老原夕美ら四人の弁護士たちも弁護士打ち合わせを重ねながら、提訴した内容に問題があったことや「○点でも高校へ」の意味を理解してくれるようになり、受験当時の越谷養護学校長や浦和高校教頭を証言台に立たせることができた。緑の手帳は転記ミスということであったが、細かく配慮する養護学校とは違い、障害のようすをくわしく書けば書くほど、細かく配慮を要求すればするほど、高校においては障害が重くて手がかかるというマイナスイメージに受け取られることや、高校現場の選抜のようすが具体的に見えてきて、「総合的判断」という抽象的な表現をしながら、実は知的に障害があることが不合格の理由になっていることが明らかにされていった。

増田裁判は緑の手帳の部分を抹消するという形で終結した。この裁判によって高校入試の内実を以前より明らかにできたし、主として受験上の配慮について話し合う出身中学校長と受験先高校長との事前協議のやり方についての改善は見られたが、定員内不合格に歯止めをかけることはできず、その後も定員内不合格は続いている。

その後の高校入学

地域の学校で一緒に学びたいと小中学校の普通学級にこだわってきたことから、高校だって〝入れる高校〟ではなく、〝地元の高校〟、〝地元に近い高校〟をめざしたい。吉川高校のほかに受け入れ校を広げていきたいと、佐々木潤くん（幸手市）・石川しげりさん（春日部市）が春日部高校、原有《みち》さん（草加市）が草加南高校、中川正嗣くん（越谷市）・大井一恵さん（越谷市）が越谷高校を受験したが、定員内不合格が出され続けた。

原さんは受験上の配慮で、代読・代筆を埼玉県で初めて実現した。本人のための配慮にはなっていない形ばかりのものであったが、代読・代筆を実施した意味は大きい。その時に同席した中村みのりさんは、受験のようすを次のように書いている。

「受験は保健室で行われた。有ちゃんには介護者と代筆者の二名が各時間ごとについた。音読者についても有ちゃんをよく知っている人をと要求したのだが、それは認められなかった。県・高校側からは、音読者一名、教育局職員一名、監督官二名、養護教諭一名がついた。……計八名もの人がいたのだった。……有ちゃんと代筆者の距離が三mも離されたうえに、代筆者はヘッドホンに耳栓と二つもつけさせられ、有ちゃんとのコミュニケーションを完全にシャットアウトさせられたのだった。……一時間目、代筆者は問題を読む時だけイヤホンと耳栓をさせられ、解答を選ぶ時の選択肢は聞くことができた。……だが二時間目からは急に方針をガラリと変え、代筆者には全く何も聞かせず、有ちゃんが解答を言いますから読み取ってください、と言い出した。……どうして、体全体を使って答えている有ちゃんから、アだのイだのの記号を読み取れというのか、そんな宇宙人的な人がいたら、こちらが教えてほしい。……介護者が、彼女が何か言っていることを監督官に告げると、介護者の人は介護だけですから話をしないで下さい。……と言ってきた[注19]」

思わず吹き出してしまいそうだ(大真面目にこのような対応をされ不合格にされているわけで、笑っている場合ではない!)が、現在でも似たような状況だ。「結局は、試験を受けさせてやっている。入学などさせる気はまるでないといったふうに思えて仕方がない一日だった」とみのりさんは落胆させられているが、基本的には、とりわけ障害が重い場合、今も受け入れの方向に変えられていない。原有さんは五年間受験し続けたが、ついに入学は叶えられなかった。その後、聾学校の先生をしていたおかあさんがガンで亡くなり、それからまもなく有さんも亡くなった。

中川くんが越谷高校を受験する時、クラスメートが「中川くんの夢をかなえてあげたい」と高校長に直訴の手紙まで書いてくれた。しかしながら、二次募集は五七人定員に対し一五人の出願にもかかわらず、一人だけ不合格としたのである。中川くんは、体育館の壁に貼りだされた受験番号と、持参した受験票とを幾度となく照らし合わせ、暫く立ちつくしていたという。欠員募集の発表の時、「側まで行き、私（母）『４００１番ないね』正嗣『やだ、高校行きたい』と言って座り込んでしまった。正嗣自身予想していたのだろうが、やはり受験番号がなく該当者なしの文字がショックだった。わずか二カ月の間で、三度も傷ついてしまった。最後が一番深いものだ」[注20]と、おかあさんが『わらじ』に書いている。それでも二年目チャレンジ。越谷高校は受け入れについて頑なで理解を示さず、またも定員内不合格。二次募集で吉川高校を受験し入学した。中川くんはとても社交的で、手話も交えて交友関係を広げていった。

佐々木くん、大井さんも吉川高校へ入学した。

吉川高校では、「学ぶことは強制ではない。強制のない自由な開かれた学校を！」と徐々に〝学校〟という枠をはずしていく方向に進んできたことにより、障害児やツッパリ君たちも受け入れて一緒にやってこれた。が、出席率が低下し、「なんか、盛り上がんねえな！」という受けとめ方と、一方「自由にのびのび好きなようにやっていいじゃん！」という受けとめ方の間で、吉川高校教員の小沢さん自身もジレンマになっていたという。その後、小沢・平田両氏が去ったあと、管理的な方向へと逆戻りしつつあると聞く……。

オエヴィス

オエヴィスは今は亡き新坂光子《てるこ》・幸子さん姉妹の分家としてできた生活ホームである。まだオエヴィスができてなくて本家に住んでいた頃、つぐみ部屋にふたりのトイレ介助に行ったことが二〜三回あった。その時のことだったのか、オエヴィスができてからのことだったのか、今は定かではないが、野島さんの泊まり介護と掛け持ちで、新坂さんの（姉妹だったのか、どちらかだったのか、これも定かではない。だんだん忘れていく……）トイレ介助に行ったことがあった。野島さんが膝を痛めて動けないので泊まり介護に行き、その合い間に新坂さんのトイレ介助も頼まれて、正直な気持ち、ハードだなと憂鬱であった。

その頃野島さんはまだアパート住まいで、そこから谷中耳鼻科の近くを通ってオエヴィスに行く道の周辺にはまだ田んぼがあった。トイレ介助が終わって帰り道、ちょうど梅雨の頃で、稲が雨にぬれた暗がりの中、キラッと光るものが……、ほたるが数匹飛んでいるではありませんか。近辺でほたるを見ることのないこのごろ、「忙中閑あり」というか、心が和み、なんだかとても得した気分で、野島さんのアパートへ戻ったという思い出がある（オエヴィスに関係あるような、ないようなエピソードでした）。

オエヴィスには越谷養護学校の卒業生が何人も生活し、その後何年か経て、団地やアパートでの一人暮らしをしている人もいる。食事や風呂の介助に行き、茶の間で所長の本田さんや介助に入っていた吉田弘一さんから生活のようすなど聞き、養護学校に勤める中では知ることのできない参考になることがたくさんあったし、価値観をひっくり返されたりした。そこにいろいろな形で出入りするいろいろな人たちと出会い、おばさんたちの元気さや知恵に励まされたりポシャッたりした。

家からほとんど出られず養護学校に通うのもままならなかった木暮(北川)みずきさんから卒業後しばらくして担任に、家を出たいという相談があり、本田さんに手続きなどいろいろ助けてもらいながらオエヴィスに住むことができるようになった。周囲の人との付き合いがむずかしく、本人も周囲の人も悩んで、バトルも展開されていたようである。世の中には、いっぱい迷惑をかけているのにそれを感じさせない人もいれば、何故かよくわからないがイライラさせる人もいて、どこで違ってくるのだろうと時々考えさせられることがある。

木暮さんとは、担任とも親しくしていたこともあり、オエヴィスの介助だけでなく、酒好きの二人でせんげん台の飲み屋さんで飲んだことがある。楽しく飲んだり悩み事を聞いたりしてそろそろ帰ろうかなという頃に、もう少し飲みたいというので飲んでいたら、吐いてそのまま動けなくなりオエヴィスまで送って行くという事態になってしまった。オエヴィスの風呂や食事の介助でも、さらっと終わらせたいと思っていくのだが、そろそろ帰ろうかなという頃に帰れなくなる事態が起こるという……

どうしてだろう、簡単には済まないところがあった。そうこうしながらも、木暮さんは電動車椅子で出かけるようになって生活も広がり、春日部高校も受験し入学した。その後、オエヴィスを出た。結婚もした。きれいなウエディングドレス姿だった。

TOKO（どの子も地域の学校へ！ 公立高校へ！ 東部地区懇談会）

障害のある生徒の高校入学運動に取り組みながらも、定員内不合格が繰り返され、受け入れ校がなかなか広がっていかない中で、あらためてそれぞれの地元で、小中学校や高校で一緒に学んでいく動きを作っていこうと「どの子も地域の学校へ！ 公立高校へ！ 東部地区懇談会」（愛称TOKO）ができ、月に一回のおしゃべり会で悩む親たちのつながりを作っていった。山下さんが自費で通信を出して、おしゃべり会のようすを伝えたり、イベントの案内をしたりしている。

「就学時健診は子供たちを分ける就学指導の総仕上げ」と位置付け、「なんらかの障害をもっていても地域の学校へ通いたいと願っている子供にとって、障害の発見や選別のための健診は受ける意味がありません」、知能テストの結果で分けていくが、「案内には、当日知能テストが行われることが書かれていません」[注21]と、就学時健診の問題点を親たちに伝えたり、越谷や春日部の市教委と交渉したりした。一ノ瀬雄太くんは就学時健診を拒否して入学した。

一週間ほど付き添ってほしいと言われて、〝まあいいか〞と付き添っていたら、就学時健診を拒否したことを指摘され、そのため受け入れ態勢ができていない等を言われ、お母さんは息子が〝ここにいてはいけない子〟と言われているようで、話し合いを申し込んだ。校長、担任、一年生の担任全員の計四人を相手に午後四時半から九時まで話し合い、子供同士の関係が大切であることや、担任だけでなく学校全体で対応してほしいといったことを訴えて、次の日から付き添いをやめた。[注22]

雄太くんは登校班で上級生にめんどう見てもらいながら、教室で友達に囲まれ、家へ帰ってまもなく友達が遊びに来てにぎやかにすごすといったようすで、みんなの中で育っていった。私は学校生活のようすを直に見る機会はなかったが、一度せんげん台駅の改札で遠足に出かけるのに出くわしたことがある。クラスごとに並んで待っているところだったが、歩き回る雄太くんをそれとなく周りの子供たちが見ている感じで、特別に介助員が付くでもなく、担任はひとりでも特にあせっているようすもなく、自然に集団の中にいるようすが印象に残っている。

おしゃべり会で親同士のつながりを作りながら、越谷市教委との話し合いも進められた。その話し合いの席上、障害のある子の親に対して、「県立〇〇養護学校へ入学できるようにお願いします」という入学願いの書類を市教委に提出させていることが判明した。[注23] 親の署名と捺印をしてである。これと同じく「〇〇小学校〇〇学級へ入学できるようにお願いします」という特殊学級への入学願いも提出させていることが判明したため、どのような経過や目的でできたのか説明を求めた。また、保育所、通園施設から市教委に報告されている障害児の就学相談資料を公開するよう求めたりもした。

雄太くんが入学した翌年（一九九五年）、三上麻衣さんが小学校の普通学級に入学した。注24「お兄ちゃんと同じ学校に行かせたい！」と意見を言いながら、就学指導では「（越谷）西養護でいいです」と言ってしまって西養護に決定したが、「麻衣も地域の学校にいくぞ〜」と変更して小学校に入学した。が、その後中学では越谷西養護学校に入った。おかあさんの優佳さんは、ＴＯＫＯにはよく顔を出していて「養護学校で企業実習をしたいと言ったけど、担任が受けとめてくれなかったのよ」とか、いつも率直なもの言いをしていた。その三上優佳さんも、麻衣さんが高等部三年生で卒業を前にして、若くして亡くなった。

麻衣さんの小学校入学と同じ年、大井一恵さんは、四年生まで特殊学級に在籍したが、普通学級に戻った。

さらに、瀬尾卓也くんは養護学校から地域の学校へ戻りたいと話し合いを進めた。その時のようすや気持ちをおかあさんが『わらじ』に書いている。話し合いを進めながら、本当にこんなにも養護学校から地域の学校へ戻っていくのが難しいことかをあらためて痛感したという。就学指導を受けた時親の思いとして「地域の中で生活させたい」と言ったら、「養護学校だって地域ですよ」とかえってきたが、実際に通ってみるとやはり自分たちの思っている地域とは違う、かけ離れていると感じ、地域の学校へ転校したいと話し合いを進めた。年が明けて三学期から中学校へ通えるようになった。

この年（一九九六年）の四月には、越谷市で七人、松伏町で二人が小学校に入学している。

「僕たち違法人？　埼玉県民行動」

小中学校の普通学級や高校で学ぶ子どもたちが徐々に増えていき、世界的にも統合の方向へ進んでくる中で、文科省も特殊教育の見直しを行わざるを得なくなってきたわけであるが、世界的な動向に逆らってこれまで分離教育を固持してきた文科省は、普通学級への門戸を広げるように見せかけながら、新たな振り分けを企んできた。学校教育法施行令の改定でそれまでの判定基準を変え、特例として地域の学校に入れてもよいケースを盛り込むと同時に、重複障害や行動障害、医療的ケアの必要な子は、盲・聾・養護学校と限定しようとした。

これでは障害のある子たちをさらに障害の種類や程度で分けていくことになる。地域で共にと普通学級で学ぶことは違法になるのか？　それじゃ現在あるいはこれから普通学級で学ぶこの基準に該当する子どもたちは違法人なのか?!　という怒りと皮肉を込めて「僕たち違法人?!　埼玉県民行動」[注25]と銘打って、二〇〇一年十一月十四日「県民の日」に県内各地域から二〇〇人余りが国会に集まり、議員回りや文科省・厚労省との交渉など抗議行動を行った。わらじの会からも大人の障害者や小中学校や高校に通う障害のある子どもたちをはじめたくさんの人たちが参加した。障害のある子が普通学級に入ることは当然違法にはならなかったが、障害のある子は盲・聾・養護学校へという大元のところは変わらず、改定された学校教育法施行令では、特例として条件が整っていれば地域の学校へ入れてもよいとする「認定就学者」という制度ができたり、就学指導委員会の設置については逆に強化されてきた。

埼玉においても、施行令の改定に対し、「これまでの分離教育を見直し、共に学ぶ教育を原則に据えてください」と要望し、県と交渉したり、教育長と話し合いの機会を持ったりした。

特別支援教育への動き

そんな中、土屋義彦県知事の「全障害児に普通学級籍を」という年頭会見報道（二〇〇三年）があり、ほんと?! とうれしいような、信じられないような。障害者プランを策定する中で、「分け隔てられることなく」という方向が検討され、その動きが知事発言の背景にあるということで、根拠のない発言ではなさそうだが、そんないい話があるはずないと不信感のかたまりの私は疑っていたが、土屋知事が娘のスキャンダルがらみで退任したところで、やっぱりおかしな方向へと進んでいくことになる。特別支援教育振興協議会（特振協）が設置され、検討が始まったが、委員は特殊教育や施設関係者がほとんどで、「共に学ぶ」を検討するには程遠く、新座の武井英子さんが委員として、羽田亮介さんがそのサポートとして出席して奮闘したが、なかなか流れを変えることは難しかった。

特振協の中で検討された「ノーマライゼーションの理念に基づく教育」は、主として「支援籍」であり、また、養護学校のセンター化である。後から考えれば、国の特別支援教育そのものであった。「支援籍」が養護学校から普通学校へという方向と、普通学校から養護学校へという双方向ということで、普通学校から養護学校への逆流が強まるのではないかと警戒したが、現実に養護学校の児童生徒数はどんどん増えてきている。特別支援教育は、場を分けないで支援していくといいながら、普通学級にいる手のかかる子どもたちに発達障害という新たな名前を付けて括りだしをする役割を果たしている。早期発見、早期治療の流れとも絡まりながら。親や本人が選択したかのように見せかけて。あぶない！あなたの子どもが狙われている！ 支援というきれいなことばで、さらっていくよ！

さらにその後の高校入学

九七年の『わらじ』に「岩槻で育ち合う」という特集[注26]があって、六澤利章さんをはじめ三人の小学校生活や就学のようすを書いた文が載せられている。当時は、まだ私は三人と出会っていなくて高校受験の時に出会うことになる。六澤くんは、「剣道や実習ができる学校を」ということで羽生実業高校を受験し入学した。吉川高校に勤めていた小沢さんが異動した先の高校である。六澤くんは入学してからも、卒業してからも、県交渉に参加して自分の体験を通して「高校に入る方がいい」と発言もしてくれるし、卒業・入学を祝う会などにお花やプレゼントを持って来てくれる。おかあさんの肇子さんもホットラインの電話番の時など、アップルパイとか手作りの物を持ってきてくれるし、みなさん面倒見のいい人たちだ。妹の成美さんも高校に通って部活や就活に励んだ。卒業後の就職もなかなか厳しい状況で、利章くんも試行錯誤しながら就職した。

特別支援教育の流れの中で、埼玉県内においても高等養護学校や養護学校分校が設置された。障害のある子どもたちをさらに障害の程度によって分ける差別的なものであるが、入学希望者は多い。養護学校とは違うという意識が親子にあったり、就職率一〇〇パーセントをめざすという看板に惹かれるからだろう。高等養護学校の就職率一〇〇パーセントの看板は二年目にしてもう下ろしたというが、就職は企業の理解がなければ難しいことであるし、それ以前に「就職が可能な障害の程度」という意識が養護学校の教員の中に巣食っていて、障害が重くても試行錯誤してみようとする姿勢が乏しいからだろう。また高校に入りたい人を選抜という壁で入れないで、また条件整備もしないでおいて、高校に空き教室ができたので、養護学校の分校を同じ校舎内に設置するという、なんという差別的なやり方だろう！

一方、身体的にも知的にも重度の子どもたちに対する「障害のある生徒は高等部へ」という高校の教員の意識はなかなか変わらず、むしろ特別支援教育の流れの中で強まっている。中学校の教員が協力的でも、高校側で理解されず不合格にされ、浪人は避けたいと高等部へ入らざるを得ないケースもある。みんなが行く高校に入ることをあたりまえのこととして望み、受け入れられず、痛みとして残る。それぞれの立場でその痛みもひっかかえていくしかないのだろう。

とは言え、落ち込んでも仕方がない。この頃、制度に振り回されて、というか、からめとられて、というか、理屈で対抗しようと書き物ばかりに追われ、というよりも年のせいで時間がかかり、体を動かすことが少なくなった。学校で生徒といっしょに走ったりしているので運動量はそれなりにあるのだが、わらじの人たちと出かけるとか、風呂やトイレや食事の介助をするとか、そういった体を動かすことを疲れるからと逃げることが多くなった。やっぱり動かなくちゃ。

小中学校から養護学校に入ると、楽しいとか、周囲の人から存在を認められるとか、自分を受け入れられるとか、本人がそう思ったり、親や教員が思ったりする(そうじゃない人ももちろんいる)。でも、小中学校で、みんなの中でそうでなければ、ほんとうではないと、日々心の中で抵抗している。もっと口に出すことだ! それがこれからの仕事かもしれない。

能力主義がますます強化され、子どもたちが分断され、学校教育は瀕死の状況である。さまざまな子どもたちが「共に学ぶ」ことができるようになることは、障害のある子に限らず「どの子も」の課題である。

注1 『月刊わらじ』一九八四年十一月号
注2 『月刊わらじ』一九八五年四月号「子どもを見る目」
注3 『月刊わらじ』一九八五年九月号
注4 『月刊わらじ』一九八四年十二月号「小さな新聞」、一九八五年一二月号「あたりまえってしょっぱいね」
注5 『月刊わらじ』一九八六年一月号「〝就学時検診拒否〟の顚末」

注6 『月刊わらじ』一九九〇年十二月号、一九九一年一月号・二月号
注7 『月刊わらじ』一九八六年十一月号「世の中って」
注8 『月刊わらじ』一九八七年四月号「「小さな新聞」
注9 『月刊わらじ』一九九四年四月号「高校を受験して」
注10 『月刊わらじ』一九八八年三月号「偉い先生方の心の狭さ」
注11 『月刊わらじ』一九八八年三月号
注12 『月刊わらじ』一九八八年六月号「小さな新聞」
注13 『月刊わらじ』一九八八年五月号「いま定時制高校で」
注14 『月刊わらじ』一九九〇年四月号「「小さな新聞」
注15 『月刊わらじ』一九九〇年四月号「ほんとうにいきたかったよ」
注16 『月刊わらじ』一九九一年四月号「小さな新聞」
注17 『月刊わらじ』一九九二年八月号「学校生活エトセトラ」、一九九三年七月号「学校生活エトセトラ」
注18 『月刊わらじ』一九九二年三月号「小さな新聞」
注19 『月刊わらじ』一九九三年三月号「〈はいりょ〉の仮面の下は〈はいじょ〉」
注20 『月刊わらじ』一九九四年五月号「やだ　高校へ行きたい」
注21 『月刊わらじ』一九九四年一月号「月に一回おしゃべり会」

注22　『月刊わらじ』一九九四年五月号「小学校へ入学して」
注23　『月刊わらじ』一九九四年十二月号「小さな新聞」
注24　『月刊わらじ』一九九五年一月号「いろんないろいろ」
注25　『月刊わらじ』二〇〇一年十二月号表紙
注26　『月刊わらじ』一九九七年二月号

バリアフリー社会

安全・安心のアクセスから、より良い腐れ縁の信頼関係のアクセスへ

樋上　秀

「黙れ妖怪団」の行動で水天宮へ

車イスを担ぎ担がれるという運命共同体

「誰か、誰か、手を貸してください」

山田太一脚本のＮＨＫドラマ「車輪の一歩」で車イスの少女が駅の階段の前で小さな声を発する、感動のラストシーンで目頭を熱くしたものだ。

実際バリアフリーの定義がない時代、その小さな一歩からアクセスは始まった。いやそれ以前に家の玄関を出るという格闘から始まっていた。

そのリスクと共に格闘して焚きつけ、[注1]後押しして外に連れ出し、駅前で始まる階段を担ぎ担がれる関係。そこにいるから迷惑をかける迷惑をかけられる人間関係があり、そこがわらじの会の活動の川で言えば源流だと感じられてくる。

その試みは三〇年続いている。家の中から外に出る、家族というコミュニティの初歩の社会から一歩出る。誰かが連れ出してアクセスが始まる。

わらじの会の中枢である、パタパタ、べしみ、かがし座のない時代の頃は毎週地域の集会所や公民館を借りて活動していた。僕が初めてその活動に参加したのが武里団地[注2]の中にある公民館で、若かった新坂光子《てるこ》さん、幸子さんたちの「はばたく家準備会」メンバーの顔を思い出すことができる。その活動は、まずは家から外に出る、外に連れ出す。地域で暮らしていく手ごたえをつかむためのわらじの会における原点活動である。街の人と出逢う、駅で声をかけるという交通アクセスへの一歩だった。

交通アクセスの先駆者に橋本克己さんがいる。三輪自転車型車イス[注3]で走行、主に車道を走るために車にとっては渋滞の原因となる。タクシー無線では「○○街道、いつもの車イス渋滞発生」という情報が日々飛び交ったとか。わらじの会ではそんな克己さんを革命児と呼んだ。駅では三輪自転車型車イスから背もたれに引っ掛けてある手動車イスに乗り換えてアクセスしていく。車イス利用者で聾唖、それに弱視の克己さんを三重苦のドンキホーテとも呼ぶ。その時代、駅の階段の前で克己さんは待っていた、ただひたすら！　なんのリアクションもせず待っていた。やがて人が集まり克己さんを改札まで運んでいく。階段を担ぎ、改札まで車イスを押していく、浜辺で小枝が波にさらわれるように。一見大変な行為に見えるのだが、その担ぎ担がれる、迷惑をかけるかけられるという行為には、共に険しい山に登り挑んでいくという運命共同体みたいな感覚があったのではないか。それが当時の感覚だった気がする。

ドンキホーテ橋本も年をとった。三輪自転車型車イスは街から消え、克己さんは車で駅まで送迎されエレベーター等利用して駅員に付き添ってもらってアクセスする。それは多くの人間関係の中で培ってきた成果であり権利なのだろう。共に苦労する環境ではなく、より安全、安心な、より快適なアクセスを求めるのは確かに正論であり、それによって多くの人がアクセスしやすくなった。しかし、革命児という克己さんのやってきたことは、本人が意識したかしなかったかとは別の次元で、現代のバリアフリー社会に対する一つの警告だった気がしてくる。

ラジオの交通情報を聴くたびに現代の車社会の弊害を感じる。もちろん車のない社会なんて考えられない。しかし、このまま車に依存した、車におんぶに抱っこのシステムでいいのか気にかかる。克己さんの三輪自転車型車イスが渋滞に繋がったのは、克己さんの車イスが車道の真ん中を走行して、後続の車が追い越せないためだ。日本の道の主の道路は車が主体であり、歩行者を含め自転車の利用者はどこを走行すれば良いのかという問題が表面化している。現在はシニアカーや電動車イスが主流で三輪自転車型車イスの利用者は皆無に等しい。確かに安全面を考慮すればその方が良い。ただし暴言を覚悟で言えば、車利用者は安堵という顔して我がもの顔で車を走行させている気もしないでもない。

もちろん車利用者にとって、渋滞がないにこしたことはない。それでも〈ゆとり〉という絆が少しは欲しいと感じる。街や駅がバリアフリーになり、便利になればなるほど気のせいかもしれないが、ゆとりという感性がなくなった気もする。ゆとりとはお互いに余裕のある関係にではなくて、階段を担ぎ担がれる、迷惑をかけるかけられる人間関係が運命共同体の中で達成された時にあるのかもしれない。交通アクセスの先駆者の克己さんは、自分はまったく意識していないと思われるが、バリアフリー化という波の中で、多くの人々を巻き込むハリケーンになってアクセスする時代の申し子なのだろう。

アクセスのリスクは回避するものではなく、できれば共有するもの

バリアフリー化で培ってきたモノと失ってきたモノがある。そこにはさまざまな煩わしさと楽しさがあった。アクセスする街に出て行くということには、バリアがあってもなくてもリスクがある。それを取り除くのは当然の自然な行為だが、回避するものでも乗り越えるものでもなく、試みるもので、結果は失敗であっても体験は貴重なはずだ。けれどバリアフリーという大義名分は失敗を受け止めてはくれない。バリアフリー自体が失敗であったとしても美徳の顔をするからだ。現代社会ではバリアが悪で、バリアフリーが善という定義が一般化してしまったのだ。

まだバリアフリーのバの字も見えない時代、藤崎稔さんは家から外に出るためにハンガーストライキを決行した。ハンガーストライキ自体現在は死語だと思われるが、電動車イスを使って外の社会に出ようとした。稔さんは重い障害があっても足で電動車イスを操作する。親としては限りなく危険であり、人に迷惑をかけると心配する。外に出てもらいたいという思いはあるが、必然的に保護の立場になる。稔さんの少年時代からわらじの会に関わっている藤崎家なので理解はある。その反面、外に出すと何をしでかすかという不安は当然で、親はいたしかたなく規制する。親とは一番の理解者であり、一番の敵でもある。

当の稔さんは迷惑をかけつつ、迷惑をバラまきつつ、失敗しつつ、外での人間関係を結んでいった。それには親との闘いが一歩だったかもしれない。アクセス以前に揺るぎないバリアである親との関係があった。しかしそこには交通アクセスのバリアも、愛とエゴのジレンマであり、親のバリアも共有できる環境が、要所要所にあった気がする。

僕たちは徐々にではあるけれど、アクセスしやすい環境を多くの人間関係の中から試行錯誤を繰り返して培ってきたのだが、安全、安心の確信の下でバリアフリーが正義の旗印になっている現状に憤りを感じるのだ。

そういう環境や自立支援法等のシステムを否定するつもりはない。多くの失敗の中で時には喧嘩もあり数知れないリスクを背負い培ってきた関係。しかし家族という社会の基礎において親はリスクを回避したがるものであり、それは社会における当然の一歩の柵である。その柵の関係からまた一歩出た柵、家族も含め地域のそこにいるからという腐れ縁の柵と絆でリスクを共有できる関係を大切にしたいのだ。藤崎稔さんはそういう意味では、時代の伝道師なのだ。

交通アクセスはバリアを実感、そして楽しむ共有性

バリアは誰が必要としているのか、そしてバリアフリーは誰が必要なのか。元来バリアは必要だか

ら作られたものだ。それがバリアフリー化の流れで、忽然とバリアは悪でバリアフリーは善という風潮になりつつある。結果バリアフリーの王道を行く人は良い健全な人で、バリアのリスクに挑戦を試みる人は生意気でやっかいな人という波が押し寄せてきていると思われる。

近年はバリアフリーからユニバーサルデザインへの転換期がきている気はするが、なんといってもバリアフリーの響きには、すべてを解決するニァンスがある。良いことには違いないが、バリアフリーとうたっているだけで良心的となる風潮があり、その反面でバリアフリーでないことが断りの言い訳の大義名分になっている。どちらにせよ、バリアのリスクに挑む環境がなくなりつつある。自然に、当たり前にリスクと向かい合うことができない。アクセスできるかできないか、バリアフリーかバリアフリーではないかの二者択一しかなくなってきている。そこには、試みるというもう一つの選択を安全、安心というオブラートに包んで否定してしまう現状がある。それは優しさかもしれないが、その優しさゆえに、あえて危険な道、リスクを回避するのではなくリスクに挑む人に直面すると、その人を生意気でやっかいな人と見立ててしまう傾向になった。交通アクセスのリスクを受け入れて苦労も当然するがバリアのリスクも楽しむという発想も余裕も持てない時代がきている。

新坂きみ子さんは自分が介護されることによって多くの介護者を育ててきた。今や藤崎稔さんや新坂きみ子さんの介護は、わらじの会に関わる新人介護者の登竜門なのである。

そのきみ子さんは、一般的には最重度の寝たきりの障害者に属する。外に出て行くという行為だけで障害の進行からすると生命の危険がいつもある状態だ。それでも、わらじの会の活動はもちろんのこと、公共交通を使って買い物やコンサートに介護者と行く。その行為は世間的に見れば信じがたく、また行くとしても専門の介護、看護者が付き添い福祉車両でやっと行けるだろうというのが一般的な常識かもしれない。お年寄りがよく使う言葉に「冥土の土産に〇〇へ」というのがあるが、きみ子さんの場合は、その「冥土の土産に〇〇へ」をなにげに自然に多々繰り返している。世間的には冥土の土産的なことを自然と介護者とやっている。

もちろんそれには日々の介護者の人たちや関わる仲間との格闘が三〇年あったのだ。新坂光子《てるこ》さん、幸子さんを始め先人が切り開いた道であり、それを支え受け継ぐ流れがある。

きみ子さんの冥土の土産的な生活はきみ子さんだけの土産ではなく、きみ子さんと出かけたということは、単に介護したしないではなく、そこで関わったすべての人たちの冥土の土産、その言い方が良くないなら、財産、自信、苦労や葛藤の戦利品、宝物なのだと感じるのだ。

きみ子さんが二〇年来の長い付き合いの介護者の人と二人、久しぶりに電車で上野へコンサートに行って来たと聞いた。若い子たちがライブに行く感覚で。ただ違うのは否応なしにきみ子ときみ子さんに関わったすべての人は、〈冥土の土産の配達人〉である。

当然にいや必然に、その生活や背景を知らない者には、やはりそのような行為そのものが危険であり生意気で、やっかいな障害者、介護者となる。それは極端に言えば障害者を保護の対象としか実感できない常識があるからだと思われる。

その常識にメスを入れる田口由利子さんは平成の内田百閒である。昨今はちょっとした鉄道ブームなのだが、鉄道ファンを「鉄ちゃん」と呼ぶ。その鉄ちゃん界の祖であり『阿房列車』の作者で文豪なのが内田百閒。由利子さんは僕としては百閒の再来で、悔しさと愛敬が入り混じる人。由利子さんがなぜに百閒の再来なのか。百閒の目的はただ列車に乗ることで、『阿房列車』はそれをただ我がままに、生意気に、うだうだ綴った作品。逆にそのうだうだ感がこの作品の醍醐味。由利子さんは世間では重度の知的障害者で車イス。知的障害者には「鉄ちゃん」がかなりいるみたいだし、「鉄ちゃん」には列車にただ乗るだけが目的という人も確かに多い。

百閒の真骨頂は、我がままで生意気なうだうだ感と同行の者を連れて、回りも巻き込みつつ百閒なりの気の遣い方で旅をするところである。それは意味がないようでいて、ある意味では贅沢の極致の旅。時代は違うが由利子さんも介護のパートナーと共に列車に乗る。そして百閒より凄いのは列車に乗って交通アクセスのリスクの苦労と楽しさを分かち合うという発想が高度なところと、百閒にも増して、由利子さんなりのお茶目な気の遣い方。百閒のお供は弟子たちであり今の鉄道ブームでいうオタク系。由利子のお供は介護パートナーの女性で、最近はブームとは無縁の鉄道に縁遠い若い子の介護者も多い。

べしみの活動として、鉄ちゃん・鉄子ならぬ鉄姫こと、田口由利子さんと『阿房列車』もどきで外に出るグループの「妖怪団」が一五年あまり存在する。それは鉄道、バスという公共交通に乗るという共同作業活動。バリアを少しでも楽しもうと鉄姫と共に試みる作業。妖怪団のほかにもいくつかのお出かけグループ[注4]があるが、鉄道に縁遠い介護者のパートナーや最近の障害者仲間に刺激を与える活動。妖怪団の団長である藤崎稔さん、副団長の僕を含め、鉄姫こと田口由利子の妖怪団の活動は鉄姫のための活動に見えて実は、交通アクセスのリスクを少しは楽しみたい、または浸りたいと感じている輩のためにあるのかもしれない。

炎天下のお盆の頃、鉄姫は連れの若き相棒と二人で今どき扇風機の列車に揺られる日帰りの旅。また元旦、二日の寒き年明け、心熱きベテランの相棒と二人で新年の人間模様の中で列車に揺られる北陸への旅。そんな田口由利子さんに嫉妬を覚えるのは僕だけだろうか。

意外な究極のバリアフリーの産物、それは携帯電話

野島久美子さんは、人呼んで地域にパラシュートで舞い降りた家出娘。大相撲でいうと、幕下張り出し力士。新坂光子、幸子さん姉妹、新坂きみ子さんが序の口からの叩き上げに対して、舞い降りた有望株であった。実家から家出同然で出てきて、いきなり生活を始める。わらじの会と関わっていたとはいえ生え抜きの障害者ではなかったのである。現在の保障や制度がなかった時代、生え抜きの障害者である新坂姉妹など数名の障害者を含め、それに関わる人たちを中心に自立生活に向けて活動の基盤をつくりつつあった。

そこに久美子さんは大型ルーキーとして登場した。それは生え抜きの者が周りの人たちと十両、幕内の土俵に苦労して上がろうとしていた矢先、一気にその土俵に駆け上がってしまったことを意味する。世間の常識では新坂姉妹、きみ子さん、克己さん、稔さんは施設で暮らす障害者に見られるのだが、久美子さんもその一人であり、当時は若く元気だったとはいえわらじの会に関わる者は困惑した。それは幕下張り出しで登場して、いきなり幕内まで上がった力士の付き人の苦労と苦悩に似ているのかもしれない。民間の平屋を借りて生活を始めた久美子さんにとって、介護の担い手は、戸惑いながら生え抜きのわらじの会の障害者と付き合っていた近所の奥さんたちである。自立支援の制度がほとんど皆無の時代に久美子さんとそれを助けるボランティア同然の介護の担い手は、わらじの会のホームグラウンドの武里団地とその周辺に住む奥さんたちと少数の学生たちだった。支援費などがない時代の家出娘と仲間との地域での生活がここにあったのだ。

その中で野島久美子さんの交通アクセスの功績は、地域で暮らし、生活する功績、役割は主に人との絆をつくってきたこと。お互いの戸惑い、憤りや、喧嘩の中で生れた絆だった。

その延長にアクセスの運動が点在する。誰もが使いやすい駅を求める運動。鉄道会社との絆をつくる一歩であった。時として敵味方の関係に陥るが、戸惑いや憤りの中での小さな絆と信頼だった気がする。それは車イスの障害者を軸にした交通アクセス全国一斉行動[注5]からバリアフリー運動への流れの中から一歩出た、交通アクセスの権利だけではなく、決して大きくはないけれども、小さな信頼関係だったと感じる。

バリアフリー産業が乱立する。皮肉に聞こえるかもしれないがバリアフリー産業の最たるものが、携帯電話という産物。若き日の久美子さんの外出の時のネックは緊急の時の電話連絡。例えば泊まりの介護の人に家に帰るのが遅くなると連絡したい場合、電動車イスの彼女は公衆電話が使いづらい。何より一人で出かけた時の車イスのパンクや急病の時に周りに人や民家が見あたらないという状況もある。「命の危険があるよ。小さな携帯の電話、それもできれば値段の安い携帯電話を誰か発明してくれないかな」と何十年か前に久美子さんが言った。僕には「何を贅沢な」と思えたが、状況は一変し携帯電話は発明された。しかしバリアフリー、ユニバーサルデザイン、世のため人のためといくら唱えても、需要と供給の関係から、コストダウンにはたくさん売らなければ安くならない。ところが生産者と企業の努力で一般に売れるようになり、携帯がないと生活が成り立たない状況にもなって、携帯の弊害すら気にする携帯文化と言っても過言ではない世の中である。皮肉をいう。元は緊急時のために開発されたと言っていい。そんな縁の下のカッコイイ脇役が企業の並々ならぬ努力によって今や固定電話を凌ぐ主役となった。また本来は固定電話も緊急時のためだった。いや電話そのものがバリアフリーという定義だった気がする。されど、多くの人が使わないと、どんなに良い物を作ったとしても値段の安さやメンテナンスにおいて普及しないのは世の常である。

当の久美子さんも、携帯電話をもはや究極のバリアフリーの産物とは意識していないだろう。

そう考えれば駅のエレベーターも、いくら法律があっても需要と供給がないと増加しないしメンテナンスも良くならない。また当然コストダウンにはならない。それに競争原理が加わる。必然として車イスの人の専用ではなく皆が使えるエレベーターという定義が必要となった。当然に弊害も出てくる仕組みである。結果として真に使いたい人が使いづらい弊害のもろもろについては省略するが、やはり長短あるのは当たり前のことかもしれない。

バリアは必然、必要だから作られた。元はすべてがフラット。もちろん自然のバリアも存在はする。それでも必要であるからバリアがある。そこに風穴を開けるのがバリアフリーの定義。バリアフリー産業が存在して、当然ながら弊害は発生する。生まれた時から便利な器具が存在した世代が多くなり、当たり前に生活のライフラインの一部になっているために気がつかないのだ。しかし携帯電話のほかに車の開発、販売、電化製品など多くの便利な器具は、バリアフリー定義の確かな究極の産物なのだ。

僕が言いたいのは、バリアフリーはもちろん否定はしない、そしてバリアも否定はしないということ。バリアのリスクとバリアフリーにするリスクをどう受け止めるかと感じているのだ。

携帯電話が普及する以前、野島久美子さんは確かにシンデレラであった。ある時間になると何があっても一心不乱に家に帰っていた。それは昔、横浜に二人でコンサートに行き、終了後久美子さんはご機嫌で余韻に浸っていたが、ある時間を境に変貌した。泊まりの介護者が待っていると、「ごめん、先に帰る」と一言残して、周りの人に頼み込んで駅の階段を担がれて上り、電動車イスの久美子さんは人ごみの中に消えた。交通アクセスの鬼と化した久美子さんを、やはり電動車イスの僕も呆気にとられながら、即人に頼み担がれ追いかける。そんな時代だった。

携帯電話にエレベーターなどバリアフリー化に伴いシンデレラの野島久美子さんは姿をお妃へと姿を変えた。だからこそ、その便利なライフラインが災害等で機能しなくなったとしたら恐ろしい。僕らは決して天使になったわけではないが、アクセスの鬼と化す久美子さんはある意味カッコよくイカシていた。もう久美子さんは、そして僕たちはシンデレラには戻れないのだろうか。

それでも久美子さんの久美子さんたるゆえんは、わんこ蕎麦を食いたい一心で埼玉から盛岡駅まで蕎麦に恋い焦れ、介護者と新幹線で走ってゆくこと。そして、そのために喧嘩してでも多くの人と絆を結んでいくこと。久美子さんは〈強制的必殺絆結び人で元祖パラシュート娘〉なのだ。

「時には恋人を追いかけて駅の改札に駆け込みたい」、そのための交通アクセスと柵

時代は変化している。便利な車社会からの方向転換として路面電車の大逆襲が始まっている。車社会の眼の仇として葬られた路面電車に新たな光がさしつつある。多くの都市が車社会の限界を感じつつあり、新たな市民の公共交通として路面電車を模索している。一般には古き良き時代の哀愁でノスタルジックといった感がまだまだあるが、限りなく恐怖の超高齢化社会に向けて、地下鉄などに比べてコストが半分以下であり、バリアフリー交通の担い手として、また暮らしやすい街づくりの一つの希望として復活の兆しがある。もちろん車社会を否定するわけではないが、車との共存を考えつつ車

に依存してしまった街づくりから新たな街づくりのヒントとして、交通アクセスの変革期であることは間違いない。

僕の交通アクセスは「時には恋人を追いかけて駅の改札に駆け込みたい」に行き着く。

終着駅はぜんぜん見えないが、そのリスクのために安心・安全のアクセスから、より良い腐れ縁の信頼関係のアクセスとなる。もっとも、信頼関係はたやすくできるものではない。

鉄道との関係でいうと事故は起きてはいけない。だからといって信頼で列車に乗っている人は少ないと思う。もちろん信頼関係があるにこしたことはない。けれども一般にはある程度の料金を払っているから当然に事故は起きないという安心・安全が保障されている前提がある。それは当然の権利である。ただリスクはないと思い込んでいる。そこで「大きな荷物は持ちたくないし、リスクがあるから車だよ。マイカーさ。タバコも吸いたいしね」という輩がいるが、それは一部は間違いであって用途の違いである。リスクは存在する。たとえ戦車、戦闘機だろうとすべてにおいてリスクは存在して利便性がその存在を隠しているだけといえる。

用途と利便性によってリスクがないと思い込んでいる行為に、駅のエスカレーターを駆け上がったり駆け下りたりする行為がある。正確にはリスク以前に安全面から利用者の責任としては絶対にやってはいけない行為なのだ。それが所によっては右側に立つか左側に立つかといった風習、文化の差違もあり、これは公然と大きなリスクが隠されてしまった例だ。

鉄道会社もこれを黙認している。だが、障害者の安全のためにも、また責任問題にもなることだからからやめて下さいと言ってきた。僕も大人の端くれだから、「ではなぜすべての乗客に面と向かってそれを注意しないのですか」などと野暮なことを言うつもりはない。親切でそうしているんだと信じたいからだ。おセンチに聞こえるかもしれないし、皮肉屋の樋上が言っても信じてもらえないだろうが、かなり本当の気持ちなのだ。藤崎稔さん、野島久美子さん始め仲間と鉄道会社、駅員、駅売店等の関係者の人や行政の交通関係の人など多数の人たちとの関係の中で築いた小さな絆があるから。

僕のライフワークに旅がある。二五年あまりの間に、主に鉄道で夜行列車や鈍行列車に揺られる旅をして来た。新幹線や飛行機が主流の旅行スタイルの現代では贅沢の極致とまで言われている。便利な社会になったことで失ったモノ、いや棄てたモノの代償が噴出してきているのだろう。エコという形で取り戻そうとしても便利さと引き換えに捨てたモノのリスクだと感じるのだ。エコという新しい定義、もしくは産業に行く前に、棄てたモノのリスクまたは代償について少しは立ち止まって思考してみたいのだ。代償の一つとして、ゆとりが失われた気がしてならない。便利なモノが溢れる時代にはゆとりが隠されていく、便利になれば便利になるほど忙しくなるのは当然の結果かもしれない。逆説的にスローライフなる新語も引っ張り出されてくる始末だ。

だからこそ便利さを共有できる関係ではなく、あえてバリアを共有できる関係を大切にしたいのだ。僕が車イスでも旅に出るのはバリアを共有できる友がいて、共に少しでもバリアフリーの有無に関係なく行けれる所から行きたい所へという気持ちがあるからなのである。

車イスを使うようになってから三〇回あまり旅をしている旅の介護者というより、相棒といったほうがよい彼と冬の北海道へは一〇回あまり。

網走駅で。駅前のロータリーは駅前の階段をかなり下がったところにある。見るとスロープは二つも存在するがともに雪があり滑りやすく危険そうである。駅員にその旨を言うと「夏来てもらえれば使いやすいのですが……」これには面食らった。僕ら二人はアニメのドラえもんの「どこでもドア」で突然出現したわけではない。「あなたが今言ったことは、今すぐこの場からお帰り下さいと同じだと思うのですが、そう解釈してもよいのですね」と駅員に言うと困惑した顔ではあったが、自分がかなりトンチンカンなことを言ったことは理解したみたいで、できるだけ雪を除雪するように努めると困惑の中で約束した。確かに厳寒の地の網走駅で毎回の除雪作業ではたまったものではなく、「夏にお越しくだされば……」と言いたくはなるだろうし、それは本気で親切心でいった言葉かもしれない。相棒と苦笑いするしかなかった。

親切心の行き違いはよくあることで、僕らの冬の難儀な北海道を行くことのヤッカイも本気なら、駅員の「夏ならば……」の親切心のヤッカイも本気。交通アクセスは真にヤッカイではあるけれど本気と本気のぶつかり合いでもある。

確かにバリアフリーで便利になった。外出しづらい人も街に出てゆこうと、そういう家族や友がいる人の後押しのきっかけにもなった。そして一億二〇〇〇万人総障害者社会[注6]到来の不安解消には繋がるかもしれない。

そういう意味で、僕のライフワークのもう一つに公衆トイレ問題がある。アクセス、街に出てゆくことの最大のネックの一つはトイレという課題。外出時に使用できるトイレが極端に制限されるとしたら、貴方はどのように感じるだろうか。極端に言えば、食べることは我慢できても、出すことは我慢にも限界がある。それにもまして、一般的にトイレの話は恥ずかしいというイメージがまだまだ強いのだ。逆に最近は使いやすく綺麗な公衆トイレが増えて、トイレにいる時間が長くなったという話がある。良いことではあるのだが、緊急に使いたい人が使いづらく、結局は外に出て行くことを躊躇してしまうことに繋がっている。かく言う僕も最近は突然に尿意を催し、以前は我慢できたのだが、アウトの状態が出てきていて、秘密兵器としてオムツの使用を感じている。それ以前に、トイレの話や悩みは恥ずかしいという枠から少しでも出て、オープンは大袈裟すぎるとしても少しはフラットに話ができる環境を作りたいと感じている。

わらじの会での三〇年の交通アクセスの取り組みは玄関を、いや布団を出るところから始まったのかもしれない。それがバリアフリーという正義の旗印が一人歩きを始めた頃から大きな渦の中で過度期に来ている。正義の旗印を盾に、優しい言葉で分けられる時代となった。バリアがあっても皆と一緒に行こう、たとえ結果行けなかったとしてもトライをする人を、人の優しさに反抗する生意気な人、危険、非常識な人ととらえる風潮になりつつある。その現実を悪いとは言わない。むしろ当然の結果である。

その結果を踏まえつつ毎年八月に交流夏合宿[注7]なるイベントが開催される。

わらじの会のイベントとしては大バザー、クリスマス会と並び三大イベントの一つで、近県に公共交通を使い二泊三日の旅であり交通アクセスの原点の恒例行事である。三〇年前の合宿は皆一緒に号令の下アクセスした。駅の階段では、車イスの参加者を皆で他の乗降客と共に担ぎ、路線バスでは貸し切り状態で地元の乗客がびっくりする中、新坂光子さん、幸子さんらをおんぶして乗り、席に着かせた。参加者が苦労を共にする時代だった。そして当時は年一回の心おきなく入浴できることが楽しみな光子さん、幸子さんらと、戸惑いながら、ときめきながら、力強く介護する仲間がいた。そんな時代が確かにあった。

それ以降は集合場所から何台か車を連ねて行き、現地で合宿を楽しむという時代もあった。その時代も時が過ぎて行き、アクセスの行程を楽しもうという意見で、公共交通を使う試みが復活することになる。しかし、バリアフリー化への過渡期の時期でもあり、十数名にもおよぶ車イスの人と毎年八〇人前後になる参加者が一緒に移動するには乗換えなどを考慮した場合、かなりの時間がかかりすぎる現実が浮上した。それは階段しかなかった頃は大変ではあったが、皆で担いだりおんぶしたり、工夫していたから大して時間はかからなかった。アクセスは大変でも動線として機能していたのである。

バリアフリー化にともない動線はストップした。人の手を借りるという煩わしさは減少しただろう。

しかし、時間がかかりすぎるというストレスだけが残り、現実的に八〇人前後の移動ではただ待たされるだけの移動になってしまうのである。そこで班単位でのアクセスになった。集合場所から宿まで一〇人ぐらいの班編成で一〇班ぐらいに分かれてアクセスする。それが最近の夏合宿のスタイルだ。そして最近の傾向として宿周辺の地元住民ですら誰も歩いていないのに、ただひたすら班ごとにもくもくと炎天下の中を歩いている光景が続く。観光スポットに着くと突然タイムスリップしたように人があふれている状態を直視してため息をつく。「夏合宿は修行化した我慢くらべだ」という囁きもある。

しかし旅の醍醐味とは息抜き・ガス抜き・癒しだけではなく、元来は動線で苦労を共にして到達できた時の満足感に、また行程での意外な出会いにある。もちろん誰もがそんな旅はできない。ドア・トゥー・ドアのアクセスで現地に行ってから楽しむというスタイルが大半である。社会のシステムも難儀なことを拒むし、リスクは最初から取り除く習慣になった。そこをあえて苦労を共にとは、ある意味では贅沢なことなのかもしれない。夏合宿のスタイルは変化しても原点は変わっていない気がする。原点とは苦労や喜びを共にして本音でぶつかり合うことだった。

お互いにぶつかるしかない。三〇年の歴史の中では、理解というよりも、お互いにそこにいるから否応なく、という立場から始まっている。とにかく介護資格の有無に無関係の介護者募集に、駅前や街頭でのビラまきをやった。常に「介護者を捕まえる」という意識があった。まるで冗談のようであるが、警察のようにイベントごとに「介護者確保」逆に「障害者確保」、そんな日常で、警察よりも詐欺師がピッタリかもしれない。警察も詐欺師も紙一重となると両方に失礼かもしれないが、新坂姉妹、橋本克己さん、藤崎稔さん、新坂きみ子さん、田口由利子さん、野島久美子さんの面々は一流の詐欺師である。樋上？　僕は騙された口と言いたいが？　とやかく言いません！　でもプロの障害者[注8]たる者は詐欺師の要素を持っていないと成り立たない商売であるのだ。理解できない騙し騙される関係も時としてありだと感じている。現在は制度が確立されて、介護者も随時一応は確保されている。問題は山積みだが生活は保障されて僕たちは善人になった。ハングリー精神がなくなったのかもしれない。

皆で介護者募集、イベント参加のお願いなどの地域での暮らしの思いを綴ったビラ配り。その駅前、街頭でのビラ配りは何十万枚になったのだろうか。資金集めにも駅前、街頭で声を張り上げた。またラブレター作戦と称して市役所へさまざまな願いを綴り、ローティションを組んで届け続けた。

そんな生活の中で多くの柵の中で得たものと失ったものがある。ただ時として恋人を追いかけて改札に駆け込みたい時に「車イスの方はあちらです。ちょっとお待ち下さい」でなく、「バカ！　全力で追え！　手助けはするぞ」と、そんな時としてマニュアルどおりではない関係を少しでもつくれたらと車輪の一歩を回す。

注1　焚きつけ

文字どおり事を始めるに当たって当人をあおること。一般に無責任のニュアンスが付きまとうが、当人にしてみれば後押しの前の踏ん切りの要素にはなる。現代では風呂焚きなど実際に火を入れる作業は見ることができなくなった。スイッチ一つで事が済む時代だからこそ、スイッチが入る前においては大切な要素。

注2　武里団地

昔は東洋一とうたわれたマンモス団地。埼玉の、いや日本の高度経済成長のシンボル。地盤沈下で傾き、はらたいらのブラックジョーク四コマ漫画のネタにもなった。近年は過疎化が進行。核家族の原点であったが、さらに高齢化核家族問題が浮上。僕は武里団地出身で、入居の第二次世代。野島久美子さん、藤崎稔さんと、わらじ関係者の在住は多数。

注3　三輪自転車型車イス

自転車と車イスのハーフの乗り物。片腕はハンドル、もう片腕はペダルを操作するのでかなり体力がいる。スピードは出たが車社会ではあっては厄介者。暗黙の内に黙殺されて、シニアカー、もしくは電動車イスに移行され、〈橋本渋滞〉も伝説化した。

注4　お出かけグループ

施設内の作業にとどまらず、わらじの会の原点である外に出て、街に出て、連れ出して、歩いて、乗って、迷って、七転八倒。関係づくりを模索して。個々に、それぞれに、そこここに、地域で生活する原点を探る旅をする。今や伝説化した元祖おでかけグループの〈コアラグループ〉を筆頭に〈ぽぽんた〉〈妖怪団〉〈もくもく〉〈おでかけ隊〉〈克己絵日記の旅〉がある。

注5　交通アクセス全国一斉行動

鉄道を中心に東京、大阪、神奈川、埼玉など全国でアクセスについて鉄道会社、行政、交通関係者を含め皆で点検、討論、模索をする毎年秋に開催の一日イベント。二〇年あまり続いている。一番最初はアクセスの権利を求め新宿駅を占拠するなど、対鉄道会社、対行政という要素が強かった。最近は毎年趣向をこらし埼玉ではアットホームな企画で開催。

注6　一億二〇〇〇万人総障害者社会

高齢化に加え、若者の老齢化も進行中の現代において、体力が半減して地べたに座り込む少年少女をジベタリアンと呼ぶ、それに加えてオバタリアンにオジタリアン。恐怖の国民総障害者社会。「病院に行くには元気でいないとね」なんてジョークはまだいいほうで、果てには少数派になった健常者に健常者支援援護法施行なんてことに将来はなるかも。恐ろしいことなのか当たり前なのか、困惑の社会がくるかもしれない。それもいいかも!?

注7　交流夏合宿

毎年八月に開催。近県に公共交通を使い二泊三日の旅。三〇年にわたり毎年多種多彩のアクシデントを呼んでいる。わらじの会の交通アクセスの原点の恒例イベント。最近は恒例というより高齢なイベントという感もあるが、目的地にいかに早く安く着くのかではなく、遠回りしても行程を苦しみ楽しむという旅の原点。関係者は修行と呼ぶ。ぜひ一度は参加を。

注8　プロの障害者

わらじの会では活動の中心にいる人を指す。障害を武器に地域を切り開いて皆を引っ張って、または引きずって行く人なのだが、地域を切り下げていたりして。定義は人によっても状況によっても違う。詐欺師の要素は必然!?

ご近所

ながーいつきあい！

平野　栄子

春よこいパレード（1990 年、埼玉県庁に向かって）

一　出会い

■光子さんの強烈だった一言

初めて新坂さん姉妹に会ったのは今から三二年くらい前のことになると思う。たしか、当時の越谷市役所職員の正木敬徳さんに紹介され訪ねたように記憶している。

古い農家で東側に面した長い廊下があった。光子《てるこ》さん、幸子さんは廊下で雑巾を縫っており、おばにあたるゆりさんは手前のビニールハウスにゴザを敷き、両足を投げ出した格好で枝豆のさやから豆を取り出す仕事をしていた。彼女たちの家族は耳の不自由なお祖母さん、知的に障害のあるおばさん（ゆりさん）、持病のあるお母さん、そして肢体不自由の彼女たち、一家を支えるお父さん、お兄さん夫婦という大家族だった。彼女たちの日常的な世話はお祖母さんがやっていた。

その頃、私は下の子供を連れて訪ねることが多かった。二歳になったばかりの娘はとてもゆりさんに可愛がられ、いつ訪ねてもゆりさんは「ゆう子ちゃんか！」と言って話しかけてくれた。帰りにはよくお祖母さんが奥のほうから大事にとっていたはずのおせんべいやみかんなどを紙に包んでは娘にくれた。

春日部市に転居して未だ日が浅かった私は時が逆戻りしたような素朴な暮らしにびっくりすること

もあったが懐かしい気分になる家だった。

それから数年後に家が新築されて、彼女たちの部屋には玄関を通らず脇の木戸から訪ねるようになった。北西の六帖ほどの角部屋に五人の女性が寝起きするようになった。

その当時、団地に出店を開いたり、集会所を借りて勉強会をしていた。特にお金の計算や文字の練習は熱心にやっていた。ときどき難しいことがあると「くどくてわかんねぇ」の一言で振り出しにもどってしまうということの繰り返しだった。

私はその頃盛んに「ジ・リ・ツ」という言葉を連発して、ずいぶんと光幸《てるさち》さん（光子さんと幸子さん）たちにハッパをかけていたかもしれない。私は車椅子を押しながら光子さんと世間話などをした。寡黙でどっしりした感じの一言は印象深く、心に残ることが多かった。なかでも「平野さんはいいな、男をだませてよ」「おらっちにはだませねぇっ！」という一言は強烈だった。

■懐かしい家

光子さんに子供を抱っこしてもらって団地の中を車椅子を押して闊歩していたことが懐かしい。光子さんたちの言葉は地方色が豊かというか、私には聞き慣れない言葉や使い方が多く、いろいろ聞いては「ふーん、そう言うのか」などと感心したり、私たちも真似をして使った。「光幸さんの言葉を使えないと仲間じゃない」なんて、なんか不思議な共同体であるかのような関係を作ろうとしていた。

光幸さんが実家で生活していた頃の付き合いは十数年ぐらいだったと思う。いつもマメに家事をこなしていた八十歳を過ぎたお祖母さん、「ゆう子ちゃんはガッコ行ったのか」と聞いてくるゆりさん、物静かなお母さん、ちょっとしわがれ声のお父さん、九年くらい前から病むことが多くなっていた光子さんたちのことが思い出される。

私たちのような核家族からすると理解しにくいところもあったが、問題を外に出さずに解決してしまおうとする姿勢を感じた一方で、何でも受け入れてくれそうな大家族の大地に根ざした農家のもつ懐の深さも同時に感じていた。いまから思うと夜遅く緊急のＳＯＳの電話で起こされ彼女たちの家に駆けつけたり、ずいぶんと気の重いこともあったが、あの家には私が「もうちょっとおしゃべりしていこうかな」と思う雰囲気があったと思う。

■生活ホームでのくらし

光幸さんがオエビスでの暮らしを始めた当初、介護者探しに苦労する日々が続いた。幸子さんが毎晩心当たりのある人に電話をかける。最後に、「平野さんしかいねぇんだよ」と言ってくる。私が「えっ、誰もいないの？」と聞くと、「誰もいねぇ」と言ってくる。そんな時、近くに住んでいることの不運を強く感じたこともあった。

時には緊急に電話がかかってくる。幸子さんが「光子がトイレって言ってんだよ。介護者がまだ来ないからすぐ来てよ」受話器から隣の部屋の光子さんが叫ぶ声が聞こえてくる。あわてていくと光子さんが悲痛な顔をして待っている。

返しだった。

「悪いな」と言われながらも、「何でいつも私なの」という想いを覚えながら帰ってくることの繰り返しだった。
ある晩、幸子さんの泊まり介護になっていた武田（仮名）さんがまだ来ない、と幸子さんから電話がかかってきた。しょうがないなと思いながらオエビスに行くと、パトカーに乗って、泥酔した武田さんが着いたところだった。警察官は身元引受人がないとこの人を引き渡せないという。私は憤慨して「この人とは友人でありません」と言ったら警察官は困っていた。そのとき奥の部屋から新井豊さんが出てきて、警察官に「この人はここの介護者です」と言って武田さんを引き受けてくれた。武田さんは泥酔していて、警察官に「幸子さんの介護があるから、どうしてもオエビスに送って欲しい」と言っていたらしい。

武田さんは幸子さんに「ごめんね、ごめんね」と言いながら幸子さんの部屋で寝てしまい、幸子さんは「しょうがねぇなー」と言いながら、「平野さんも泊まってくれる？」と頼んできた。まったく迷惑な話だが、ほっとくわけにもいかず、泊まることになってしまったこともあった。

その後、武田さんは幸子さんに急死してしまった。武田さんとは子供同士が同級生ではあったが、幸子さんとの関係がなければ親しい付き合いをすることもなかったかもしれない。武田さんには障害を持つ子供がいたが、周りの人にはあまり知らせていなかった。幸子さんの介護に入るときがせめての心の許せる時だったのかもしれない。幸子さんに弱音を吐いたり、慰められたりという関係ができていたようだった。私も父の介護をしていた数年間、彼女たちの部屋にいるときが、安らぎを感じていたときだったような気がする。

■幸子さんとのなが〜い付き合い

幸子さんとの亡くなる前の一年あまりの付き合いについて書こうと思う。彼女に乳癌が発見されたのは二〇〇〇年の六月だった。病院から彼女の体力が手術に耐えられる状態ではないとの結論が出たうえに、彼女は入院の勧めを拒み続け、在宅で治療に専念したいという希望だった。本家に症状の報告をしたところ、幸子さんが望むようにお願いしますとのことで私たちは覚悟した。

私の父の場合は在宅で看病し、四年間腹膜透析をやった。病状が悪化し、最後の五日間を入院したあと息を引き取った。在宅での看病の期間、緊張の連続だった。

しかし、幸子さんの場合、日ごろから多くの介護者が必要な生活のサポートをしていたことと、彼女にはたくさんの支援者がいたのでとても心強い環境だった。彼女はこの一年あまりを病気になる前とほぼ同様に生活し、外出も精力的にしていたので、訪問診療をしてくれた医師はこの想像を超えた状況に非常に驚いたようだった。

しかし、病状は明らかに進行し、患部の状態は私の病院勤務では経験しえなかったほどのものだった。私は彼女と「きちんと看病するからね」と約束したので、できるだけ毎晩彼女の部屋を訪れ、患部の手当てをし、様子を見るように努めてきた。時には彼女の「オレを殺すんだろう」「何やってんだよ」などの不当とも思える言葉に憤慨し、彼女の家に向かう足が重くなることもあったが、彼女には大勢の人たちが関わっていたので、なかには私の思いを理解し、同情してくれる人もいた。それで救われる思いをしたり、ずいぶん助けられもした。

その彼女が亡くなるまでの一年間、日々の出来事はあまりにも多すぎて伝えられないが、彼女が息を引き取る前の三日間の出来事は忘れることができない。

彼女は七月二十八日の昼頃より容態がいっそう悪くなり、私は介護のため泊まり続けることにした。ちょうど古い友人の正木夫婦が見舞ってくれたが、その時は深い眠りに入ったままだった。

翌日の夕方少し意識が戻り、「正木さんが桃を持ってきてくれたよ、食べてみる？」と言うと「うん」とうなずき、つぶした桃を口に入れると「うめえっ」と一言、皆で「よかった、食べた！」と顔を見合わせた。その後また深い眠りに入り、呼吸も荒く、発熱し、容態はさらに悪くなった。訪問看護師さんも訪ねてくれ、容態を医師に伝えてもらった（この日より毎日訪問してくれるようになった）。昼ごろ意識が少し戻り、ラーメンのスープを「うめえっ」と言って飲んだ。

七月三十日（日曜日）朝から「やだよう、やだよう」と繰り返しながら時折「新井さんよう」と言っているようなので、新井さんに傍にきてもらうと、「あのよう……」と私たちに傍にいないでと言っているようなので離れていったが、新井さんには彼女の言っていることが伝わらないようなので「兄さん呼んで」と言っているんじゃないのと新井さんに確認してもらうと、彼女は「うん」と頷いたのだった。すぐに本家の兄さんに連絡して来てもらった。

彼女は兄さんに本家のほうを向き「家によう、帰してよう」とはっきり言った。びっくりした兄さんはすぐに「待ってろ、すぐに家を片してくるから」と家に戻り、弟さんを伴って小さなライトバンでオエビスにやって来た。私たちは何が何だかわからぬまま彼女の勢いに押されて、ある人は布団を持ち、ずるずると彼女をライトバンに乗せ、何人かは酸素吸入器やら消毒キット等を抱えライトバンの後ろからぞろぞろついて行った。とても暑い日で、田んぼの中を車はドアを開けたまま進み、その後から何かしら抱えた私たちが無我夢中で歩き、あっという間に本家に着いてしまった。

幸子さんは本家の大広間に横に寝かされた。大きな農家の広間はとても涼しく、床に就いた幸子さんはゆっくり部屋を見回し、「ばあちゃん！」と。兄さんが「ばあちゃんは去年死んだからいねえよ」と応えていた。姉さまも訪ねてくれ、彼女は安堵した様子だった。数時間してまたオエビスに帰ることになり、来た時と同じような状況でオエビスに戻った。

彼女の容態は夕方からさらに悪くなり、意識も戻らず、血圧が徐々に低下し、七月三十一日の早朝多くの人たちに見守られて永眠した。今でも実感として亡くなったとは思えないが、張り詰めていた緊張の糸が切れてしまったのは確かである。

二　家族も巻き込まれていく

■合宿

わらじの会が設立される二年くらい前から川口とうなす会の主催する映画会やつみきの会の八ヶ

岳旅行、東武地区の例会等に私の二人の子供同伴で参加していた。一九七八年、わらじの会を設立し、初めての夏合宿は川口とうなす会との合同の旅行だった。伊豆下田の廃校となった小学校を借りての、自炊合宿となった。それまで障害のある人と一日中過ごすことはあったが、二泊三日の合宿はまったく想像を超えるものだった。

当時、子供は六歳と三歳、介助しながら子供たちの世話は無理だと考えていたので両親に子供たちの世話をたのんで出発した。私は大きなリュックを背負いながら、後ろに荷物をたくさん積んだ光子さんの車椅子を押した。なにしろ光幸さんにとって初めての海水浴だったし、長旅でもあった。私は何か不測の事態が起きはしないかと恐れ、不安で極度に緊張していた。そんな時、「ママー、行かないでー。僕をおいてかないでー」と長男が後ろから追いかけてきた。そのあとから母も「子供を置いていくんじゃない」と怒鳴って追いかけてきた。私は「いかなくちゃ」との責任感で振り向くこともできず、せんげん台駅まで必死に車椅子を押し、何とか参加した。今でもその光景は忘れることができない。

翌年、わらじの会単独で夏合宿を企画し、私が責任者を担当した。最終的に決まったのは茨城県の日立河原子海岸だった。目的地の選定に加えて、旅館の設備は障害者にとって問題がないかどうか、交通手段は何が最適か、その地域の障害者団体との交流は可能か等々を調べるため現地まで子供を連れて出かけた。その下見の時に同行してくれたのは田口稔さんだった。田口さんは自分の子供の由利ちゃんを置いて他人の子供を連れての旅は初めてだった。

田口さんは「うちの子はいつまでも親を必要としているし、親を決して裏切らないよ。ほんとうに可愛いんだ。出張から帰ると玄関までこおどりしながら出迎えてくれるんだ」と言って目をほそめていた。子供たちが成長しても家族ぐるみの付き合いがあり、北海道での息子の下宿の世話や、出張した時には息子の様子などを気にかけてくれていた。

■バザー

わらじの会では活動費の捻出のため今でもバザーを開催する。一九八〇年当時、武里団地を中心に献品を集めにまわった。車椅子の後ろにリヤカーをくくり付け団地の中を隅から隅まで動き回った。娘は疲れると電動車椅子に乗っていた光子さんに抱かれたり、一方、息子はリヤカーに乗って一緒に参加していた。献品を集め終えてから大勢が集まり、我が家の前にビニールシートを広げ、品物の値段付けや衣類の仕分けをやった。

あるとき、仕事を終えて帰宅した夫は頼み上手のFちゃんに「稔くんがトイレって言ってるんでお願いします」としびんを突き出され、否応なく稔君のトイレ介助を手伝わされてしまった。夫曰く「お母さん！　尿が〇〇cc出ました。濁っていないです。どこに溜めるの？」私が「そこらへんの下水に流せばいいのに」と言うと、夫は「病気の人はきちんと記録するんじゃないの」と聞いてきた。トイレ介助などは日常だと思っていた私たちは夫の言葉にびっくりした。

■克己くんの緊急呼び出し

手こぎ車椅子で走りまわっていた橋本克己君はときどきタイヤがパンクした。ほとんどのケースでは隣の山下宅に家族から連絡が入り、山下浩志さんが出向いていた。時折、山下宅が留守だったり、すでに山下さんがほろ酔いだったりすると克己君のお父さんから我が家に依頼がきた。何度都合が悪いと断っても決してあきらめることなく、ついには無理をしても頼みを聞いてしまうような交渉上手なお父さんだった。

ある夜更け、大雨が降っていた。そんな中、草加警察署に保護されている克己君を迎えにいくことになってしまった。私一人では手こぎ車椅子を車に乗せることはできなかったので夫にも一緒に行ってもらうことにした。夫も私も「まったく人使いのあらい連中だ」とぶつぶつ言いながら草加警察署に着いた。警察官は「お母さん、こんな雨の中一人で外出させるなんてひどいな」と私に言った。まったく心外なことだ。

橋本家に克己君を送り届けると、執拗に頼んできたお父さんとはまるで別人の、にこやかな笑顔で「悪いねぇ、こんな夜遅く」と迎えてくれた。

こんなことが何年続いたのだろうか。私一人ではどうすることもできない時には結果的には家族を巻き込んでしまってきた。

三　おわりに

■今、思うこと

とくに記憶に残っているエピソードの中から、幾つかの話を載せてみたが、考えてみても、たまたま住んだ土地で出会い、なが〜い付き合いが始まったのが身体障害のある人たちだった。「ボランティア」、そんな言葉も意識の中にはなかったと思う。彼女たちに吸い込まれていくようになり、体を動かしてきた。夜中に電話で「早く来てよ」「誰もやってくんねぇんだ」などと言われると逃げ出したいこともたびたびあった。ボランティアは好きな時に止められるなどと言われているが、長い付き合いが人の輪を大きくし、また新たな付き合いができ、なかなか糸を切ることができない、しがらみともいえるものなのだ。そして私自身、この活動に関わったために、思い描いていた結婚生活や子育てが大きく軌道修正されていったことも事実である。

特別、自分のやってきたことがボランティア活動という感じはない。他人から「自分や家族の生活を犠牲にしてボランティア活動を熱心にやっておられて立派ですね」と言われたこともあったが、普通の付き合いを続けてきたという感覚のほうが強い。

ボランティア

ボランティアと制度の間に横たわるものは

片山　いく子

恩間新田を行く在りし日の新坂光子さん（左）と幸子さん（右）

だれもが、一人では自立できない

ボランティア、という言葉には慈善や施しにつながるような響きがあって、偽善的で嫌いだった。そういう私が「わらじの会」の人々とつながるようになり、ごくごくたまに、頼まれて介助するようになったからといって、自分自身がボランティア活動をしている、という意識はまったくない。

出逢いは偶然で、一九七九年のある日、プレハブの建物、「わらじの会・はばたく家準備会」の前を通りかかった時、その前に張り出された手づくりの「ボランティア講座」のポスターに誘われ、ふらりと立ち寄ったのがそもそものきっかけである。入って、その暗さに驚き、暗がりの中で車椅子に座る障害者の姿に驚き、その異様さに度肝を抜かれ、この人たちってなんなんだと、受けた衝撃は強烈だった。

ところがそのわらじの会に、保育所の仲間や共同購入の仲間が関っていることを知って、「一体なぜ?」という疑問が沸き起こった。

その疑問の答えが知りたくて、わらじの会の行事に参加するようになるにつれ、私は不思議な感覚に囚われるようになった。子どもの頃から、「自分のことは自分で」、「女でも自分が食べていけるだけのことは身につけて、自分の足で立ちなさい」と育てられてきた私は、当時、二人の子どもを育てながらの共働き生活に、正直疲れていた。何もかもきちんとやろうとすればするほど、疲労感は増してくる。

フリーのライターという仕事は、時間的に融通がつけられ、子育てと両立できると思っていたのに、結果として締め切りに追われ、取材の時は取材先や同行するカメラマンのスケジュール優先で、必ずしもフリーとはいかない、という現実があった。保育所に預かってもらえる夕方の七時の迎えに間に合わない時や、子どもが病気の時は、夫が早退したり休んだり、東京都下に住んでいる夫の母に頼んでの綱渡り生活が続いていた。

そんな時、目の前にいる「わらじの会」の中の重度の障害をもつ人たちは、他人の手を借りなければ、生活のほとんどが賄えない人々であったにもかかわらず、「自立」を求めている人、でもあった。

「自立ってなんだろう」

「わらじの会」で時折交わされる「自立」をめぐるさまざまな議論の中で心に残ったのは、「自立」とは「自己決定できる」という解釈だった。「自己決定する」際に、自分でできることに限定せず、自分でできないことは他人の手助けを求めてもよいから、「自分はこんな暮らしがしたい」と表明することなのだと。その言葉がストンと心の底に落ち、それまで肩に力を入れて暮らしていた自分も、ふっと肩の力が抜けて楽になる思いがしたものだった。

その後、保育所の父母の会の仲間とも次第に親しくなり、緊急の保育所の迎えは仲間にSOSも出せるようになり、一人で、わが家だけでがんばらなくてもいい、と考えられるようになったことは、大きな救いだった。

つきあいの魅力のほうが先だった

私にとってその後、「わらじの会」というのはそのように肩の力が抜ける場になった。だれかが「〝わらじ〟って素のままの自分でいられる場」と語っていたのを聞いて、そうだよな、と納得できた。偉ぶったり、自分を大きく見せたりしても仕方がない、というよりも、そんなことをしなくても、ダメで自分勝手で我儘な自分をさらけだしても、すんなり受け止めてもらえる場だと、出逢いからほぼ三〇年、勝手に思い込んでいる。

それはこんな出来事の積み重ねだったのではないだろうか。バザーの仕分けの時だったろうか。車椅子に座った新坂光子《てるこ》さんは手持ち無沙汰だったのか、じっと地面を歩くアリンコを見ていた。その時、車椅子で過ごす光子さんや幸子さんたちには、私とはちがう時間の流れがあることが実感できた。光幸《てるさち》さん姉妹と一緒の時には、その時間の流れを共に味わうこと、そのことで、いつも自転車を飛ばし、時間に追われて走り回っている生活の中で見逃しているものを発見することができることを知ったように思う。

その人にはその人なりの時間の流れがあるように、その人なりの性格や思い、考えがあり、それを認めあう関係がある場というものは、何とも心休まる空間である。

そしてそのつきあいの流れの中で、自然に光子さん、幸子さんのトイレ介助に入るようなっていった。だから私にとっては、それはボランティアではなく、つきあいの延長線上、だった。

「有料介助」で輪が広がった

その頃、すでに家出して一人暮らしをしていた野島さんの介助として多くのボランティアの人たちが関わっていたが、そのボランティアの輪が広がったのは、光子さん、幸子さんが「低カロリー、低脂肪、高たんぱく質」の食事が必要になり、そのお弁当を交替で届けるようになったことがきっかけだった。同時期に、光子さん、幸子さんの入浴を、谷中耳鼻咽喉科の一階にある浴室で行うことになり、その介助者も有料で募ることになった。

有料といっても、お弁当は材料費としての三〇〇円であり、入浴はたしか五〇〇〇円だったと思うが、それでも有料になったことによって、さまざまな人に声を掛けやすくなった。

そしてなんといっても一九九〇年早春、生活ホーム「オエヴィス」が建てられ、重度の障害をもち、ほぼ一日の大半の介助が必要な人を含む五人が入居して一人暮らしをするようになると、介助の手が大幅に必要となり、それが有料で介助者を募るきっかけになった。

「ボランティア募集」としながら有償というのは抵抗を感じる、という声も聞く。ボランティア精神からすると、対価を求めるのはどうか、という意見である。

しかし、光子さん、幸子さんのトイレ介助にはじまった介助者探しのそれまでの歴史を考えると、まだ行政がヘルパーという名の介助者を派遣してくれるのが週一日か二日、一回二時間、という程度で、とてもまかないきれない暮らしの大半を、当時わらじの会に関わっていた人たちが中心だったボランティアだけに頼るのはすでに限界にきていた。

この当時、「介助者が足らねぇんだ」という幸子さんの切羽詰まった電話の声を聞いて、「いいよ」と言えるときはいいが、断る辛さをたびたび味わったものだ。仕事をもっていて、平日は介助に入れない私のところにまでたびたび声がかかるのだから、専従スタッフと呼んでいた、仕事の一つとしてわらじの会との関わりをもっていた人たちが介助者のいない時間帯の穴埋めをする、その負担が大きかっただろうことは、想像に難くない。

越谷市が、埼玉県が単独事業としてはじめた全身性障害者介護人派遣事業を行う一年前のことであり、介護保険制度や、支援費制度とその後の悪名高い障害者自立支援法といった制度もなかった時代である。ほぼ二四時間介助が必要な障害者が施設に入らずに地域で自立して暮らすためには、それを支える多くの手が必要であり、この一見無謀とも思える試みが綱渡り的に実現でき、現在に至っているのは、介助を有償にしたことが要因の一つだろう。

有料介助システムの前に立ちはだかる介助へのそれぞれの思い

このようにさらりと書いてしまうと、このハードルが簡単に越えられたように見えるが、実は深い逡巡の結果生まれたことを後に知ることになる。オエヴィスが誕生してほどなく、有料介助のシステムをとりまとめる「ケアシステムわら細工」が誕生する。この「わら細工」の、まぼろしとなった一〇周年記念誌の原稿として山下浩志さんがまとめた記録によると、「オエヴィス」が誕生する二年前、一九八八年から、「有料ケアシステム」についての議論がはじまっていたことがわかる。

その記録を読み進むと、「有料」にするか否か以前に、重度の障害をもつ仲間の家族との間に「ケア」すなわち介助についての話合いが重ねられていたのだ。

お年寄りの介護と同様、障害をもつ人たちの身の周りの種々の世話は家族をはじめとする身内が担うのが当然だった時代から、当時は家族が担えなくなったら病院、もしくは施設に入れてもらうという時代へと変わりつつあった。それでも、人手さえあれば、身内の中で面倒を見るのが当たり前で、人様のご厄介になるというのは、まだまだ抵抗感があったことだろう。

これは、介護保険制度が導入されようとしていた時、「介護は家族の仕事だろう」と否定的な声が大きかったことと重ね合わせると、介護や介助がアンペイドワーク、シャドーワークとして家族に、とくに女性に押し付けられてきた、いわば「当たり前」の概念を崩すことの難しさがわかろうというものである。

しかし、介護保険制度は個人個人の思いとは別時限の、国レベルで制度としてつくられた、お上が進める制度であり、保険料という形で四十歳以上の国民すべてが負担することになったのだから、単に「面倒をみてもらう」だけではないという心理からか、ごく自然に社会の中に浸透していった。

一方、「わらじの会」がやろうとしていたことはお上の後ろ盾などあろうはずもなく、まして血縁でもなく地縁もないつきあいの浅い余所様《よそさま》のすることである。さらに専門家でもないいわば素人集団である。それまで信じてきた常識を破り、自分の身内が地域で暮らし続けるために、他人様《ひとさま》という専門家以外の手を借りることへの抵抗感に加えて、「本当に大丈夫なのか」という不信感もあったことだろう。有料でのケアとなったら、なぜお金を払ってまでと思うのが当たり前だし、さらにお金を払うのだったら、専門的な人たちのお世話を受けたほうが安心、と考えるのも無理からぬことだ。

同時に、光子さん、幸子さんはじめ、重度の障害をもつ人たちが家を出て暮らしはじめた時、果たして本当に必要なだけの介助者を確保できるのか、という不安が、「わらじの会」のメンバーに重くのしかかっていたことも事実だった。

当事者と関係者の不安を目の当たりにしつつ、それを払拭するだけの根拠のないまま、それでも「障害があっても地域で暮らし続けられるようにしたい」と突き進んだ原動力になったのは、一体なんだったのだろう。

介助される側とする側の都合を調整する「ケアシステムわら細工」

そのような手探り状態の中、光子さん、幸子さんが分家の形で譲り受けた田んぼに生活ホーム第一号となった「オエヴィス」は建ち、光幸さん姉妹のほかに藤崎稔さん、吉田昌弘さん、新井豊さんの五人が暮らしはじめ、「ケアシステムわら細工」が発足した。

先にふれたまぼろしの「わら細工一〇年記念誌」のための原稿として、初代事務局長だった吉原満さんが書いた「初代事務局長の苦悩」には、「名前の由来は、わらじがわらをつむいで作る（細工する）ところから、また介助を必要としている人がわらをもつかむ……というところからきているのかな……いま思い出そうとしても忘れてしまった」と書いている。この名前の由来にまつわるエトセトラに、あのころの混沌が映しだされている。

また、この壁を乗り越えたのは、それまで紡ぎ続けられてきた人間関係だったと、改めて前述の山下さんの記録から確信を得た。

地域で暮らし続けたい、と思っている仲間たちを施設に送るようなことがあってたまるものか、という周囲の人たちの思いと、それまで「わらじの会」の活動に楽しそうに参加しているわが子を、遠く離れた見ず知らずの人たちに囲まれた施設にやっていいものか、という家族の思いがある時期に重なって、「オエヴィス」と「ケアシステムわら細工」の誕生につながったのだろう。

「オエヴィス」一〇周年にあたってまとめられた『おらっちの生活は自立っつうのになってっかい』という冊子によると、この春のボランティア募集によって介助の申し出が一四〇人余りにのぼったそうである。

それでも、吉原満さんの回想録には、「オエヴィス」の入居者に加えて、民間の借家で暮らす障害者のそれぞれの介助のスケジュール表にあわせて、介助者探しに朝から晩まで明け暮れていた、当時のわら細工事務局の混乱ぶりが綴られている。介助の申し出こそ一四〇人から寄せられても、実際にスタッフとして「わら細工」の会員になったのは、多分半数以下だったと思われる。その三年後の一九三三年の「わら細工」の決算から、はじめて会員数が記されているが、その人数は六六人に止まっている。

このようにまだ体制が十分整っていないこともあったが、さらにボランティア一人ひとりのそれぞれの暮らしの都合で介助に入れる時間帯や曜日が限られることは必定で、とくに夜の泊り介助は家庭をもつ人には入りにくい時間帯である。介助のできる人は限られてしまう。

その苦労は、一八年を経過し「わら細工」に専従の事務局員と補助的なパート職員が障害当事者の事務局員に加えて常勤するようになった現在もほとんど変わらないのが現状である。障害をもつ人、一人ひとりの生活に合わせ、介助者の都合とすりあわせて介助スケジュールを組み立てるのだから、施設のように仕事としてヘルパーさんが交替で勤務する、というシステムがとれないこのケアシステム故に。

「措置から契約へ」の先駆けとなる有料介助

そんな中で、有償ということから学生のボランティアスタッフが徐々に増えてきて、それまでどちらかというと主婦中心だった介助者の層が厚くなってきた。我が家でも、四人の子どもたちが高校生になるころから、介助スタッフの一員となっている。赤ん坊の時から背負われてわらじの会に参加していた長女はその後一年ほど「わら細工」の事務局に入ったが、後に「高校時代に介助に入ることで、片山家の彩ちゃんから彩さんと呼ばれるようになり、『わらじでの自立』を果たした」と会報『月刊わらじ』に記している。ちょうどその頃から、私は同居していた夫の両親の世話で時間がとれず、自然に介助に入ることが間遠になっていったので、娘が片山家の彩ちゃんから彩さんに変わると同時に、私は徐々に彩さんのお母さん、と紹介されるようになっていったものだ。

子どもたちには介助することで、約束を守らないと稔さんや野島さんたちの生活は成り立たなくなること、そして介助料をもらうのだからきちんと勤めは果たさなければならないことなどを学んでほしいと思ってすすめたのだが、子どもの頃からの息子たちを知っている介助される側は、弟に対する兄貴のような気分で接してくれていたようなのだ。心配して「悠はちゃんとやってる？」と聞く私に、稔さんがニヤリと笑うだけだったことが思い出される。

また、今回この原稿を書くにあたって「わら細工」の資料を探していたときに、長男・琢の介助者登録カードを見つけたが、どんな介助ができるか登録する欄に、「日常生活援助―×」「身体介護―×」「入浴介助―×」などと、すべて「ノー」となっていたのを見て驚いた。つまり本人の中には介助という意識ではなく、稔さんを朝起こして、着替えや布団をたたむなどの手伝いをしてお小遣いをもらっていた、という意識だったのだと思う。

こんな出来事の中に、仕事でもなく純粋なボランティアでもない、人と人との関りでつながる、この有料介助のありようが透けて見えるような気がする。長女がいみじくも「わらじでの自立」と記したように、私と同じように子どもたちもそれぞれ、多士済々であるボランティアスタッフのみならず、個性豊かな障害当事者とのつながりの中で学んだことは多かったと思う。

若者だけでなく、いわゆる障害者、と呼ばれる会員の中で、自分のできるところで介助スタッフとなる場面もあった。

さらに、ボランティアの時代には遠慮しがちに頼んでいた介助の要請も、ある意味でビジネスライクにことが運べるようになったし、介助スタッフが増えたことで、介助を求める側も自分の好み、相性といった観点で、介助者を選べる機会も増えてきた。この有料介助システムは、いわば、措置から契約への先取りであるとも言える。

つい最近の『月刊わらじ』から、学生スタッフの辻健人さんの文章を紹介してみる。

「二年前の大晦日のエピソード。(中略) 春日部の某ボスから『介助者居ないから、お前来い』との号令が。そしてどうやら外出なさるらしい、と。

極寒の中、行ってきましたフジテレビ! 何かのイベントに参加するためにあらず。ただ、カウントダウンの瞬間を向かえるがために、です (笑) …恐ろしきアクティブ・ボス。

そしてその帰路のこと。勘の良い方はそろそろお気付きかもですが、無かったんですね。電車が。『夜通し運転している』というボスの情報は誤りだったらしく、シャッターの下りた新越谷駅前に呆然と立ち尽くす我等。今から考えれば喜劇ですが、あの時は『くそー! こんな介助関係、終わりにして

やる！』とか息巻いてましたっけ。（笑）

それでもちゃっかり継続して関わっていて、しかもパート職員として働いているあたり、なかなかどうして『終わり』にはならないものですね．人間ってものは複雑です」

わら細工に若いスタッフが加わるようになったのと平行して、障害者福祉施策も少しずつ充実してきて、補助金で雇える専従スタッフも増えてきた。またバブル崩壊後の不況によって、リストラされた人やアルバイト先を失った人、そして定年退職した人々も介助者として加わってきている。

制度に融通無碍はなじまないのか

最近のわら細工総会資料によると、会費を支払った会員数が二〇〇七年度は一七三名にのぼっている。この中には利用会員もいるので、正確なボランティアスタッフの数はつかめないし、中には半年か一年で退会する人もいるので、この一八年間にはかなりの人数がわら細工に関わり、障害をもつ仲間の暮らしを支えてきたことと思う。

有償であるからこそ、労働の対価の必要な人が働ける場であることの意味は大きいのだが、しかしながら、その対価はいわゆる最低賃金スレスレか、最低賃金以下である。それでも人と人とのつながりが濃厚であり、世間一般のいわゆる競争や出世とは無縁である世界だから、やりがいを見つけて仕事をする若者は多い。その現実を見ていると、時折疑問がわく。

ボランティアに頼るのではなく、介助者が生活を賄うのに十分なだけ稼ぐことができるようになることこそ、本来あるべき姿ではないか、との思いが頭をもたげる。

二〇〇〇年、介護保険制度がスタートした。

「介護の社会化」、「介護が必要になっても住み慣れた地域で尊厳が守られて暮らし続けることのできる社会へ」とのうたい文句で始まったこの制度に、当初は大いに期待をもったものである。高齢者の介護が充実することが、障害者の介助の充実にもつながるのではないかと。

しかし、制度がはじまって六年目の第三期の制度変更では、想像以上の介護利用料の伸びに、「介護予防」という美名の元にいわゆる改革が進められ、介護抑制の傾向が見られるようになった。

制度を設計するときから、「家族による介護から社会全体で支える介護に」と目標を掲げた介護保険なのだから、利用者が増えて当然だ。また「介護が必要な状態になっても、住み慣れた地域でそれまでの生活の質を維持して暮らし続けられる」という目標を掲げながら、実際には地域で暮らし続けることのできる介護体制すら遅々として整わない。さらに在宅介護で必要な介護サービスを受けようとすると、利用料が払いきれないことから、施設利用を求める声が大きく、施設利用が伸びるほど介護給付は増える。

そんな根本的な問題を解決しようとせずに、介護抑制に走った結果、利益よりもお年寄りの生活の質を守ろうとした事業所は経営が悪化し、現場で介護を担うスタッフは低賃金のため離職者が続出して人手不足に陥っている。

一方障害者を支える制度といえば、まずは「支援費制度」となり、「措置から契約へ」と大きく方向転換した。実は「わらじの会」だけでなく、各地で手作りで進められてきた有料介助のシステムがこの制度を変える原動力になりはしないかと、とこでまた一瞬期待した。しかしその幻想は、悪名高い障害者自立支援法に変わることで打ち砕かれた。

この法律の問題点は、あげきれないほど多々あるが、介助の点からみると、これまで障害を持つ人々とその暮らしを支える人々が手探りでつくってきた、障害があっても地域で暮らし続けることができるシステムと、それを支えて充実しつつあった公的な補助が大きく揺らいできているのだ。

たとえば、埼玉県では県の単独事業として行なってきた全身性障害者介護人派遣事業を、法施行後も継続しているが、これも二年後には見直される模様だ。

この制度が障害者自立支援法よりも使い勝手がいいのは、まず、介助にあたる側はヘルパー資格などの特別な資格がいらないという点だ。介助を受ける側がこの人を介助人とする、と市に書類を提出するだけで、制度を利用することができる。また、どんなときにどんな介助を受けるのかについても、ほとんど制限がなく、障害当事者が求める介助をすることができる。難点は介護人の時給が春日部市は一〇〇〇円、越谷市は八五〇円と報酬単価が低いことだ。越谷市の名誉のためにいうなら、越谷市は単価が低い代わりに春日部市では一人当たり一カ月六四時間しか派遣できないが、越谷市は九六時間派遣できることになっている。

そういった融通無碍さこそ、「地域でその人らしく暮らし続ける」ことを可能にするために不可欠なものなのだが、それを国の制度に取り込むことは、一体不可能なのだろうか。

もう一つ、介護保険でも障害者自立支援法でも、制度の中にある事業所や介護者は、介護を受ける人を「利用者さん」と呼ぶことが多い。私はこれを聞くたびに、なぜ「〇〇さん」と名前で呼ばないのかと疑問に思う。高齢で認知症になったとしても、その人はその人であり、ふつうの人間関係なら名前で呼ぶのが当たり前だ。「わら細工」では、必要に応じて、「〇〇さん会議」というものを開くことがある。介助を受ける側に不都合がある場合、介助に関わっている人たちが集まって話し合い、問題解決を図るためである。「利用者さん」ではなく「〇〇さん」なのだ。

いっそのこと、現在こういった制度に充てられる財源を、介護や介助の必要な状態に応じて一人ひとりに割り当て、その中で本人が必要な介護・介助を選択できる制度にしたら、どんなにいいだろうかと思うことがある。

「行政のやることは平等でなければならない」というのがお役所の論理であるけれど、本当の平等とは、必要なところに必要な支援の手が届くことではないのだろうか。

しがらみを「地域福祉」というきれいごとで語らないで

自治体の財政は厳しい状況が続いている。そして財政が逼迫する原因の一つとして、「扶助費（福祉に係る現金給付）の増大」が上げられる。そのときは「扶助費の増大というが、障害をもつ人に係る扶助費のほとんどは人件費になり、いわば地域の雇用に貢献しているのではないか」と反論している。福祉に十分な財源が投入されることになったら、介助スタッフが所得税や住民税を払うほどの収入を得ることができるのに、とも思う。公共工事は景気回復の起爆剤になる、という論は派手に展開されている。百年に一度の未曾有の経済危機、と言われる今、経済危機対策として組まれた補正予算でも、またぞろ公共工事を進める施策が盛り込まれている。

本当は福祉や医療、教育といった、人が人を支え、育てる分野に財源を投入することによって安心して暮らす基盤ができ、不安が解消されるのではないか。それが長い目でみれば、経済危機を乗り越え、元気に暮らすことのできるパワーになるのではないかという声は小さく、なかなか為政者には届きにくいのだろうか。

重度の障害があり、会話も不自由な田口由利子さんは母親に先立たれ、次の年の夏、団地で二人で暮らしていた父親にも先立たれ、一人暮らしをはじめた。一日四区分に分かれている由利子さんの生活は、平日は通所授産施設である「べしみ」に通っていても、月に一〇〇人以上の介助者が必要となる。現実としては、このように二四時間介助が必要な人が一人増えるだけで、わら細工の事務局はテンテコ舞いとなっている。まだまだ、介助者は不足しているのだ。

一人暮らしがスタートした頃は、介助者が集まって「由利子さんを囲む会」が時折もたれた。それぞれが自己流ながら由利子さんと関わり、試行錯誤ながら意思の疎通を図っていくうちに由利子さんとの関係を深めていることが、介助の体験を語りあう場を共にして実感できた。

地域で支え合うとはこういうことなのである。介助の手が足りないといった現実の状況を少しでも改善できる方向に制度が整っていくことこそ求められているはずなのに、そういったこととは関係なしに制度が整えられていくような歯がゆさを感じるばかりだ。

福祉基礎構造改革によって、年をとっても障害があっても、住み慣れた地域で住み続けられるということがお題目となり、「地域福祉」を目指すようになったとされる。しかし、春日部市でも、周辺の市や町でも、「地域福祉」を支える仕組みはまだまだ整ってはいない。

「わらじの会」の障害をもつ仲間の介助の一部分は、介護事業所という民間の事業所のスタッフが担うようになってきているが、そこにボランティアが加わらなければ暮らしが成り立たない現実がある。しかしこれは、繰り返しになるが、一見制度の不十分さ故であるように見えて、実は制度の使いにくさ故に、障害当事者が使いやすい制度のほうを選んでいる、というのが実態なのだ。単に契約だけでなく、またプロとしての介助ではなく、介助される側とする側との人間関係によって成り立つ支え合いによる使い勝手のよさ、とでもいうべきなのだろうか。

ボランティアといっても実は、遠巻きに「わらじの会」を眺め、都合のよいときしか活動に参加しない私が、この三〇年記念出版に名を連ねるのはおこがましいと思いながら、子どもたちが幼かったころ、夏休みの家族旅行はわらじの会恒例の夏合宿であり、我が家の子どもたちと年齢的にも近いたくさんの子どもたちが合宿でわいわい騒いでいたあの頃を懐かしく思う時、私にとっての地域は「わらじの会」なのだと、改めて思う。

一九九五年、新坂きみ子さんが分家として分けられた田んぼに、通所授産施設「べしみ」と第二の生活ホーム「もんてん」ができ、それらの運営の受け皿として社会福祉法人「つぐみ共生会」が誕生した。

私はここ数年、この法人の評議員を務めているが、法人が越谷市の障害者生活支援事業を受託するときも、春日部市の同事業を受託するときも、積極的に賛成した。

それは、有料介助システムもひっくるめて、地域のボランティアと共にわらじの会が紡ぎ続けてきたいわば「わらじ流」が、「地域福祉」をじわじわと進めていくきっかけになってほしいという思いがあったからである。

「地域福祉」が声高に叫ばれる今こそ、細々ながら紡ぎ続けてきたこの「わら細工」という手作りの介助システムとわらじの会のネットワークが、地域福祉を本物にしていくための風穴になるのでは、いや、しなければと考えている。そろそろ迫りくる、私たち世代の老後のためにも。

ハードル

障害者との関わりを通して見えたもの

――ボランティアの視点から――

田島　玄太郎

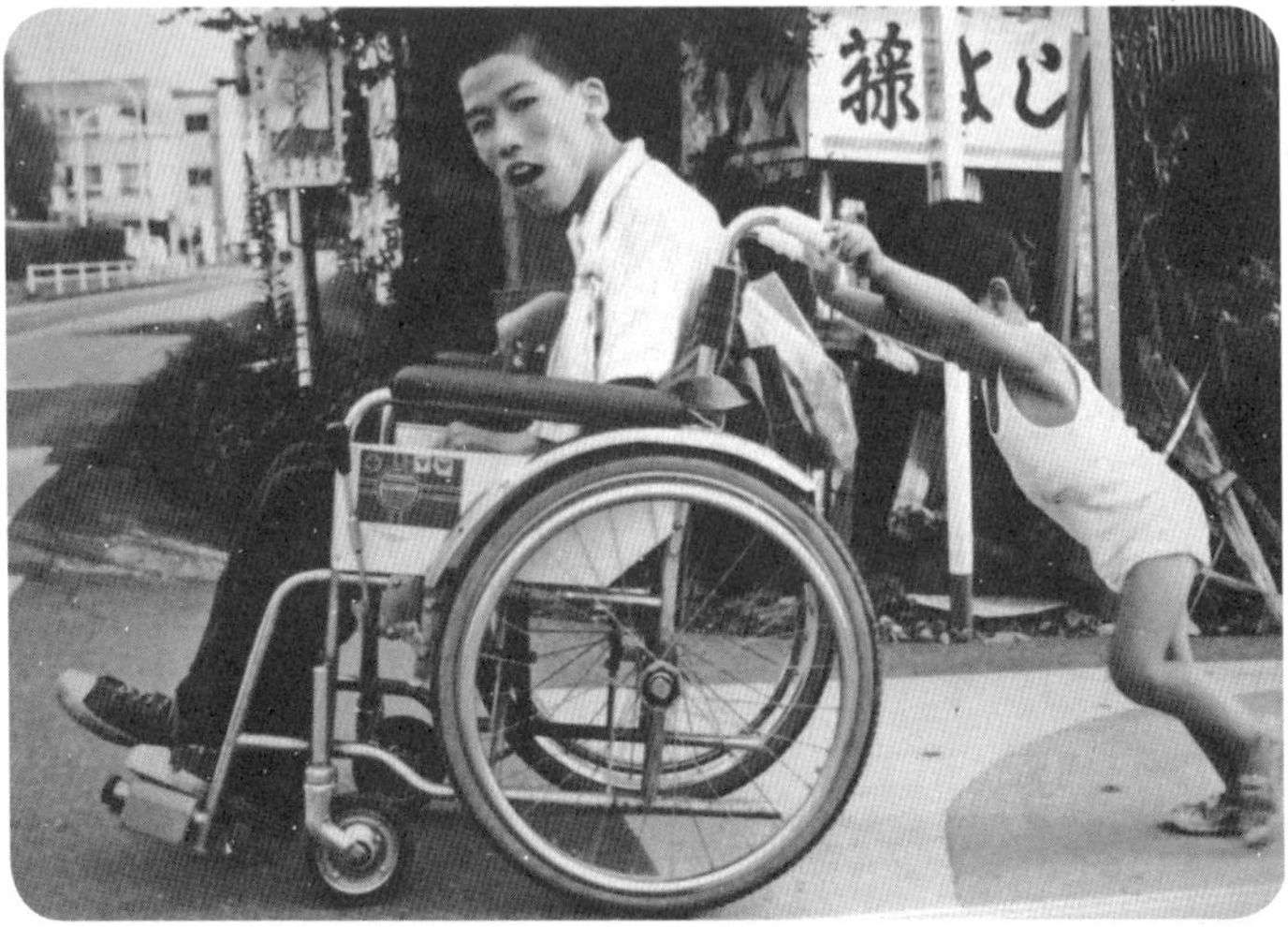

わらじの会の佐々木拓史君に車椅子を押してもらう藤崎稔さん
（1978 年　越谷市役所付近にて）

「ボランティア」という言葉の持つ違和感

二〇〇〇年の秋からだから、わらじの会と関わり始めて今年で九年が過ぎたことになる。普段は民間の企業に勤めるしがないサラリーマンという肩書があり、わらじの会とは数カ月に一回、週末に電車で通い、イベントに参加したり、仲の良い重度障害者の泊まり介助をしたりというだけの関係でここまできた。だから私がやってきたことをボランティアと言うのはおこがましい気がするし、少しばかり違和感がある。泊まり介助が有償であることも理由の一つだろうが、むしろ「ボランティア」と言うよりは「付き合い」と言ったほうがしっくりくる。持ちつ持たれつで、付き合ってきたという感覚だ。実際にわらじの会に遊びに行ってはたいした手伝いもせずに、みんなとおしゃべりをして帰って来るのが常で、逆に元気をもらって帰って来ることのほうが多い。

一方で、わらじの会からは自分の思想や人生観にも大きな影響を与えられているし、今では自分という個を語るうえでは欠かせない要素となっているから、誰かに「週末はどんなことしてるの？」と聞かれた時には、まずは手っ取り早く理解してもらうために、「障害者のボランティアをやっています」と答えている。ただ、先述の通りこの言葉では自分とわらじとの関係をうまく表現できていないから「と言っても、その団体の障害者や健常者のみんなに遊んでもらってるようなもんですが」と必ず付け加えている。

たとえこう付け加えたとしても、ほぼ間違いなく返ってくる言葉は、「へえ、偉いねえ」といった類のものだ。いつもこの言葉を聞くとお尻のあたりがむずかゆくなるのだが、ほとんどの場合、偉いと思われているならまあいいかと半ば諦めて、言葉を継ぐことを止めてしまう。自分がボランティアを続ける理由を相手に理解してもらうには、私の場合、それなりの時間が必要だからだ。

恐らく多くの人は「障害者のボランティア」は大変でつらいというイメージを持っていて、自分には少し手が出しにくいと考えているではないだろうか。少なくとも私はわらじの会に関わるまではそう思っていたし、最初の一歩を踏み出すまでは随分と時間がかかった。そんな私がなぜ障害者のボランティアをやろうと思い立ち、どうやってわらじの会と出会い、今に至っているのかについて書いてみたいと思う。

自身の障害者との付き合い

自身の障害者との付き合いを振り返ると、障害者運動が盛んであった大阪という土地柄もあったのだろう、小学校から高校までは同じクラスや少なくとも同じ学年には常に障害者がいた。当時の私は、彼らの親の苦労を思いやることなどはほとんどなく、小学生から高校生までを通して、ご多分にもれず障害者いじめもしたし、逆にその障害者と遊んだりもした。そんな関係も含めて、周囲に障害者がいることは当たり前になっていて、さして特別なことではなかった。ただし、今でも当時のクラスメートを思い出す時にすぐに思い浮かぶのは障害者の顔だ。

大学生の時はクニオちゃんとみんなが呼んでいた四十過ぎぐらいの知的障害者がいた。クニオちゃんは日雇いの土方という話で、大学祭や学生寮祭といった酒と食事が振る舞われるイベントをどこからか必ず聞きつけて、タダ飯とタダ酒を食って飲んでは帰って行った。クニオちゃんは空気の読めない会話をして場をしらけさせる厄介者で、どちらかというと皆バカにしていた。だが、厄介者と思われバカにされつつも、懲りずにいつも顔を出すクニオちゃんを皆しぶしぶ受け入れて、一緒に酒を飲み、笑いながら会話を交わしていた。一度などは学生寮祭の出店のコタツで酔いつぶれ、朝方に私とクニオちゃんの二人だけで寝ているところをみんなに見られ、大笑いされたことがあった。けれどもその笑いの中心には顔を見合わせて苦笑いするクニオちゃんと私がいた。

祭りにクニオちゃんが来ない日は、具合でも悪いのかなと心配に思った学生は私だけではなかった。思えば地域に完全に溶け込んでいた障害者と付き合ったのはこの時が初めてであったと思う。障害者とはこの程度の付き合いであり、いじめはしたが障害者を異様に嫌ったり差別をしたりすることはなかった。これはやはりそれまで常に周りに障害者がいたことと無関係ではないと思う。

社会で追いつめられて

こんなノンポリでしかも臆病者であったから、会社勤めを始めてからも障害者という壁は厚く、ボランティアという言葉も遠い世界のものであった。けれども入社して半年が経った頃、陽の当たらないアパートと会社との往復三〇分の生活に焦りを感じ始めたことがきっかけで、ボランティアへの長い道のりを歩み始めることになる。

大量解雇の時代を迎え、忠誠心から社員が一致団結して会社に献身し、しゃにむに働く時代は既に終わりを告げていた。それでも、ほんの一握りしかなれない企業の成功者になることは相も変わらず賞賛され続けており、同時にアフターファイブや休日を充実させるといった、一見矛盾することを社会から求められていた。だからこそなお、仕事に対する熱意や上司からの評価もそこそこで社会貢献の実感に乏しく、また、ほとんどの週末を孤独に無為に過ごしていた自分や、その自分の生活が、どこか無機質で何かが欠けているように感じさせられた。このまま一生を終えていいのだろうかという、じりじりとした焦燥感にかられた。

その焦燥感はいつしか私に人のために何かをしたいと考えさせるに至った、いや、むしろ正確には自分のためであるところを、他人や自分にとって耳触りの良い言葉にすり替えていたのだろう。障害者を思う純粋な気持ちからではなく、毎日の生活に息苦しささえ覚えていた自分を変えたかったことが、人のために何かをしようと思った本当の理由であったのだろうと今では思う。結果的になぜその対象が障害者となったのかはもう覚えてはいない。後付けの理由が許されるなら、社会人になってから突然周りから姿を消した障害者のことが、心の中のどこかで気になっていたのかもしれないし、支援が必要と言われる人々の中で、私の中で一番悲惨なイメージのあった障害者、つまり自分にとって一番ハードルの高い人々を助けることで、新たな自分になれると思ったのかもしれない。

わらじの会にたどりつく

そんな訳で思い切って、埼玉出身で出身地の比企郡で農家を営んでいた大学時代の先輩を訪ね、県内の三つの障害者団体を紹介してもらった。川越市にある精神薄弱者更生施設（現在は知的障害者更生施設と名称を変更）、大里郡にある主に精神障害を持つ人々を支援する工房兼宿泊施設、所沢市の肢体不自由者・中途障害者の共同作業所を訪ね、そこの代表の方にそれぞれ話を聞いた。いずれの方も確かな理念を持って活動をされていたから、私には遠くまぶしい人に映り、障害者のボランティアをするには私には情熱や思想や多くのものが欠けていると感じた。自分のような軽い気持ちでボランティアをやろうなどとはおこがましすぎたとすら思い、結局その後その方々に連絡をすることはなかった。

わらじの会の山下浩志さんに、障害者のボランティアをしたいのだが何か自分にできることがあるかと手紙を書いたのもこの頃だった。父に埼玉でおもしろい障害者団体を知らないかと聞いてみたところ、父の親友が山下さんの親友で、その方から『克己絵日記』を送って頂いたことで初めてわらじの会を知った。『克己絵日記』は、二十歳になるまで自宅の一室にこもって暮らしていた重度障害者の橋本克己さんが、わらじの会と出会い、車椅子で街に出るようになって、初めて見る世界で感じた日々の生活を描いたものであったが、当時の私にはそのおもしろさがさっぱりわからなかった。それでも何か変わった団体なのだろうと、ワラにもすがる気持ちで早速山下さんに手紙をしたためた。ところが山下さんは私の手紙をほかの郵便物と勘違いしていて、随分と経ってから返事が遅れた侘びとともに一度遊びに来て下さいという内容の返事をくれた。けれども既に障害者やボランティアという言葉に押し潰され、すっかり怖気付いていた私は連絡をすることができなかった。

それから一年近くが経ち、やはりこのままでは何も変わらないと、悶々とした感情が抑えきれなくなった私は、意を決して山下さんの手紙にあった連絡先の「黄色い部屋」という所に電話をしてみた。電話口に出たのは山下さんのパートナーの水谷淳子さんで、聞き慣れない私の声のために返って来る言葉には警戒感がありありと込められていたから、またボランティアという言葉の重みに押し潰されそうになった。怖くなって思わず電話を切ろうかと思ったほどであったが、半ばやけくそに「山下さんをお願いします！」とだけ伝えた。その後のことは頭の中が真っ白になってしまっていたために覚えていないが、山下さんにバザーの物集めの作業があるので来てみますかと言われ、行く約束をしてしまったことだけは確かだ。

初めてのボランティア、そして挫折

わらじの会の活動の中心にある武里団地は東洋一のマンモス団地と言われるほどで、六〇〇〇戸以上の規模を誇るのだが、外観はどの棟を見渡しても同じにしか見えず、初めて訪れた私はすぐに道に迷いどこにいるのかわからなくなった。当時は携帯電話などは持っていなかったから、電話ボックスを探して紙の端切れに書き留めていた「黄色い部屋」に電話をした。電話に出たのはまたしても水谷さんで、恐る恐る道を聞いて、なんとかたどり着くことができた。

「黄色い部屋」にいた山下さんはひょうひょうとした方で、緊張した面持ちの私にニコニコと嬉しそうに話し掛けてくれた。特になぜわらじの会を知ったのかについて興味を持たれていろいろと聞いてくれたのだが、初めはわらじの会を紹介してくれた山下さんの友人の名前は出さず、適当なウソをついていた。その人の名前を出せば逃げ出せなくなることがわかりすぎるほどわかっていたからだ。それでも山下さんが運転するリフト車の助手席で、次から次に出てくる山下さんの質問に答えていくうちに、だんだん話に矛盾が生じてきて、数分後にはウソをつき通せなかった自分の愚かさを心底悔やみながら、苦しそうに自分とその人の関係を話している私がいた。

山下さんが連れて行ってくれた先は武里団地の一角であった。山下さんは詳しい説明もせず、やはりニコニコ笑いながら、じゃあここにいるみんなとバザーのための「物集め」を一緒にして下さいとだけ言い残し、去って行ってしまった。

わらじの会では「わらじ大バザー」と呼ばれる、わらじの会の活動資金を得ることと、地域の人と出会うことを目的とした大規模なバザーを年に一回開いている。「物集め」とはそのバザーで売るための商品の寄付を近所の住民に募り、所定の場所に持って来てくれたさまざまな献品を回収する作業だ。母親が娘の大事な物を勝手に献品に出してしまい、娘がバザーの当日に慌てて取りに来ることもあったなどという笑える話を後になって聞いた。

私が車を降りた場所には三人のわらじの会のメンバーがいて、十月の寒風が吹きすさぶ中、ただひたすらと誰かが献品を持って来るのを待っていた。そのメンバーとは今野秀子さん（仮名）、会沢完君とふくちゃん（吉原広子さん）の三人で、みんな気を遣ってなのかいろいろと話しかけてくれるのだが、今野さんと完君は精神・知的障害者で、ふくちゃんも独特の世界観を持つ人であったから、彼らの話の内容はこれまで会社ではもちろんのこと、生きてきた中でも聞いたことがなく、あまりにも浮世離れをしていると感じざるを得なかったから、三人の質問に真面目に答えていたら頭の中がぐにゃぐにゃになってほとほと疲れ果ててしまった。結局暗くなるまで献品を待ったものの、さしたる成果はなく、やはりボランティアとは辛く厳しい世界だなあと自分の甘さを嘆き、寒空のもと鼻水を垂らし自嘲的な笑みを浮かべながらトボトボと帰途に着いた。

夢にまで見た介助、そしてまた挫折

山下さんに父と共通の友人の話をしてしまったことが頭を離れず、お世話になっていたその人の顔に泥を塗ってはいけないと思い、もう一度だけ訪ねてみようと山下さんに連絡を取ったら、今度は物集めで集まった服の値札付けに来て下さいと言われた。再び訪れた「黄色い部屋」の前の駐車場では、にぎやかなおばさんたちと障害者が一緒にわいわいとお喋りをしながら、値札に値段を書いては服に貼り付けていた。みんな良い人ばかりで新参者の私に優しく接してくれたおかげで、少し気分が落ち着き始めた頃に今でも忘れられない、その衝撃的な出来事は起きた。

昼食の時間になって、みんなで楽しくお弁当を食べていたら、吉田昌弘さんに食事の介助をして欲しいと頼まれた。昌弘さんは脳性麻痺のため手が思うように動かないから、自分一人で食事をすることができない。言葉も聞き取りづらいから最初は何を言っているのかさっぱりわからなくて何度も聞きなおしてやっと食事の介助を頼まれているのだとわかった。

初めての食事介助は何だか夢に描いていたような「ボランティア」の光景で、お箸におかずをのせて昌弘さんの口に運ぶ自分が本当に美しくまぶしかった。だがそんな夢見心地は長くは続かなかった。

突然彼が大きなくしゃみをした。彼の口の中でほど良く噛み砕かれ唾液と混ざり、かなり「いい感じ」になっていたおかずが私の顔を直撃した。うわっ、汚いっ！という言葉が口先まで出かかった瞬間、昌弘さんの顔が目に入り、彼が障害者であることにはっと気付いた私は、下を向いてぐっと口をつぐんだ。彼はわざとやったんじゃない、障害のある人に向かってそんな失礼なことを言ってはいけないのだと気持ちを押し殺し、嬉しいわけでも悲しいわけでもないのに自然に漏れた薄ら笑いを浮かべながら、自分の顔に飛び散ったおかずをそっと拭い、私は黙って食事介助を続けた。結局その日も答えの出ない苦悩に頭を抱えつつ家路に着き、また障害者のボランティアの現実に打ちひしがれることになった。

長く辛いバザーの準備

それでもせっかく準備を手伝ったので自分としてもけじめを付けたかったことと、父の友人の面子をなんとか立てるためにも、バザーの手伝いだけはして終わりにしようと、テントと寝袋を持って前日の準備から泊まりで参加した。できるだけ多くの人と出会うために、毎年場所を変更していたその年のバザー会場は春日部市役所前の公園だった。

「ぶあく」や「べしみ」という一風変わった名前のわらじの会の各拠点で、献品で集まった服や雑貨やガラス製品といった数多くの商品がぎっしり詰まった段ボール箱を、トラックやリフト車にぎゅうぎゅうに詰め込み次々と会場に運び込む。バザー会場では待ち受けていた何十人ものわらじの職員、障害者、ボランティアの人々が、バケツリレーのように車から荷物を降ろし次々に商品のジャンルごとに店を形作っていった。こう書くとみんなが活き活きと手際良く作業をしている姿を思い浮かべるだろうが、年に一度の慣れない行事でもあり、実際には障害者がそんなに手際良く動けるはずもなく、もちろん健常者の中にも気が利かない人がいたりするから、なかなか作業は進まない。さらにはみんな楽しそうにおしゃべりをしながら作業をしているから、商品を並び終え店の形ができあがって終わったというよりは、暗くなって作業ができなくなったから今日は終わりにしようかといった感じで、前日の店作りは終わった。

暗くなった後もバザーの準備は続く。残った人で宣伝のための立て看板の取り付けや、駅前でのビラまきをし、最後は男性数人が泊まり込みで夜警をする。それまでの準備ですっかり疲れ果て、半ば無抵抗の状態であった私はあんこさん（今井和美さん）にあっさりと捕まり、カッパの着ぐるみを着て駅前でビラをまいてと、まぶしい笑顔で言われた。その笑顔の前に断るすべは私にはなかった。社会人になってまで、なんでこんなことをと、苦痛で苦痛で仕方なく、着ぐるみの中でパニックになりながらも、これもボランティアなのだ、ボランティアなのだと何度も自分に言い聞かせ、やけになってひたすらビラをまき続けた。

緊張しながら周囲に気を遣い、さらに力仕事もしたせいで、心身ともにくたくたになりながらも、なんとか最後まで手伝うことができたのは、当時「べしみ」の施設長であった本田勲さんや、職員の吉田弘一さん、同級生より長く大学生を続けていた辻浩司君、いずれその辻君と結婚することになる職員のひらちゅう（平沢彩子さん）といった、楽しい面々の優しい気遣いの言葉や、わらじの障害者の楽しいエピソードや、彼らをネタにした冗談のおかげでホッとする時間があったからだった。

バザーが終わり、そしてボランティアを諦める

バザー当日の朝は早い。七時半を過ぎた頃から人がちらほらと集まり始め、八時には朝のミーティングが開かれた。みんなが輪になってその日の段取りの確認を終えると、各店に散らばり、前日に並

べた商品や、商品の入った未開封のダンボール箱にかけられているブルーシートを次々に取り外していく。そして残りの箱から商品を取り出しては、店先に並べられるだけ並べていくという作業を開場直前まで続ける。

開場時間が近づき、周囲にお客さんがぞくぞくと集まり始めるにつれ、客を制する拡声器の声もだんだん大きくなっていく。さらには店員も準備の大詰めでバタバタと慌しく走り始めるから、否が応でも気分は高揚してくる。そしてマイクの声が開場を告げるや否や、お客さんが堰を切ったようになだれ込んできたため、私は妙な恐怖心とわずかな期待で身震いをした。会場には軽快な音楽が流れ、あちこちから売り子の声が聞こえ始める。昼間に近づく頃には会場は大賑わいで、一〇〇人近いボランティアとその倍の数ほどのお客さんでごった返していた。

私の担当は本屋で、前の晩に遅くまで話した辻君も一緒だったから、前日よりは緊張せずに売り子をすることができた。最初の一冊が売れると調子に乗って声も出始める。本屋は元々売上がそんなに大きくないが、昼過ぎには売上金を入れるアルミの箱の中に一万円が見えるほどにはなったから、ほんの少しの安堵感と軽い疲れを感じ始めた頃に売上金がなくなるというハプニングも起きた。若い男が二人して何をしているんだと辻君と大慌てをしたが、結局店を手伝っていた知的障害者が黙って持っていたことがわかり、ホッと胸をなで下ろした。

バザーは午後の三時に終わった。今度は売れ残った商品を段ボール箱に詰めなおし、車でわらじの各場に戻していく作業が始まる。人と商品が満ち溢れ、あれほど賑やかだった公園からどんどんと荷物が減って行き、あたりが暗くなるのとほぼ同時に公園は完全に元の寂しい姿に戻り、最後には数十人の人が残るのみとなった。

私は精根尽き果てていた。みんなが打ち上げだなどと話す声が遠くの人の声に聞こえ、返事をしたのかどうかもわからない状態で、行きよりも重く感じるリュックを背負って帰宅の途に着いた。多くの人に出会い、貴重な経験をさせてもらっただけに、二日間もの間優しいボランティアを演じ続けた自分の偽善ぶりに吐き気がした。そして私のような偽善者にはボランティアなどは到底無理なのだという現実を認めるしかなかった。

わらじ再訪、そして……

最後にもう一度だけ山下さんに会って自分にはボランティアは無理であることを伝えようと思い、「黄色い部屋」を訪ねた。自分がその日何をしたのか、誰と会ったのかは覚えていない。ただ、一つだけはっきりしていることは、結局山下さんには何も言えないまま夜になり、山下さんと水谷さんに食事に誘われ、断りきれなかった私は下を向きながら複雑な気持ちで二人について行ったことだ。同じく二人に食事に誘われた真鍋智子さんも一緒だった。真鍋さんはＪＹＶＡ（日本青年奉仕協会）から一年間という期限付きで毎年一名だけ派遣されていた、わらじの会では「一年間ボランティア」または「V365」と呼ばれているボランティアだった。山下さんと水谷さんは右も左もわからずにわらじの会に来て、時に苦悩する一年間ボランティアを気遣い、時おり食事に連れて行っていた。

山下さんは日本酒を飲み、相変わらずニコニコしながら、自分の学生運動から革命運動までの話に始まり、水谷さんとその後春日部に辿り着くまでの話や、障害者を巡る独特の世界観について語ってくれた。そして何よりもわらじに関わる人々の話を本当に嬉しそうに話すのだった。「吉田弘一君が障害者の江橋基秋君の態度に怒って橋から落とそうとしたことを、江橋君のお父さんが知って大喧嘩になってね、でもそれが今じゃあ江橋君の家で一緒にガレージセールをやってたりするんだよ」などと言った、わらじの会のドラマの数々を話してくれた。

山下さんと水谷さんは今日は遅いから泊まっていきなさいと、私を家に招いてくれた。「黄色い部屋」の二階の居間で、日本酒を飲みながら山下さんの話は続く。話は重度障害者の橋本克己さんが家から街に出て行ったがゆえに起きた街の人々とのトラブルの話から、障害者の枠を越えて社会全体の話になっていった。障害者のことをまったく知らない私は話の難解さにほとんど付いていけなかったが、なんで障害者運動に関わることになったのですかという私の質問に対して、「成り行きなんだよ」と水谷さんの顔を見ながら嬉しそうに話す山下さんの言葉は今でも深く印象に残っている。

障害者が街で暮らしているからこそ健常者と衝突もあり、逆に忘れられない楽しい思い出もできていく、そしてそんな障害者と健常者がつむぎ出すドラマは、むしろ健常者だけの世界よりおもしろいもんだなと、真夜中になっても相変わらず嬉しそうに話し続ける山下さんの顔を見つめながら、私は酒に酔った頭でボーっとそんなことを考えていた。

翌日は美味しい朝ご飯までご馳走になってしまった。これでとうとうわらじの会から抜けられなくなったと、暗い気持ちで家に帰った。障害者のボランティアがどれだけ辛くても私は続けなくてはならない、重い十字架を背負ったのだと半ば観念した。

「ボランティア」という言葉の束縛から解放される

観念はしたものの、諦めが悪い私は重たい気分で十二月に開かれた「わらじの会　みんな一緒のクリスマス」に参加した。

クリスマス会では手話をしながら歌ったり、障害者が扮したサンタからのプレゼントがあったりと、いろいろなイベントが用意されていて、その一つに吉田弘一さんが監督となって撮影した映画の上映会があった。弘一さんは映画を見るだけではなく、自分で撮るのも好きだったから、毎年のようにわらじの面々が出演する映画を作りクリスマス会で上映していた。その時の映画のタイトルは「ドラゴンへの道」、主役は辻浩司君でブルース・リーを模倣したブルーツ・ジーという役を演じていた。映画は非常に楽しい内容で、次から次にスクリーンに出てくるわらじの人たちの演技にみんな大笑いをしながら見ていた。すると映画なのになぜか突然CMになった。当時ホンダが開発した二足歩行のロボットASIMOが地下から階段を上がって来るCMが話題になっていたのだが、そのCMと同じ音楽が流れ始めた。するとスクリーンの中の階段から上がって来たのはなんと「べしみ」の施設長の本田さんで、段ボールを身にまとってロボットを装い、ＡＳＩＭＯの真似をして歩いていた。会場は爆笑の渦となった。

なぜかは今でもわからない。ただ、その瞬間、ふっと気が楽になって、こんな私でもボランティアをやっていけるかもしれないと思った。本田さんはぽっちゃりしていて真っ白な長いヒゲを生やしており、見た目はサンタクロースにそっくりで、冗談好きの優しい方であったが、非常に厳しい人でもあり、烈火のごとく怒り、人を怒鳴りつけることもあった。そんな本田さんがロボットの真似をすることを承諾し、段ボールを身に付けて映画に出ているというおかしさだけではなく、何よりもそんなことを本田さんにさせてしまうことに象徴される、わらじの人たちの人間関係の良さというか、緩やかさ加減が私の気持ちを楽にしたのだろう。少なくとも、それまではわらじの人たち、特に障害者と接する時には強い緊張感があったのだが、この日を境に以前よりもずっと楽な気持ちで彼らと接することができるようになったことは確かだ。

わらじの三大イベント

それ以来、わらじの会とは数カ月に一回、イベントに参加したり、泊まり介助をしたりという緩やかな関係を続けている。イベントに参加すれば知り合いも増えるから楽しくなるし、次のイベントにも誘ってくれるから、定期的に訪れるようになる。そして数あるイベントの中でも私が毎年必ず参加しているイベントが三つある。それは「わらじの会の三大イベント」と呼ばれるもので、先に述べた「わらじ大バザー」、「みんな一緒のクリスマス」、そして三つ目が「わらじ夏合宿」だ。

わらじ夏合宿とは八月の終わり頃に行く二泊三日の旅行のことで、毎年一〇〇名近くの人が参加する。そのため少人数の班を作り、一班最大一〇名ほどで行きの移動から帰りまでを一緒に行動する。決まっているのはバリアフリーのホテルだけで、そこまでの移動手段、ルート、旅行先での昼間の自由行動の間の行き先といった行動予定は、すべて班の人で話し合って決める。その班決めは実行委員会の人たちがするのだが、この組み合わせがまた絶妙で、基本的に普段あまり一緒に活動をしていない人同士を組み合わせる。毎年実行委員会の人が意地悪くニヤッと笑っている顔が眼に浮かぶのだが、障害を持つ自分の子供といつも一緒に行動している親を子供と違う班に分けたりもするから、親は心配でそわそわする一方で、子供は活き活きとしだしたり、その逆もあったりして、見ているこっちはそれだけで楽しい。一人娘である知的障害者の由利子さんを愛してやまない故・田口稔さんなどは、毎年必ず由利子さんと違う班に振り分けられているのに、毎年必ずいつの間にか自分の班を抜け出して彼女の車椅子を押していた。当初はみんな呆れたり怒ったりしていたが、どれだけ言っても毎年繰り返すから次第に諦めて、昨年などは、「また田口パパが由利子さんと同じ班になっているよ」と笑い種にするしかなかった。

あまり知らない人と同じ班になって、ぎこちない会話で関係が始まったとしても、障害者も健常者も移動中の会話や介助やトラブルを通して互いを知るようになり、仲良くなっていく。もちろん時には嫌いになったりもする。それは相手が障害者だろうが健常者だろうが関係ない。

みんなで一緒に風呂に入ったり、食事をしたりお酒を飲んだりする時間もまた格別だ。いつもの活動の中では見ることのできない非日常の顔をのぞかせるからだ。ほかの泊まりがけの合宿などでは活動方針の決定や、勉強会といった目的が別にあるから、どうしても精神的な制約がある。ところが夏合宿の目的はただただ遊ぶことにあるから、みんな開放的な気分になって大はしゃぎをする。かくいう私もはめを外しすぎて後悔したことのある一人だ。

ホテルの部屋は当然男女別だから、班分けとは別にまた実行委員会の人が部屋割りを決める。この部屋割りもなるべく知らない者同士で組まれるのだが、私の経験からは昼間の行動の班分けほどはうまくいっていない。なぜなら少なくとも男性の部屋では酔っ払った男たちが適当に雑魚寝をしているからで、そのため必ずどこかの部屋で布団が足りないか余ったりしている。ベロベロに酔っ払い、真夜中にさあ寝ようと部屋に戻ると、明らかに別の部屋の人が寝ていて自分の布団や寝場所がない時は、障害者であろうが健常者であろうが首を締めたくなる。わらじの職員を経て、二〇〇七年から越谷市の市議会議員になった辻浩司君も、夜中になって部屋に戻ったら寝る場所がなく、仕方なく部屋の入り口に布団を敷いていたことがあった。僕は先生なのに、先生なのにと嘆き、笑いながら。

障害者への一途な思い

特定の障害者を好きになったり、特定の障害者に癒されたりしている人が多いのよねえと水谷淳子さんが言ったことがあった。あの子は巽優子さんで、あの子は橋爪静佳さんでしょといった具合に、水谷さんは例として歴代の一年間ボランティアと障害者のペアを挙げていくのだが、言われてみればなるほどいつも一緒にいることが多かった。人と人との付き合いなのだから、気の合う障害者がいたり、気に食わない障害者がいたりするのは当たり前で、障害者の側からしてもそれは同じことが言えるのだが、私が見る限り相思相愛というよりは、むしろ健常者の愛情が勝っていることや、悲しいかな一方的な片思いのほうが多い気がする。相手が重度の知的障害者で感情が読み取れない人であったり、相手があまり感謝しているように見えなくても、意中の障害者にいつも話しかけ、かいがいしく介助をしている健常者をこれまでに何人も見てきた。ただし誤解がないように付け加えておくと、これは男女間の恋愛感情でも、同性愛でもなく、はた目にはやはり一方通行の人間愛としか表現のしようがない感情だ。けれども、皆相手から何かしらのサインや気の合う何かを感じ取っているからこそ続けていられるのだろうということは、嬉しそうに介助をする彼らの表情から十分に見て取れる。そういう私にも仲の良い障害者がいるのだが、私たちの場合は相思相愛だから、実らぬ片思いをしているほかの健常者より幾分かは恵まれていると言える。

藤崎稔さんに初めて会ったのは先述のわらじ大バザーの時だった。見た目は絵に書いたような正しい障害者像という感じで、四肢不自由のため車椅子に乗っており、発する言葉は理解できないし、よだれも出ているうえに奇声を発して笑っているから、正直に言って不気味としか言い様がなかった。さらに悪いことにはイガグリ頭で目つきが悪いうえに一重まぶただから、見た目はヤクザが車椅子に乗っているようにしか見えない。それでも、時おり見せるその満面の笑みにひかれるものがあったことは否めなかった。

脳性麻痺で重度の四肢障害を持つ稔さんは食事や排泄を含め、身の回りのことはほとんどと言ってよいほど自分では何もできず、発する言葉もまったくと言ってよいぐらい誰も理解できない。それなのに彼は介助者の助けを借りて武里団地で一人暮らしをしている。聞くところによると一人暮らしをしたいと言った彼に親は猛反対をしたが、意志を貫き通すために彼はハンガーストライキをして、とうとう親が折れたのだという。一人暮らしを始めるべく、生活ホームの「オエヴィス」に引越しをしたその日、稔さんはずっと自分の表札を眺めていたという。今から二〇年以上も前の話だ。稔さんのそんな話を聞いたことに加え、いつも私に会うとなぜか奇声を発して喜んでくれることや、天性のポジティブ思考である彼の性格が自分に合ったことから、いつしか自然に彼とは仲が良くなっていった。

ちなみに辻浩司君も稔さんが特に仲の良い障害者だと言う。辻君は大学を卒業した後、わらじの会の介助サービスの事業所「わら細工」に勤め、事務局次長として事務局長の稔さんを支えていた。そんな二人が長く付き合ううちに編み出された二人の技、いや曲芸は、辻君が自転車に乗りながら片手で稔さんの車椅子を押して走行するというものだ。このサイドカー走法は、自分では全く車椅子を操作できない稔さんの辻君への全幅の信頼と、辻君の斬新というか常識外の思い付きと、そして何よりも二人の実行力がなければ生まれ得なかったであろう。だが、これも「わら細工」には車椅子を載せられる福祉カーがなく、自分以外には誰も人がいない状況で、稔さんを別の場所へ送り届けなくてはならない、だが自分の自転車も持って帰りたいという、地域で共に生きるがゆえに生じた辻君のジレンマの末に生まれ落ちたものだ。

ところがある日、辻君がいつものように自転車に乗りながら稔さんの車椅子を押していたところ、手元がくるって道路の中央に立っていた硬いポールに稔さんをぶつけてしまい、彼の肋骨を骨折させたことがあった。それでも、まだ治療のための固定具を付けている稔さんと、その時の状況をおもしろおかしく話しながら笑っていられるのだから、二人の仲は推して量るべしだろう。そしてその話を聞いて辻君を責めるどころか、二人ともばかだよねえと笑っているわらじの人たちには感心を通り越し、ただただ呆れるしかなかった。

稔さんとのコミュニケーション

稔さんとのコミュニケーションは介助者がリードする。彼がじっと自分の顔を見ている時は何かのサインだ。「何か言いたいことがある?」と聞くと稔さんがうなずく。「今日の話? それとも明日以降の話?」、「介助のこと? それともそれ以外のこと?」といった感じで最初に話題を絞っていく。

トイレ介助の依頼程度ならそれまでの付き合いで一〇秒もかからずにわかるのだが、何を言っても違うと首を振る場合や、ある程度話題を絞ってそれ以上わからなくなったら最後は「あかさたな方式」で聞く。

「あかさたな」の順で最後までゆっくりと言い、例えば「ま」でうなずいたら、次は「まみむめも」を言う。「む」でうなずいたら最初の文字は「む」で、また「あかさたな」から始める。そんな感じでずっと続けていくから介助者は大変だ。勘の良い介助者なら最初の絞り込みの段階である程度わかってしまうが、私のように勘も鈍く、普段一緒にいない人間だと話を聞き出すのに相当な時間がかかる。あまりに時間が掛かって、最初のほうの文字を忘れてしまうのは私だけではないはずだ。稔さんも稔さんで、酔っ払うと「遺伝子とは何か？」とか「男とは何か？」などという想像もしていなかった小難しい質問をしてくるからますます時間がかかる。

本田勲さんや辻浩司君は稔さんとのコミュニケーションにたけていて、言わばあうんの呼吸の仲だ。稔さんが会議の場などで「アー、オー」と言えば、すぐに「これこれこういうことだね？」と聞き返す。すると驚くことに稔さんはそうだとうなずくのだ。もちろんこれには意訳がかなり入っていて、稔さんもだいたい話の筋は合っているからまあいいかということなのだが、それでも二人の能力というか、長い付き合いの成せる技には脱帽する。ただし、一度大笑いしたのは、わらじの総会か何かで本田さんが稔さんの話を聞いて、こういうことでいいかなと趣旨を確認し、稔さんがうなずいた途端、「その意見はおかしいだろう！」といった非難の声があちこちから上がってみんなから責められていたことだ。今考えてみてもあれは本田さんの意見としか思えない。

稔さんと介助者をめぐる物語

初めて稔さんの泊まり介助に入ったのがいつだったのかはもう覚えていない。ただ、稔さんも介助者を探すのに毎日必死で、来てくれるのなら誰でもいいぐらいだから、私が呼ばれたのもそんなに経ってからではなかったと思う。初日はわからないことが多すぎるから辻君に来てもらい、トイレ介助はこうするとか、布団はこう敷いてこんな体位で寝かせるなど、基本的なことを教えてもらった。数回目に行った時には恐れていた大便の介助をすることになった。けれども、その時は以前に意味もなく遊びに来ていた老川潤一郎君（仮名）のトイレ介助に関する助言が役に立った。

「そりゃあ最初はトイレ介助は嫌だったですよ」と老川君は言う。「できれば陰部に触りたくなかったし。でもしばらくすると慣れてくるんですよね。今ではまったく平気です」と笑いながら続ける。実際私も同じだった。最初はものすごく抵抗があったが、三回もこなすと平気になる。それどころかむしろ一歩進んで稔さんや自分が楽にできる方法を考え始める。

老川君は言わば稔さんの専属介助者だった人だ。「だった」というのは稔さんと話が合わなくて介助者をクビになっていたからだ。「あかさたな」のコミュニケーションで最後まで聞き取ると「オイカワ　クビ」という言葉だったというから、その時の老川君の心境を思うとおもしろい。ところがその後どういうわけか再び交流が始まり、今では介助者としてでだけはなく、友人としても稔さんの家に遊びに来ている。老川君は稔さんの部屋で二人で一緒にいると落ち着くのだと言う。

わらじの会に古くから関わる鈴木照和さんは、今でも稔さんに会うたびにからかって遊んでいて、彼も嬉しそうにやり返しているが、以前は稔さんの泊まり介助をしていた。でも、彼を思うあまりにうるさく小言を言っていたら介助者としては呼ばれなくなったというから、稔さんのワガママはさておき、介助というものは一方通行ではないのだなあとつくづく思う。

埼玉県立大学の学生の早川かよさんは、幸か不幸か稔さんに気に入られ、二年以上ほぼ毎週金曜日に稔さんの食事介助をしていて、時には飲みに行くのに付き合ったりもしている。もちろん稔さんの食事や飲酒を介助しながらの酒の席だ。それなのに、青春時代の大事な金曜日を稔さんに捧げるなんておかしいよと、わらじの会のみんなに笑われているのだからかわいそうだ。

けれどもそんな早川さんが介助を続けるにはちゃんとした訳がある。早川さんが食事介助をしながら稔さんと話していると、彼がこれまでどんな風に地域で暮らしてきたかを聞かせてくれたり、時には実際に彼と過ごす中でそれを垣間見ることがある。彼の家に配達をしてくれる酒屋がいることを知って驚いたり、一緒に近所のコンビニに行けば年配の店員が、「最近見なかったけど、ほかのコンビニ行ってたんじゃない？」とか「前にバザーに行ったことがあるよ」などと笑いながら話しかけてくるなど、これまでに彼が築いてきた地域の人たちとの関係を知ることが楽しいというのだ。また、ほぼ二四時間介助者を入れて地域で暮らすことは、肉体的にも精神的にも辛いことがたくさんあるはずなのに、いつも笑顔で迎えてくれる彼のエネルギーに感心し、食事介助が終わって帰る時には、なんとなく前向きになれるような気がするという。彼女は自分が毎週行くことを稔さんがどう思っているかはわからないし、介助もいつも上手くできなくて申し訳ないと思うと言いつつも、彼と話すことを楽しみに毎週通い続けている。重度の言語障害を持つ彼が、言葉ではなくその生き方を通して健常者に元気を与えている。

極端な双方向の関係もある。わらじの職員の吉田弘一さんは、二〇年近くも毎週水曜日にほとんど欠かさず稔さんの泊まり介助をしている。私などは一晩泊まりの介助に入っただけでどっと疲れて、ああもう一、二カ月は泊まり介助はいいやと思うぐらいだから、間違いなく私にできることではないが、世の中を見渡してもこれだけ長く欠かさず続けられる人はそうそういないだろう。

弘一さんは稔さんのことは好きどころか腹も立つしむしろ嫌いだと言う。でもその後に「いや好きなんだろうけど……」と複雑な心境を吐露する。そして「ほかの障害者の介助は長くは続かなかったから、だからせめて藤崎なのか、やっているうちに癖になるからかなあ、あーわからん」と自分でも介助を続ける理由に首をかしげるが、いずれにせよ、ここまで長く複雑で密度の濃い「男同士」の関係はそうあるものではない。

障害者であろうとなかろうと、年上であれば「稔ちゃん」や「稔くん」ではなくて「藤崎さん」あるいは「稔さん」と呼ぶべきという、当然と言えば当然の社会の暗黙のルールを無視し、弘一さんが年上の稔さんを「藤崎」と呼び捨てにすることをとがめる人は誰もいない。

稔さんは幸せか？

では稔さんが良い介助者に囲まれて順風満帆で楽しくやっているかというと、それは違うと言わざるを得ない。日々の介助者を探すことが生活の一部であり、今ではわずかに動く右足で操作できるように稔さん用にカスタマイズされたパソコンを駆使してメールで介助者を探すこともある。介助者を探すために彼から届いたメールのいくつかを紹介したい（すべて原文まま）。ある日に届いた私を含め一〇人ほどの介助者に宛てたメールのタイトルは「みんな」で、内容は「みんなに、とまりの、よていのことをゆうね。9月2日と、4と、6と、7と、9と、14と、16と、21と、22と、23と、28と、30です。みんなおねがいね」というものだった。これだけ書くのに優に三〇分以上は掛かっていただろう。

まあ最後に誰もいなければ介助に入ろうかなと思って次の日にメールを見たらまた稔さんからメールが届いていた。タイトルは同じく「みんな」で、本文には「みんなは、メールをかえしてくれないの？　なんで、おれがこまっているのに、とまりの介護をやってほしいです。6と、7と、11と、16と、21と、23と、28と、30です。みんなかいてよ」と書かれていた。大笑いしながらも慌てて返事を出したら既に介助者は決まったという返事が届いたから、ほかの介助者もさぞかし焦って返事をしただろうことが容易に想像できた。けれどもこんな大変な毎日を過ごしながらも稔さんは幸せだと言う。

実家や福祉施設にいたのでは決して出会うことはなかった、多くの人と日々を過ごすことができているというのが理由だ。

ところで彼の人から好かれる性格を端的に表しているメールが年明け早々に届いた。タイトルは「おれです」とあり、開いてみるとこう書かれていた。「あけましておめれとうございます。1月17日と25日がとまりの介護がいないから、みんなでたすけあい精神でがんばろうね、おねがいね」

介助される立場のあんたが言うな、と思わず吹き出してしまったが、こんな彼だからこそ介助者も肩肘張らずに続けられるのだろう。

稔さんの小話

稔さんの介助をしていて見聞きした、人に話さずにはいられない楽しい話や出来事がいくつかある。

稔さんの泊まりの介助に入ることになっていたある日、その日の夜はメールを見られないから家を出る直前にチェックをしたら稔さんからメールが届いていた。内容は「おしっこが漏れそう」というものだった。そのメールを書くのにいったいどれだけの時間がかかったのだろうと思いながらおっとり刀で飛び出したのだが、果たしておよそ一時間後に私が彼の家に着いた時には当然ながら既に遅く、漏らしてしまったと言う。ところが彼の服は濡れておらず、夕食介助の女子学生にご飯を食べさせてもらっていて破顔一笑している。ちゃっかり者の彼は下着とズボンの着替えをその女の子に頼み、替えてもらっていたのだ。女子学生は恥ずかしそうに、ズボンまでびしょ濡れで稔さんが服を替えて欲しいというので替えましたと言う。それなのに稔さんは調子に乗って、これからも着替えを手伝って欲しいなどと、彼女に自分の言葉を聞き取らせて頼んでいた。その女の子が返事をする前に慌てて女性に着替えなんかはさせては絶対にダメだと強く言い、彼はしぶしぶ受け入れたが、事情が事情とはいえ、彼のたくましさに感心した。

稔さんは体の緊張がきついから、寝る前に一杯やって緊張を解きほぐしてから寝る。トイレが近くなるのでビールは飲まず焼酎を好んで飲む。ある日も私が買って行った安い焼酎を一緒に飲んでいたら、何かを話し出した。「あかさたな」で聞いてみると「け」でうなずく。次は「ろ」だと言う。「けろ」で合っているかと聞くと違うと首を振るから、恐る恐る「ひょっとしてゲロ?」と聞くと嬉しそうにうなずいた。笑っている場合じゃないよと慌てて洗面器を取りに行って事なきを得たが、それまでに優に五分近くはかかっていた。いったいどうやって吐き気をコントロールしていたのだろうと、今でも不思議でならない。

稔さんの不可解な性格についても触れておきたい。彼は女性が大好きで、毎年近くの大学や短大の女子学生をスカウトしては食事介助や外出介助をしてもらっている。私は毎年確実に歳を重ねていくが、彼の介助をする女子学生は卒業をして入れ替わっていくから毎年若いままだ。私などはそんな彼女たちのあどけない顔を見てたまにため息が出ることがあるが、稔さんはいつも至福の喜びを感じているようだ。彼が若い気持ちを保っていられるのは彼女たちのおかげかもしれない。

そんな稔さんは私に言う。なぜわらじの女性がそれを聞いて怒るのかわからないが、世界中の女性はみんな俺の彼女だと思っていると。私などはかくありたいと思うのだが、そんな彼はインターネットで自分のホームページが作れるミクシーというサイトに登録をしている。そこまではどこにでもある話なのだが、実はその登録ネームが「安和瑞江」という女性の名前なのだ。しかもそこに書き込んでいる日記では女性の言葉使いで、「(会議に出るのを忘れて) わたしはだめな女です」などと書いていたり、時には藤崎菊子という名前で日記を書いたりもしているから理解に苦しむ。本人はその理由を「一回女になりたいの」と、これまた女性の言葉で返すが、稔さんは感情を隠せない、短気で不器用な女性好きの熱い男である。女になるのは止めておいたほうがいいだろう。

■なぜわらじの人たちと関わり続けるのか

わらじの人と関わり数年が経つ間に、私もずいぶんと図太くなってしまった。今なら吉田昌弘さんの食事の介助をしている時に顔におかずをかけられたらボロクソに言えるだろう。この原稿を書いている時に昌弘さんに電話をして、昌弘さんとの思い出を悪気を込めて書きたいんやけどいいかなと聞いたら、「いいよ、いいよ、一杯書いて。でも悪い思い出がたくさんありすぎて書ききれないんじゃない?」と笑いながら言われた時には、昌弘さんの言葉を聞き取れた自分と、電話の向こうで笑っている昌弘さんとの関係に感慨深いものを感じた。

稔さんの食事介助をしていて気付かずに彼のお箸で食事をしていた時もまあいいかと思うようになってしまった。稔さんの口の中のおかずがたっぷり入って濁ってしまった焼酎のグラスを自分のものと間違えて、ゴクッと飲んだ後に「うげえっ」と言って彼と一緒に笑っている自分にはほとほと呆れた。

生活ホームの「オエヴィス」で暮らしている知的障害者の会沢完君に、「玄太郎さん今日はうちに泊まっていきなよ」と言われた時に「ありがとう。でも今日は下着の替えを持ってないからやめておくよ」と笑いながら返した時には完君の優しさを嬉しく思うと同時に、そう軽く返せるようになっていた自分がおかしかった。以前なら彼を傷つけずに断る理由を真剣に考えていただろう。

一度作ってしまった関係を壊すことは容易ではない。私と彼らの関係は劇的な出会いや濃密な付き合いを通してではなく、初めはおどおどと近づいていき、年に数回のイベントや介助を通して緩やかな付き合いを重ね、ゆっくりと時間をかけて築かれてきた。それでも先に述べたように、その間には障害者との双方向のベクトルができていき、障害者だけではなく周りの健常者たちとの関係も同時にできていくから、それを一方的に断ち切ることは次第に考え難くなっていく。

それでも恐らく私の場合は自分の都合の良い時だけに遊びに行くといった気楽さもあって続けられているのだろう。けれども、多くの人がわらじに関わり続けているのは「しがらみのせいだよね」という言葉に納得するのも事実だ。なぜなら今でも街で知らない障害者に出会えば気になるのは確かだが、自分から積極的に話し掛けようとはあまり思わないからだ。これまでに築き上げてきた関係のうえに今の自分がいて、これからも新たな関係ができ、続けていくしかなくなるのだろう。そしてそれは何も健常者と障害者の特別な関係ではなく、人対人の関係ということが前提としてある。ただ、そうは言ってもタバコを買いに行ってきますと言って二度と帰って来なかった職員もいるというから、障害者と付き合ううえでの難しさというのはやはりあるのだろう。ただし、その後偶然街で見かけた彼に「元気でやってるの？」と普通に話しかけて笑い話にするのだから、わらじのふところの深さは計り知れない。

わらじの会を訪ねると、ここには書ききれないほど数多くの健常者と障害者がいつも私を優しく迎えてくれる。私はそんな優しさに甘えつつ、わらじに元気を与えられて生きている。そしてそれはうわべの優しさだけではない。いつだったか会議の場でわかったような顔をして意見を言ったら、その後の飲み会の場で水谷淳子さんに「あんた自分ができもしないことを格好付けて言うんじゃないわよ」とはっきり言われたことがあった。まるでちょっと格好を付けすぎていたなあと思っていた私の心を見すかしたかのように。私は頭をガツンと殴られた気がし、楽しい酒の酔いもすっと覚めてしまったが、ボランティアであっても特別扱いせずに批判をしてくれた水谷さんのその言葉を今でも大事にしている。学生のボランティアの中には職員に叱られて泣き出す子もいるというが、彼らにもわらじで得たその経験を大切にして欲しいと思う。

私のボランティアを通してわらじの会の人たちが得たものよりも、私が彼らから得たもののほうがはるかに大きいであろう。私が見ているものは彼らの生活のほんの一部分だが、その断片から見えてくるものはあまりにも多い。それは人が生きるという営みが如何に格好悪く、泥臭く、そしていかにおもしろく暖かいものであるかということであり、それは健常者と障害者がごちゃ混ぜに生きる中で、互いに綱引きをし、ひっくり返したりひっくり返されたりを繰り返す中で創られてきたものである。そんな彼らの話を見聞きすることで、私の世界は否が応でも拡げられてきた。そしてまた新たな発見や再発見を求めて私はわらじに通い続ける。

障害者との関わりを通して見えたもの（1）——他人を知るということ

わらじの会の人と話していると、障害の有無を問わず誰彼の家庭環境や日常生活などの話が本当に次から次へと出てくることがあり、良くそこまで詳しく知っているなあと驚くことが多い。これは彼らが何年も関わり続けてきた中で、本人や周りの人を通して見聞きし蓄積されてきたものだが、楽しい話や辛い話だけでなく、障害者であるがゆえの悩ましい話や、障害者と共に巻き込まれたトラブルなどの強烈な思い出話などもあるところが、良くある世間話と大きく違うところだ。私はそんなさまざまな話を聞く中で、ある人の個人事情やこれまでにやってきていた地道な普段の活動などを知ることがあり、それまでとは違った見方でその人を見つめ直さざるを得ないことがある。

野島久美子さんは、歌うことが大好きで、総会などの場で時々嬉しそうに歌うことがある。でも一度などは「では今から○○の歌を歌います。聞いて下さい」と言ったものの、最初の歌詞を忘れて歌えずに、またかよと苦笑いをしながら待っていた出席者から大ブーイングを浴びたこともあった。そんな彼女は脳外傷による麻痺のため電動車椅子を使っているのだが、かつての最寄り駅だった東部伊勢崎線の草加駅にはエレベーターがなく、階段の下で三時間も誰かが声をかけてくれるのを待っていたこともあった。そこで彼女は仲間と共に「エレベーターの会」を作りエレベーターの設置要望運動を始めた。一九八三年のことだ。「その五年後に私たちの運動が実ってエレベーターが付いたから、草加駅のエレベーターは『野島エレベーター』と呼ばれているのよ」と、彼女はけらけらと笑いながら言う。野島さんが歌っていた「○○の歌」というのは、当時その活動のために「線路は続くよどこまでも」の曲に合わせて作詞した歌だということを聞いて、それまではただの話好きで目立ちたがりの女性とぐらいにしか思っていなかった彼女を見る目が大きく変わった。ただし、基本的には目立ちたがりで話好きの女性であることは間違っていない。

鈴木照和さんのことも最初は話の長い、うんちくたれの人だなあとぐらいにしか思っていなかった。そんな鈴木さんは働きながら会の創設期からわらじに関わり続けていて、数年前からは毎週土曜日にハッスル会と名付けた障害者を含む有志とウォーキングやハイキングを続けている。そもそものきっかけは、わらじに来ていた障害児が普段あまり外で運動をしていないために、足の筋力がひどく落ちて歩けなくなっていたことに気付いたからだった。当初はその障害児の家の近所で歩き始めたのだが、そのうちに嫌がって歩かなくなってしまった。ならばと鈴木さんは泣こうがわめこうが歩くしかない、さいたま市にある見沼農園で歩くことにし、その後はずっとそこがメインの活動場所となっている。今では五〜六人のメンバーが自発的に参加していて、雨が降ろうと正月であろうと休むことなく毎週歩き続けている。何のために休まず続けているのかという、誰もが問いたくなるであろう私の質問に対して、いつも独特の持論を展開する鈴木さんはやはり私の期待通りの返事はしてくれない。「雨が降ってもシンゴ君がカッパを来て玄関で待ってるんだから、行かなきゃ仕方がない」とか「誰でも一生の中でおもしろさの量ってのは決まっているから、おもしろいことだけを探し求めていくということは、後に辛いことだけが残るということなんですよ」などと、まるで苦行であるかのように言う。けれども、話を聞くうちにふっと口をついて出た、「彼らと数年付き合い続けることで大きなものは何も変わらないけど、やがて少しずつ相手の生活が見えてきて、信頼関係が生まれていき、さらには相手の親などとの縦や横の関係もできていくんですよ」という言葉の中に、鈴木さんがこれからも継続していこうと思うと言う、その理由の一端を見た気がした。今では火曜日の夜に知的障害者と歩くナイトハッスル会と、数カ月に一度は障害者の親との関係作りのために遠出をするスーパーハッスル会を企画するなど、鈴木さんのハッスルシリーズは留まるところを知らない。

わらじの会が毎月発刊する『月刊わらじ』という会報の、「わらじ短信」というコーナーでは、「○○さんが結婚」とか「△△さんが入院」といった記事に始まり、「××さん（障害者）のお父さんが亡くなり、一人暮らし始まる」から、果ては一年間ボランティアが親知らずを抜いた話までがニュースとなって掲載される。これも鈴木さんと同じく耳鼻科の医師をしながらわらじの会に創設期から関わる水谷淳子さんが、わらじの会の人たちの関係をつなぎ続けるために書き続けているものだ。自分の個人的な話をしたり、話されることに抵抗を感じる人もいるであろうが、ある人の個人事情を知ることにより否が応でも付き合わなくてはならなくなることもあれば、もっと相手のことを知りたくなったり、逆に相手が自分のことを気にかけてくれるという新しい関係が生まれることがある。そしてさらにそれが良い意味でも悪い意味でも新たな「しがらみ」となっていくこともある。私も当初は自分の個人的なことを話したり知られることに抵抗を感じていたが、「わらじ短信」を読んで誰かの心配をしたり、笑ったりするにつれ、それは決して悪い話ではないと思うようになった。

障害者との関わりを通して見えたもの（2）——常識の再定義

サラリーマンをしていると、生活の主体はどうしても職場と自宅になってしまうから、自分の中では会社の常識が世の中の常識と思い込みがちだ。けれどもわらじの会の活動に参加し続けているうちに、その常識は万人にとっての常識ではないことに気付く。

例えば会社での会議は、わらじの会議に比べればある意味ではわかりやすい。会社組織における最終目標は利益を上げることであり、そのためにもいかに効率良く、いかに早く業務を終わらせるかということが大方の出席者の意識に潜在しているから、最初の立ち位置や向かうべき大きな方向性はほぼ一致したところから始まる。もちろん時には大いに悩みもするし、激しい議論を何度重ねても結論が出ないことも決して少なくない。けれども最終的にはトップダウンという力が働く。

わらじの会にはそれぞれの活動拠点で開かれる定例会議とは別に、各拠点の職員が中心になって年に数回開く「くっちゃべる会」と呼ばれる話し合いの場がある。本来これは普段の活動に関わらない人たちとの交流や議論の場であったのだが、近年ではわらじの会の活動の中で増えてきた各事業所の職員や利用者間での情報の共有や、意見のすり合わせの場の意味も持つようになってきている。

この会はわらじの会との関わり方に濃淡がある参加者の認識をなるべく合わせてから議論を始められるように、毎回わらじの会の現在までの活動と事業の歴史を見直すことからスタートする。それによって今の自分たちの立ち位置を再確認したうえで、将来の活動を模索しながらまさに「くっちゃべる」という、会議や話し合いというよりも作業と表現したほうがふさわしいものだ。ところが地域で共に生きるという共通の目標があると言っても、地域でどう生きたいかは障害者や健常者によってそれぞれ違うし、それは障害の種別や程度、それによる福祉制度の違いにも左右されるから、お互いの立場を知ることはできても、共通の答えが出ることはほとんどない。会社の会議にしても、わらじの会の会議にしても根本的には人が生きて行くための会議であるが、会社での会議の内容が出席者の私生活とはおよそ切り離された内容であるのに対し、わらじの会のそれは私生活と密着度が高く、より人間臭い内容となる。

会社での業務、例えばあるプロジェクトを、わらじの会のバザーを一つのプロジェクトとして比較してみると、また興味深い違いが見えてくる。わらじのバザーの準備や片付けも、近年の企業に多く見るように徹底的な分業をして、健常者だけが黙々と作業をこなせば、より能率良く、より早く終わらせることができるだろう。実際にバザーの手伝いに来ていた会社勤めの人が作業の効率の悪さに怒り出したこともあるし、私も正直に言ってイライラしたことが何度かある。けれども誰かにわらじの会は会社ではないから効率を求めても仕方がないし、障害者と一緒に作業をすることや、作業中の無駄なおしゃべりの中から大事な関係が生まれてくるんだよと言われ、私は目を開かされた気がし、それ以降は作業が遅くてもあまり気にならなくなった。ただし付言をしておくと、わらじの会の各事業所においても福祉制度を使う以上は、行政から効率化を求められることも一方で事実であり、彼らもまた効率化という名の厳しい波にさらされている。そのせいか、近年では重ねてきた経験も手伝ってバザーの準備や片付けもどんどんと手際が良くなってきている。大きなトラブルがあると毎年必ずみんなで以前こんなことがあったとか、去年はあの人がこんなことをしたなどと昔のことを話しながら大笑いができるから、若干の自己矛盾はあるが何事もなくバザーが終わると、私は嬉しいような悲しいような複雑な気分になる。

障害者との関わりを通して見えたもの（3）——働くということ

今の社会は能力で分けてきたのだから、健常者ばかりの企業で私が見る一面と、障害者と付き合う中で私が見るそれの中に違いがあるのは当たり前で、それを私のようにことさら強調してもしようがない、と山下さんは言う。そして、今の社会は障害者と周りの人が共同して生み出してきたもので、けれどもその「共同して」というのは決して一緒にという意味ではなく、福祉という名のもとに制度を使ってスマートに分けてきた結果なんですよ、と続ける。制度を作ってきた者だけではなく、無意識であった、あるいは忘れてしまってきた我々も現状の社会を作り出す一端を担ってきたと言えるのだろう。

企業が競争社会でしのぎを削って生み出してきたものは、健常者のみならず障害者の生活の質をも確実に向上させてきた。電動車椅子や福祉カーを例に取っても、それらが数十年前に比べ飛躍的に性能が上がり、障害者自身や介助者の活動の幅を大きく広げたことに異議を唱える人は皆無であろう。幾ばくかでも社会貢献につながる成功を遂げた時の喜びは、企業に生きる人間としてこの上ないものであるし、私自身も仕事を成功させた時に同僚と分かち合った喜びは何度経験してもし足りないと感じる。

一方で企業は営利組織であるから、究極的には効率至上主義、利己主義、拝金主義であり、そのために能力のない者は排除され、生き残るためには時には自らが他人を蹴落としたり、逆に蹴落とされることもある非情な側面をも併せ持つ。近年では企業が生き残るためにリストラというあいまいな言葉へのすげ替えによる、「首切り」が肯定的に捉えられる向きすらある。そんな社会で企業が障害者の雇用を控えることは今の企業の論理では当然とも言えるだろう。私でさえ障害者が辛い思いをしないためにはむしろ障害者は働かないほうがいいのではないかと思うことがあるほどだ。そんな思いがあるから、会社社会に生きる私から見た時、健常者と障害者の距離は本当に遠いと山下さんに嘆くように言ったら「同じメダルの裏と表であるからこそ、本当に遠く感じるのですよ」と言われた。なぜか不思議にこの言葉は、暗闇の中にいる私にひとすじの明かりを照らしてくれた気がした。

その遠く見えるお互いを再び引き寄せるため、数年前からわらじの会が障害者と健常者が共に働く街を創るための活動を新たに始めていることは記しておかなくてはならないだろう。そして障害者の側からの発信に対して街は少しずつ反応を示し始めているという。

一三年間勤めていた会社を会社の都合で辞めざるを得なかった知的障害者の伊藤峰子さんは、その時は本当に辛かったと語る。けれども三年前に再びこの活動の中で見つけた民間企業の職に就くことができ、以来家族との旅行のために一日だけ有給休暇を取った以外は、毎日元気に働き続けている。「雇う側はいろいろ思っているんでしょうけど」とお母さんは声を曇らせるが、峰子さん自身は「辛いことはいっぱいありますが、いろんな人と話ができて、仕事はすごく楽しいです。辞めようと思ったことはありません」と元気な声で言う。自分の欲しいものは自分が働いて得た給料で買いたいという峰子さんの話にもうなずけるものがあったが、何よりも仕事で一番楽しいことは、他の人がわからないことを自分に聞いてくれることだと嬉しそうに言う言葉を聞き、働くことの大事な意味の一つは「独立した一個人として」社会と関わりを持つことであると、何かの本に書いてあったことの意味を初めて理解できた気がした。

終わりに

障害者と健常者が共に暮らす社会は多様性（Diversity）に富んだ社会だ。わらじの会には、障害を持つ人・持たない人、幼い頃から障害を持つ人・人生の途中で障害を持った人、車椅子に乗る人・乗らない人、おじさん・おばさん、大人に子供、職員・ボランティア、社長に平社員、日々関わる人・そうでない人といった具合に、ありとあらゆる人々がいて、関わり方により多少の差はあれ、それぞれがその多様性をつむぎ出すための重要な要素となっている。そしてこの多様性は地域で共に生きるために人々を巻き込んできた、わらじの会の三〇年間の活動の賜物であり、言わば財産であろう。

私と同じく企業に勤めながら、わらじの会に関わり続けている平岩和好さんとシーザー・ブライアンさんは、わらじに通い続ける理由について口を揃えて、「楽しいから」と答える。では何が楽しいのかという問いに対しては「ごちゃごちゃしてるから」、「訳がわからないから」と、奇しくも共に私の言う多様性を、いみじくも表現している。けれども私はこの言葉の真に意味するところを、わらじの会がゆえの多様性によるものではなく、健常者と障害者が同じ場に共にいるがゆえの多様性によるものであると考えている。「健常者」と呼ばれる人々と、「障害者」と呼ばれる人々が同じ場で生きることで織り成される社会は、これまでに述べてきたわらじの会の例を引き合いに出すまでもなく、健常者だけのそれよりも、確実に拡がりを見せることは言をまたないだろう。

分けられた側で苦しみ、追い詰められ続けているにも関わらず、いや、それがゆえに噴き出してくるのであろう、総和としての彼らのエネルギーやたくましさに時に圧倒されることがある。そのエネルギーやたくましさとは、何もイベントの際に発揮される行動力や活気だけではない。それは総会の場で、議論の末に怒鳴ったり、感極まって泣いている健常者を横目に、何事もないかのように障害者の介助をしている介助者の何気ない所作に垣間見たり、重度の障害を持ち感情表現ができない障害者であっても必ず総会に出席させる彼らの姿勢や、何度言い負かされてもへこたれない障害者の姿のうちに、あるいは無口だと思っていた障害者に話しかけると、今の悩みやこれからの夢や目標についてとうとうと語り続ける言葉のうちに見つけることもある。

「障害のある人もない人も地域で共に。いつでも誰でも、活動に参加したときがわらじの会の会員です。入会、退会、などの会員規則はありません」

これはわらじの会のホームページに書かれている言葉だ。健常者が特別でないように、障害者も特別な存在ではない。だが、健常者と障害者が分け隔てなく、一緒に地域で暮らしていくということは決してたやすいことではなく、これからも苦難は続くであろう。そんな彼らに対して私のできることはほんの小さな、ほんのちっぽけなものではあるが、それでも私はわらじの会の一助であり続けたいと思う。

福祉

オエヴィスと藤崎稔君とわたしの話

本田　勲

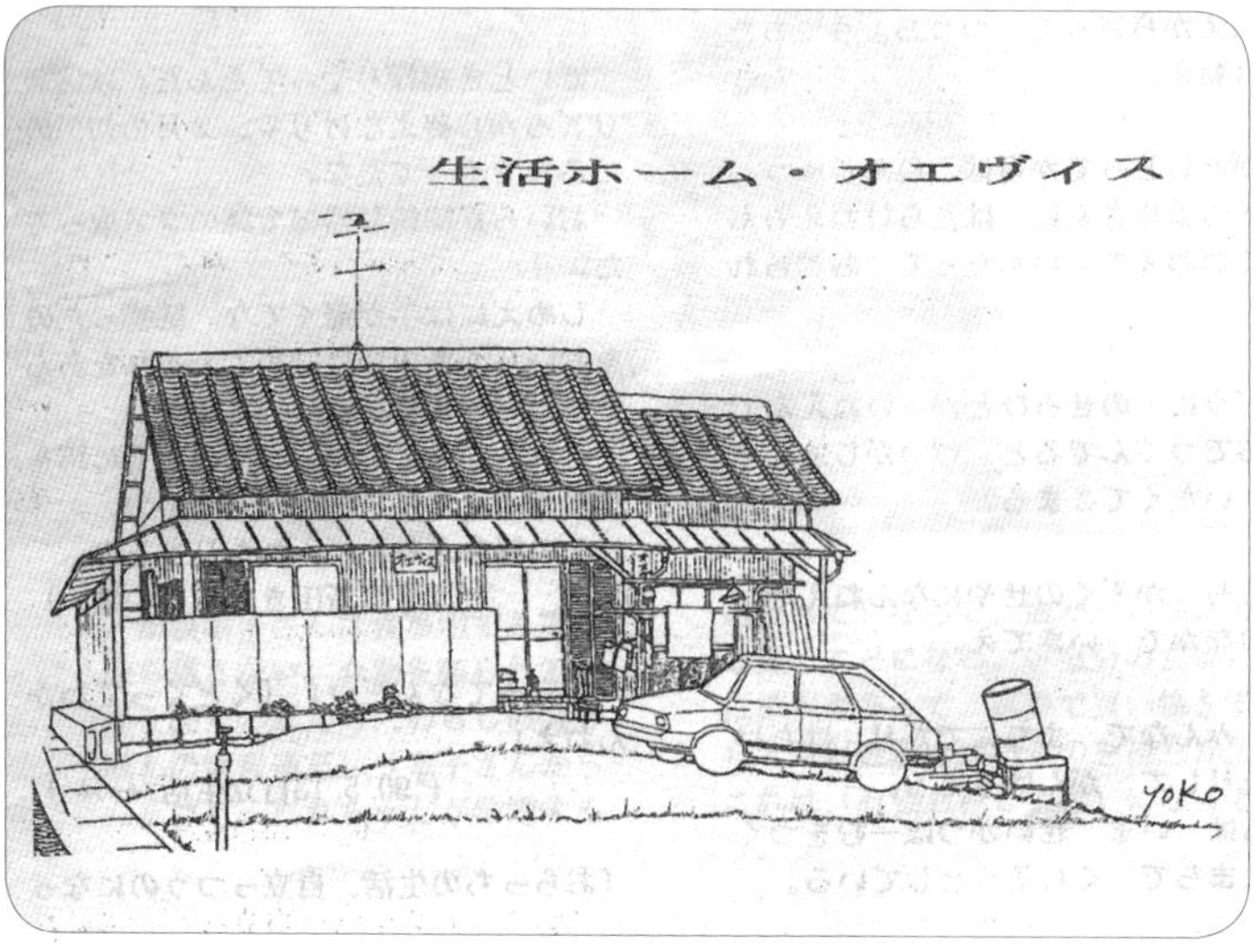

生活ホーム・オエヴィス全景（矢野陽子画、『おらっちの生活は自立っつうのになってかい』1991年、より）

一　再会

一九九〇年三月九日。

「黄色い部屋」の庭に藤崎稔君（このとき二十七歳）がひょっこり顔を見せた。

「黄色い部屋」とは、本来は谷中耳鼻咽喉科医院の休憩室だが、これより一二年前の一九七八年に発足した「わらじの会」の事務所としてずっと占拠されたようなかたちになっていた。この医院の山下浩志さんと水谷淳子先生（別姓）がグループ立ち上げの牽引車の役割りを果たした経緯があったことと当時は事務所を確保する力が多分、グループにはまだなかったからだろうとおもっている。

またここは県内の、障害があってもなくても共に地域で生きることをめざすいくつかの障害者グループでゆるやかに組織された埼玉社会福祉研究会（当時）の事務所もかねていた。この部屋の壁が黄色で塗られているので「黄色い部屋」とよばれるようになっていた。なぜ壁の色が黄色なのかは知らない。

この日わたしは山下さんとこの部屋にいた。

わたしは翌年の春開設することになった生活ホーム・オエヴィスの世話人になることにきまっていた。わたしはこの話を布団の中で山下さんから聞いた。

当時のわたしはアイスクリーム工場の臨時工員として糊口をしのいでいたが、ぎっくり腰で身動きがままならない状態でいた。わたしは三十代後半あたりから自らの弱さによって私生活が荒れた。わたしは結局独り身になりいくつかの職を転々としていた。

　山下さんや水谷さんとはわたしが三十二歳ごろ友達の紹介で知り合っていた。そしてわらじの会の前史ともいうべき時期も共にした、ということにもなる。

　わたしたちはこの春に開設せざるをえなくなった生活ホームの話などをしていたように思う。わたしたちが部屋にいるのを認めると、藤崎君がいきなり泣き出した。声を出して泣くのではない。涙をあふれるように流す。藤崎君は生活ホームに入りたいという強い希望をもっていたがここしばらく顔をみせなかった。

「あれ、藤崎君が泣いてるぜ」

　わたしは山下さんに声をかけた。

「ふーん」といって視線を向けると「泣いてるね」といったきり、山下さんはとりかかっていた仕事から離れるそぶりをみせなかった。しかたなくわたしは庭サンダルをはいて藤崎君のそばにかがんだ。藤崎君とコミュニケーションをとる自信がまだなかった。山下さんのほうがはるかに習熟している。

　藤崎君には重度の障害がある。

　両の手は二の腕が車椅子の背に縛りつけられている。こうしておかないと腕が意思に関係なく、はじけとぶように動いてしまう。上半身もぐらぐら動く。腰が前にすべり出ないように股間も帯で椅子に締めつけて姿勢を保たたせている。電動車椅子は右足の「かかと」で操作する。ことばの障害もとても重い。初対面のひとには意思の疎通はまず無理だろうが、かといってまったく意思がつたわらないということでもない。

藤崎君の涙はいっこうにとまらないどころか鼻水も流れてきた。

両手がきかないので涙も鼻水もながれ放題だ。自分でふくことはできない。

やがておちついたところで事情を聞きはじめた。

わたしは二十九歳のときから障害者の親たちのグループと交流があって、まだこどもだった藤崎君を見知っていた。だから二十七歳にもなった青年をどうしてもクンづけで呼んでしまう。

わらじの会がわらじの会として活動を開始した（一九七八年）前後からわたしは生活に追われたのと知り合いに顔をあわせるのがつらくなったことから、あらゆるつきあいから逃げ「わらじの会」の活動からも逃げた。

それからおよそ一二年余を経てふたたび山下さんや藤崎君らと再会することになった。しかも給料をもらって専従者として活動に参加することになったのだ。このときわたしはすでに四十八歳になっていた。

わたしは二十代の終わりから三十代にかけて、親たちだけでつくっていた障害者グループと交流があり、藤崎君のことは小さいころから知ってはいた。が、藤崎君の障害の重さから一方的な声かけ程度はしていたもののこみいったやりとりは敬遠していた。

藤崎君が泣いているわけがいっこうにみえてこないのでじりじりしてきた。空模様もあやしくなってきた。（ああ、もういいかげんにしてくれよ）なにもかも投げ出したくなった。ここのところがわたしの性格において一番の欠点であり、この後もみんなにこの性癖でいく度か迷惑をかけることになるのだが。

しかしわたしはこの月からオエヴィス世話人としての給料をもらっていた。これは仕事だ、と自分にしかたなくいいきかせていた。

藤崎君は開所が迫っている生活ホームにどうしても入りたいと願っていた。ところが両親の許可が出ない。そのせいかどうか家から出るな（「わらじには行くな」）となかば軟禁状態におかれていたようだ。

生活ホームはまだはじまっていなかったが、わたしたちのシュミレーションでは障害年金だけではやっていけない。どうしても生活保護をとって不足分をおぎなう必要があった。藤崎君の両親は息子が生活保護をとることに強く反対している。それでこの日、藤崎君はなんとかいいつくろって電動車椅子に乗せてもらってそれを告げにきたのだ。

「おれはオエヴィスに入れなくなった」こういって藤崎君は泣いたのである。

わたしはぼろぼろと人目をはばからずただただ涙をながすだけのこの光景をいまでも克明に記憶している。ふかく心に刻まれてもいる。そうか、こいつは自分でながす涙すらひとりではぬぐえないんだ。

二　田舎出の少年と六〇年安保

わたしは一九六〇（昭和三十五）年に、福島県のある小さな町の高校を卒業して上京した。総資本と総労働の対決といわれた三井三池闘争や警職法国会の新聞記事などは熱心によく読む高校生だったと思うが、そういった話題を共にできる友だちはいなかった。上京してやがて出会うことになるクラスの友人らにくらべると読書量でもまったく劣っていることを思い知らされる。大学生協の書籍売り場で『マルクスエンゲルス選集』を目にしてマルクスエンゲルスという名のひとりの思想家だとしばらくおもいこんでいたぐらいの凡庸な高校生だった。

どこの蕎麦屋でもメニュー札の右端は「もり・かけ」になっている。わたしは「もりかけ」と注文していた。そしていつも「もりですか」、「かけですか」と聞き返された。わたしは上京するまで外食したことがなかった。

司法試験の合格者数を誇る私大の法学部に合格し、まもなく英米法研究会というサークルの「入室」試験に合格した。英語に強かったわけでもなく英米法に関心があったのではなく、ただ専用の机が欲しかっただけの動機で入室試験を受けた。

研究会の部屋は講堂の三階の奥の袖にあたる長い廊下を占有した部屋であって、窓際に二列、講堂側に二列づつ机がならんでいた。この研究室に上がって行く階段の途中に「茶道研究会」という表示がついたドアがあった。

いま、わらじの会でバリバリ活躍している大坂富男さんはこの茶道研究会に所属していたということが後年わかっておどろいた。大坂さんは全共闘世代だが、ぼくは茶道研究会「左派」でした、と自己紹介したので大笑いしたことがある。

さて、ところがいまになって、廊下をふさいで部屋にした研究会室だろうと思ったのはわたしのおもい違いで、外国の映画でみたことがあるオペラ劇場のように講堂の催し物を優雅に観覧するための立派なドア付の特別室としてつくられたのかもしれない、と思いいたる。そう思えばドアにも歴史の重みが感じられた。

当時は列車のようにあいだが通路になっており、奥から司法試験浪人の先輩や四年生、三年生が、入り口に近いあたりに一年生、中ごろが二年生というふうに机がわりあてられていた。

この講堂は戦後、鳩山民主党と吉田自由党が保守合同したときの会場としても名前が出ることがある。いまはこの講堂も校舎もあとかたもない。

わりあてられた専用机は入り口ドアそばの窓際で、そこから見下ろすと隣りのニコライ堂とその庭園を見ることができた。庭園でははなやかな衣装をまとった数人のモデルがおおがかりな写真撮影をする光景もみることがあった。

わたしはなにが懐かしいかといって、この机の窓から見下ろしたニコライ堂とその庭園に勝るものはない。

まもなく授業どころではなくなった。

当時のマスプロ大学は語学だけクラス単位に授業がおこなわれたが、五月に入ると、ただならぬ様子の学生がドイツ語の先生にことわって、教壇に立ち、いわゆるオルグというかアジテーション演説をするようになった。頭から額から血を流したままの学生もいた。六〇年安保闘争との出会いだった。そのうちに語学の時間に「諸君、目下は授業どころではない。きょうは授業をしない。デモに行きなさい」などという先生もあらわれた。休講も多くなった。クラスのなんにんがデモの隊列に加わったかは知らないが、わたしはかなり多くデモに参加したほうだとおもう。いつも知らない学生とスクラムをくんでいるのだった。

当時の全学連には主流派と反主流派があって、大学のデモの隊列もそれぞれに区別されていたわけだが、その当時はそんなことすら知らない田舎出の十八歳の少年であった。

寮にあったトランジスタラジオから全学連の唐牛《かろうじ》健太郎委員長の名が流れない日はなかったようにおもう。この寮は福島県出身で敗戦後の政界でのしあがった広川弘禅がつくった。当時は吉田茂を裏切ったしっぺがえしで落選していた。この寮に安保の話ができる友人はいなかった。デモに行く学生はいなかった。

きょうは国会、きょうはアメリカ大使館というようにわたしはあっちの隊列、こっちの隊列にわけもわからないまま参加する日が続いた。機動隊に規制され揉みあうデモとそうでもないおとなしいデモがあった。意識が高かったのではなく野次馬的好奇心にすぎない。

多摩美の女子学生とスクラムを組んだときがあって途中の停滞で「ねえ、キミィ、煙草くんない」

といわれ、しわくちゃになった新生を差し出したことがあった。ドギマギしながらマッチで火をつけた。

級友のひとりが逮捕された。渋谷駅でカンパ活動をしようというクラス決議があって、いわゆる活動家がごろごろしていたなんとか研究会といった部室に生まれてはじめて足を踏み入れた。そこはわたしたちの研究会室とはおおちがいだった。わたし達の研究室は平穏そのものだった。

六〇年安保の初期のデモではレインコートを着てかばんまで提げた学生が「わっしょい、わっしょい」と声をそろえていたようなつまらないことをおぼえている。角帽を被った学生もめずらしくなかった。

安保改定阻止国民会議のデモにまぎれこんだこともあった。国会の前で社会党の議員団やその秘書団、総評幹部（岩垂寿喜男さんら）がタスキをかけて演説し、手をふって迎えるのだ。このデモは「お焼香デモ」といわれた。国会の前に署名簿をおくテーブルが並べられていてこれをお焼香台になぞらえたのだ。このデモには機動隊の規制はなかった。「流れ解散」ということばがあることも知った。

そのころはこんなものかと思っていたが、後に王子野戦病院闘争や職場の青年部活動に参加するようになって「流れ解散」なるものは大衆のエネルギーを平然とどぶに捨てて省みない犯罪的としかいいようのないありかただったとおもうようになった。

当時は組合のダラ幹とも対立していたから、いかにも民同らしい戦術だったと切におもった。新宿ではデモの帰りに「歌声喫茶」に寄ったこともあった。

大学の正門からスタートする全学連主流派の隊列では出動する機動隊について「きょうは鬼の四機

だ」とか「仏の○機か」というささやきも交わされりした。

国会のフェンスあたりでわたしが参加する大学のデモの隊列が、先頭の隊列がさっと引いて先頭に出ることがよくあった。わけがわからないまま、これには緊張もしたし、身体中の血があつくなった。ただなんとなくこの大学の自治会は主流派かなというぼんやりした印象はある。

田舎出の少年のわたしの多少の政治的知識は『朝日ジャーナル』で得ていた。

親友とふたりで樺美智子さんのお焼香に国会の南門に行ったシーンがテレビで放映されてそれを見咎めた当時T県の検事正をしていた親友の父親が激怒し「仕送りがこないよ」とぼやいたりした。誘ったのはわたしからではない。「これは虐殺だ、許せない」とその親友はいった。卒業する年に司法試験に合格し、やがて検察官になっていった。この安保の年の暮れに総選挙があり池田隼人が総理大臣になった。巷では西田佐知子の「アカシアの雨が降るとき」が流れ、わたしは学生服を着て広川弘禅の選挙アルバイトでマイクを握り、候補者はまたまた落選した。わたしの十八歳の年はこうして終わった。

三　生活ホーム「オエヴィス」がはじまった

一九九〇年四月。

「オエヴィス」の専従世話人としての生活がはじまった。

ここの中心的な住人になる新坂姉妹の実家にも恵比寿様がまつられていた。わたしは恵比寿様は漁業従事者の信仰の対象だとおもっていたが、大漁だけでなく五穀豊穣の神様でもあった。

恵比寿様は座っていて片手には釣りざおを、片手には鯛をかかえていらっしゃる。恵比寿様は実は身体に麻痺がある障害者として生まれたので川に流されてしまったが、やがて西宮で助けられて恵比寿様として祭られた。だからいつも座っていらっしゃる、という日本書紀の解釈のひとつの説もあるようで、このあたり、越谷市在郷の農家では「お恵比寿さま」と呼んでいた。

これをわらじの会はいまふうに、「オエヴィス」と命名した。

このオエヴィスでの世話人としての生活がはじまったが、次第に、わたしにとってこれが常識、これがあたりまえとその歳までおもいこんでつゆすらも疑うことがなかった「もののみかた、かんがえかた」が実はそうではないのだと思い知らされるようになる日々がはじまることでもあった。

オエヴィスは平屋の一戸建て、新築の民家だった。

六畳の和室が三つ、南向きに並んでおり廊下からそれぞれの部屋に入る。和風トイレが廊下の突き当たりにあって廊下のこっち側には広い茶の間がありその一画にガス台、流し台と調理台があった。浴室は茶の間と廊下から出入りできて、脱衣所と目されるスペースはかなり広かった。

異様に見えたのは浴室の天井であった。

ここに鉄製の頑丈なフックがとりつけられていたのだ。洋風浴槽が埋め込まれていて洗い場とほぼ平面になっていた。

この民家は、専業農家に生まれた同じ障害をもつ新坂姉妹のお父さんが、家督を長男にゆずり自分が新坂姉妹の面倒をみながら一緒に生活するつもりで設計したものだそうだ。建てられるまでの経過や内実は当時のわたしはなにも知らなかった。なによりも生活ホームとはなにかすら知らなかった。見学して「ここがまもなくおれの仕事場になるのか」といった感慨しかなかった。

この民家のもうひとつの特徴は玄関の間口が広く、引き戸が四枚仕様で、あけると家屋の奥行きまである畳二〇枚ほどの土間があったことだ。ここは車椅子利用の障害者が、たまり場として活用するためにわざわざつくったということだった。新坂姉妹のお父さんとわらじの会の関係性の深さがわかる。

この民家はおとっつあん（姉妹はこう呼んだ）のこういった意図で一九八九年に完成したのだが、完成間際にお父さんが亡くなってしまう。幸子さんは「美空ひばりとおんなじ年だよ」とおぼえていた。大黒柱のおとっつあんがいなくなって、新坂姉妹の生活は宙に浮く事態になった。わらじの会はこの民家を「生活ホーム」とする案を本家に示した。こうしてたまり場として使われる予定だった土間にさらに二部屋が増設された。

話が前後して恐縮だが、埼玉県は神奈川、大阪、東京についで障害者が地域で生活する生活ホーム事業をそれより先に実施していた。詳述は避けるが身体障害者と知的障害者が同居する「施設」としては全国的に見ても先進県であった。身体は身体、知的は知的だけという行政思想が主流だったからだ。

ちなみにこの事業要綱には当初「身辺自立が可能」という表現があった。

これがまだ案の段階で、県の所管課から、冒頭でふれた埼玉社会福祉研究会にも意見が求められた。研究会はすでにしてその存在と主張が重く見られていた証左でもあるが、「身辺自立が可能」というと、重度の障害者は排除されてしまう。重度の障害者も入居の対象にすべきであるという意見を述べ、これが容れられるところとなった。

これを活用しておとっつあんの民家を「生活ホーム」として衣替えしたのである。

国は当時から知的障害者のためのグループホーム事業をもっていた。身体障害者のグループホームはこんにちに至っても国にはない。身体障害者には「福祉ホーム」事業があるからだとされている。

わらじの会のひとが「生活ホームは作りたくて作ったんじゃない」というのをわたしはよく耳にし、これは奇異なことをいうとおもっていたのだが、それはこうした経緯をふまえてのことだと少しずつわかってきた。

それまで主流だった国の日常生活機能訓練（ＡＤＬ）重視路線は、やがてあたりまえの生活を楽しむ路線（ＱＯＬ）に転換されていくのである。同研究会が「身辺自立が可能」という個所を重要な問題と指摘したことは革命的でさえあった。

話がそれるが、残念ながらこの「身辺自立」の程度を測る思想は、こんにちでも障害に関するあらゆる局面でしっかり踏襲されている。これはまことにうっとうしいというよりほかない。制度の充実（？）は対象を峻別していくことと同義語である。

オエヴィスの周囲は田んぼだった。

田植えが終わると蛙がうるさいほどに鳴いた。

ここに重度の障害者（全員が一級の「身体」障害者で全的介助が必要な人が三人）が五人ですむことになった。

わたしたちはここを「アパート形式の小規模共同住宅」と位置付ける。

のちに、ある講演で、「地域で生活するといってみても、施設を、お豆腐を賽《さい》の目に切るように切ってそれを地域に置く」というやりかたであってはならない、という話を聞いた。地域の暮らしを施設的手法で管理するのであればそれは施設とかわらない。わたしたちは当初からオエヴィスをこうした「施設」にはしないと決めていたのだ。

わたしは、わらじの会は、時代を一〇年以上は先どりしていると誇りにおもった。

専従世話人としてわたしが、それにパート世話人として谷崎恵子さんという女性が朝から夕方まで勤務することになった。昭和三〇年代の賄いつき学生下宿のおもむきがあったが、後述するように「賄いつき」のところはやや違う。

そもそもオエヴィスとはどういうかんがえかたで生まれ、位置づけられたのか。

以下の一文はオエヴィス開設の翌九一年にオエヴィス住人とわたしが共同で作成した報告集（「おらっちの生活は自立っつうのになってつかい」一九九一年三月）の巻頭言で、山下さんが寄せた一文である。

今年は、「福祉元年」と呼ばれている。昨年夏の福祉八法改正が、一部実施になるなどさまざまな変化が始まりつつある。一九八一年の国際障害者年のときに、厚生省は「収容主義から在宅福祉重視への転換」を宣言したが、一〇年を経て、その法的な裏付けが整ったというわけであろう。

しかし、「在宅福祉」ということが叫ばれれば叫ばれるほど、うそ寒い風が背中を吹き抜けてゆく感じになるのは、なぜだろうか。「在宅」……「宅」に「在」る障害者・高齢者自身の存在感が、この国ではきわめて薄いからである。

長年の恩恵的・保護的な福祉の慣習はまだまだ引き継がれ、「在宅」とはいっても、形こそ変われ「ハコづくり」の思想が主流を占めている。「市町村の役割重視」といっても、「三割自治」の市町村がどう「重視」されるのか。国・県の責任逃れの方便にすぎないのでは……と疑いたくもなる。「高齢化社会」の到来に対して、これまでの弱者対策としての福祉から、みんなが住みよい社会、万人の福祉への発展として「在宅福祉」は語られるけれど、「発展」した部分は「買う福祉」・シルバー産業で対応しようというものである以上、ゼニのあるなしで社会生活上での差別が強制されて行くことになるのだ。こうした状況の下で、障害者や高齢者という当事者の発言権が、いまのように奪われたままであるなら、地域全体が、「形のない施設」として、収容施設の問題点を引き継いでいきかねない。大げさな言い方をすれば、日本は「収容所列島」への傾斜を深めようとしているのだ。

いま問われていることは、かっこ悪くてもいい、失敗でもいいから、障害者・高齢者が自らの流儀で、また他人の手を借りて、また徒党を組んで、街に出て生きる体験を重ねることだ。そして、「在宅福祉」施策を、与えられるのを待っているのではなく、どんどん使っていくこと、そして使いづらさを知ること、その狭さを知り、枠を広げる取組みにつなげていくことだ。「街で生きる」ことは、都市計画、産業のありかた、労働政策、学校教育をはじめ社会の広い領域とかかわり、それらを一つ一つ問い直してゆくことでもある。オエヴィスの住人だった故新坂光子さんが、「おらっちの生活はジリツっつうのになってつかい？」と問うたように、「自立生活とはなにか」というテーマは、とにかく生活を始める中で、周りとぶつかる中で、社会的に明らかになってくるのだ。

かりに、「自分の意志でありのままに生きる」ということが「自立」であるならば、健常者も含めて、こう言い切れる人は少ないにちがいない。食うために、あるいは世のしがらみで、人は自分の意志を抑圧して、また競争を受け入れて、「他人の迷惑にならないように」生きている。そうした人生の果てに高齢化し、障害をもったとき、自分自身が自分を認めることができず、切り捨てられることを許してしまう。オエヴィスの住人たちの大半は、「これが自立生活だ」といった確信などないままに、おずおずと、また場当たり的に共同生活に入っていった。

彼らは、この報告書に見られるとおり、あらゆる領域でさまざまな試行錯誤をくりかえしながら、「自分流の生活」をつくってきたのだが、そういうジグザグこそが、今日の社会状況をよりリアルに浮き上がらせ、問題の所在をわかりやすくしてきたのだと言える。

オエヴィスに見学に来る人達のかなりの人々は、「なんだ、あんな連中でもできるのか」と意を強くして帰られるが、他地域でも、とにかく生活を自分達で始めてみること、そこからすべてが始まるのだと思う。

四　社会人一年生は都職員だった

東京オリンピックがあった六四年四月、二十二歳のわたしは東京都職員になった。浜離宮に近い都の職員研修所で一カ月間の新任研修をへて、民生局（当時）所管の、ある周辺区の福祉事務所に配属された。ここで生活保護法のケースワーカー（社会福祉主事補）として社会人一年生としての一歩を踏み出すことになった。

司法試験の勉強を続けたいなら公務員がいい、と先輩たちがはなしていたのだが、実際にはそういう余裕はなかった。挑戦するいきごみももうなかった。ただまずしい収入の中から仕送りしてくれた実家の親や経済的に犠牲を強いた弟妹には期待を裏切ったというううしろめたさをいつも感じていた。

職場の先輩の中には社事大（社会事業大学）や福祉系の出身者がいてそれなりに一目おかれていたようにおもうが、多くのケースワーカーは事務処理に徹していた。個々の事例をケースバイケースで裁量するなど考えられなかったし、そうしたゆとりも認められていなかった。

周知のように当時の生活保護の事務事業は国の機関委任事務であり、ことこまかく、なにからなにまで国から示されたマニュアルどおりに処理するしくみが緻密にできていた。

わたしは研修同期生とときどき連絡をとりあって集まったが事務屋になりきっているケースワーカーはまだいなかった。いつも生活保護法のしくみの矛盾や最低基準費の算定のありかたなど、仕事の話にもりあがった。

法学部出身者はいちおうそれなりに憲法を学び憲法二十五条も語ったこともあるのだが、現実に「健康で文化的な最低限度の生活」が具体的に数字（最低生活費）となって、しかもこれを自分自身で計算してはじきだして目の当たりにして見ると、わたしも民間の同期生と初任給をくらべると薄給だったがそれでも「最低生活費」なるものに愕然としつつ現実の重さに向き合わなければならなかった。

ここで学んだことごとは同年代の連中と比較してもひとの暮らしにおいては、多少は多彩でひろがりがあったような気がしている。どん底の暮らしってどんなものか知ってるか、俺は知ってるぞ、という開き直りの気分はいまでもわたしのなかにある。

後年、旧厚生省の社会援護局長を務めた人がある福祉雑誌に「戦後、日本に根付かなかったことがふたつある。ひとつは民生委員制度でありひとつはケースワーカーである。とくに後者はあまりにも国が規則、通知、通達などで現場をがんじがらめにしてしまった。裁量の余地などはまったくない。したがってこうした規則類に習熟したテクノクラートは育ったが、ケースワーカーはまったく根付かなかった」と書いたようなものだった。

わたしは東京都職員を、まもなく二十八歳になろうとするころで辞めた。

ワーカー歴六年弱のあいだの「できごと」は数え切れないが、精神病院に入院していた一家の主人が病院を「脱走」するというケースが発生したことは印象にのこっている。

旧兵舎跡だと聞いた長屋風住宅の住人は徹夜で警戒しようという事態になり、担当のケースワーカーもこれに付き合うことになった。焚き火をかこんで一晩寝ずに緊張していた経験はこのずっと後にないわけではなかったが、この夜のことは業務内のことだったから別のはなしになる。

この長屋はほぼ十軒ほどだったが、全世帯が生活保護受給世帯だったからケースワーカーは煙たがられ敬遠されて当然だった。焚き火の傍でも浮いた存在だった。この焚き火話で聞くともなく聞いているとどうやら脱走した原因は妻の浮気を疑ってということが伝わってきた。そしてそれは事実らしかった。なにをしでかすかわからない。流血の事態にもなりかねない。だから徹夜で警戒しようということになったのだろう。わたしは緊張もしたが「脱走」した夫にいたく同情した。

その夜はなにごともなく朝になって解散したが、翌日の朝だっただろうか、夕方だっただろうか、緊急電話が病院から職場にはいった。

自宅で「脱走者」を発見したので保護するという内容。地区担当の主査が行けというので病院の車の到着にあわせて長屋に着いた。

ここで病院側の屈強な看護士が三、四人で病院から「脱走」した男の身柄を拘束した。すなおに従ったのではない。眠っていたところを襲われて格闘になった。そして身動きができなくなる拘束袋に首から下をつめこまれた。

わたしはデモで機動隊に規制されるのはいくども経験したが、自分の家に、病院には無断で帰ってきたものの、おとなしく寝込んでいるだけにすぎない男が「襲撃」されてこんなふうに凶悪犯のように扱われるのを目の当たりにして、権力の暴力装置は思いもかけないところで日常のなかにも整備されているのかとおもった。これは不当拘束だ、と頭の芯があのころのように熱くなっていた。

わたしになすすべはなかった。ただ愕然として成り行きを、しかし一部始終をみていた。わたしは二十三歳、ケースワーカー二年生だった。

それからおよそ四年弱ケースワーカーをまあまあ続けて結婚もし、その後に都庁職員を辞めた。初心が次第に薄れて事務屋になりつつあると思っていた。

まあ、きれいごとでいえばカウンターの内側からではなく外でなにか別のことをやってみたかった。辞めた理由はほかにもあるのだが、とにかく公務員という仕事には向いていないのではないか。どうにもふっ切れない逡巡する思いがつねにつきまとっていたような気がする。

五　オエヴィスのひとびと

幸子さん姉妹は同じ障害をもって専業農家で育った。オエヴィスの住人でありこの家屋の大家さん（妹幸子さん）であり地主（姉光子《てるこ》さん）でもあった。

以下は「聞きとり書き」である。「聞き書き」といわないのはできるだけ表現どおりに書きたかったからである。かといってテープおこしのように一言一句もらさず、というわけではない。できるだけ忠実に、努力したという思いが込められているとうけとめていただければ、とおもう。

なおこの聞きとり書きで、どうにもわかりにくそうにおもえるだろうことばや表現は（　）で補足をした。


おら、実家で生まれて、おとっつぁん戦争にいったときに、かあちゃんが湯いれんのたいへんだったたって聞いた。そんときはおばあさん、手伝ってくんねえんだとよ。おばあさんとおじいさんとゆりさん（おじいさん夫婦の実子）と三人で寝ちゃうんだとよ。おいらにはおじいさんだけどゆりさんにはおとっつあんだべな（幸子さんらにとってはおばにあたる）。

んでな、かあちゃんな、こっちはいそがしくやってんのにむこうはぐうぐうねてんだとよ。そういう思いまでしておいこと育ててくいたのかな、と思うよ。

こどものころは学校に全然いかねえの。学校は二年だよ。小学校の先生が「あぶねえから来なくていいよ」ってな。いわれたときはまだちっちゃかったからいわれるままにな。いま思うと、もうすこしいってんば（通っていたら）よかったなあーと思うよ。

アメだの買うこづかいつくるんで、おばあさんがにわとり飼ってたから、エビガニ釣ってそれをバケツにいっぺえとって、おばあさんにそのエビガニを買ってもらったんだ。いくらだか覚えていないけどアメは買えたよ。

秋になると庭に籾《もみ》干すべ。その籾はおばあさんだのおじいさんだのがやったんだけどな。菰《こも》ひいてその上にむしろひくんだけど、その菰、おれと光子で夕方んなって仕舞うときに、巻いたの。巻いたのはおいら巻いたんだけどしばったのはおばあさん。

それから、綿繰り、年中させられた。その綿繰りなあ、正月のなあ、「福は内」って豆まきやんべえ、それまでさせられたの。まいんちまいんち綿繰りさせられっから、手いたくて、豆できちゃってよおー。

冬はなぁ、その綿繰りとなあ、芋がらむきとなあ、紫蘇っ葉なあ、青あんべ。その実なってんべ。その実、ざるんなかにひっこいた（しごいた）の。

二月、こんだあ、味噌炊きやるべ。その味噌んなかにショウガ入れんだよ、味噌漬け、いろんなのやったよ。そのショウガなあ、おばあさん、こせた（こしらえた）のをおれと光子で針に糸通して、ショウガのまんなかにとおしたの二十っこぐらいにして輪っかにすんの。輪っかにしたショウガを味噌のなかに漬けとくの。あと、とうがんも半分に切って漬けとくの。

いなご、干してあんの、こせたの。それ、まいんち、こせてたの。それおわっても「まだあっから」って次々ともってくんだもの、やんなっちゃう。あれこせるとちくちくすんだもん。あと、葉っぱこせたの。悪い葉っぱだけとってなあ。あと韮のしん立ってんのとっちゃう。

春はなあー、エビガニ釣ってよ。おばあさん釜で茹でてよ、そのエビガニむいたの。尻尾のほうなあ。それでカレーつくって食ったの。そんでよ、たにしも田んぼん中入ってめっけてきて、それを洗って茹でて、そのたにしの中の肉だけとってあぶら味噌に煮て食ったの。うまかったぞお。夏はいろんなことやらされたなあ。トマト拭きとかなあ、トマト詰めだな。トマト拭いたの箱んなかにならべんの。それもでっかいのとちっちゃいの分けて詰めんの。そんで赤いのじゃおえねえべえ。だから、どれとどれだかむずかしくって。

幸子さん姉妹は思春期から多感な青春をふくめおよそ二〇年間余をひと部屋ですごすことを余儀なくされた。この部屋からどこにも出ることはなかった。

わらじの会のひとびとは、この部屋を「つぐみ部屋」と呼んだ。「つぐむ」とは腰をおろし膝を抱いてかがみこんでいる様をいうのだろうとわたしはおもっている。

むかしの越谷の在郷ことばはいまでもおとしよりのことばのはしはしに多少の名残りはあるものの、ほとんど耳にすることはない。幸子さんの幼少時からずっとあたりまえにつかわれていたことばやその抑揚もまた、このつぐみ部屋で幸子さん姉妹らによってほぼ完璧に当時のまま伝承されてきたのだと山下さんが教えてくれた。

むかしの農家にはたとえ障害があってもやれる仕事や家族のために役立つ仕事がさまざまにあったのだということがよくわかる。むかしの農家の暮らしのたたずまいがつたわってくるとてもいい聞きとり書きになったとおもう。

幸子さん姉妹は三月の末の大安の日に新居に越してきた。

入居者の「相談役」的役割りを担ってもらう人が必要だということから、すでにひとり暮らし歴が一〇年前後の新井豊さんに白羽の矢がたった。それまで続けていたアパート生活を畳んでもらって無理に入居してもらった（新井さん、当時四十五歳）。この仕掛け人は山下さんと聞いている。

新井さんは通販が大好きで、もはや「依存症」的な傾向があるのは有名だ。オエヴィス入居にあたり、従来の家具は一新し、「黒一色」で室内を統一しようとした。だから新井さんの引越しがいつ完了したかといえばそれは通販の最後のお届けものがあったときということになる。

介護の項で述べるが、オエヴィスには主婦のほかに、女子大生が入れ替わり立ち代わり出入りするようになる。その送迎に新井車が活躍した。新井さんは自家用車を持っていた。もうひとつ。新井さんの黒で統一された部屋は若い女性におおいにうけて、わたしはオエヴィスの見学名所に指定した。

新井さんはまた、高倉健さんの熱烈なファンで、若い頃は池袋の名画座で「昭和残侠伝」をはじめとする任侠ものや日活無国籍映画（小林旭の渡り鳥シリーズなど）をほとんどみんな観ているそうだ。いまでも部屋の廊下の壁には健さんのポスターが名刺がわりに掲出されている。寡黙で謙虚な人柄だが、義にあつい。わたしはなにかことがおきるとよく相談にのってもらっていた。

吉田昌弘君の引越しは事情があってみんなよりもひと月ほど遅れた。最初にオエヴィスから出たのも吉田君である。

本人の言によれば、「本田さんがいたから早く出てこれた」と。まあ、なにかにつけて折り合いがいいとはいえなかったかなあ。吉田君が「自分でできる」と主張することごとがわたしにはいちいち気になってしかたがなかった。あぶなかしいからついつい口も多く出したのである。

六　藤崎君の一点突破全面展開

藤崎君にことばの重い障害があることは話したが、具体的には次のようになる。

まず藤崎君が言いたいことばをたどるところからはじまる。「おれは……」といいたいときには「お」をみつけ「れ」をみつけ、「は」をみつける。このやりかたがいちばん正統なのだが、なかなかそうもいかないので、わたしは言いたいことの主題をみつけるようにしている。

たとえば「お金のこと?」、「介護者のこと?」、「休みの日のこと?」というように。これでわからないときは「いまいちばん言いたいことのポイントになることば」を一字づつ確かめる。それが「よ・る」であれば「今夜のこと?」否、「介助者がいない?」然り、「今夜?」否、「日? 月? 火? 水?」ヒットしたところで、然り。「朝? 昼? 夕? 泊り?」然り。「水曜日のお泊り介護者がいない?」然り、というやりとりになるのが普通のわたしのやりかただ。

こうした方法ではなく「正統の一文字たどり」のあげくに「お」・「ま」・「え」・「は」・「ク」・「ビ」・「だ」。「えっ、おれ、くび?」自分で自分にクビを宣告する羽目になった青年もいた。この光景を想像するといまになっても実におかしい。

次の藤崎君の文章は幸子さんのそれとは違って意訳になっている。一部は自力でタイプライターを額につけた棒で時間をかけて打った文章もある。

これも余談だが、知的といわれる障害者の母親が「こういうところって、身体の人は受けるのよね」といったことがある。真剣にタイプを打つ光景は目にするひとの心をゆさぶり、絵にもなるといいたいのだ。


実家にいたときは自分のうちと「はばたく家」（わらじの会のひとつの活動サークル。正確には「自立に向かってはばたく家準備会」）の往復で、途中買い物するぐらいだった。たまに遠出するときはだいたいのことを両親にいうんだけど黙って出かけることもあった。それでひどい目にあったことがある。

内緒で出かけたんだけど電動車椅子の充電が切れてうごかなくなってしまった。しかも踏み切りの真ん中で。

それでだれかが消防署に電話したので救急車に乗せられて家に帰った。それから家族のみんなに「なんで救急車でなんか帰って来たんだ」、「お父さんがどこに勤めているのかしらないわけじゃないだろう」って責められた。そんなこといわれたって困る。

おれだって乗りたくて乗ったわけじゃないし、と思った。

しばらくしてみんなは「こんなことばっかりやるんなら外出しないでくれ」といった。おれはなんといわれても「外には出るよ」っていい張った。そうしたらみんなは「それじゃしょうがないから出てもみんなには迷惑かけないと約束しろ」って責めた。

おかあさんは「わたしたちにはだれにも迷惑かけたりしない」といった。お父さんは「知らない人に迷惑かけちゃだめだ」といった。またお父さんは「稔は外出が多すぎる。もっとうちのなかでなにかやってすごすようにしたらいい」ともいった。

なんでおればっかりこんなことをいわれなきゃいけないのかと思った。涙がでてきた。どうしてみんなはいわれないで、おればっかりに、と思った。俺は電話できない。だからだれかにたのむしかない。じぶんで救急車を呼んだんじゃない。お父さんがどこに勤めているかぐらいちゃんと知っている。お父さんもおかあさんも電動車椅子で出てみろって思った。

おれは口惜しいことにお父さんやおかあさんに介護してもらっている。どうしたらこんな生活を止められるか。一生文句ばかりいわれながら生きていくのか。いやだと思ってもお父さんやおかあさんに介護をやってもらっていることが、それがいちばん口惜しい。

朝おきるとおかあさんがトイレやってくれるんだけど、おれはいちおう成人したんだから「お父さんにやってくれ」っていったんだ。そしたらおかあさんは「親がそんなこと気にしたら稔はこれからどうやっていくの」って。それからもトイレほとんどやる。

おかあさんが留守のときはテレビ見て待ってるんだけど、約束の時間よりだいたい遅く帰ってくる。おかあさんがどこにいるかは分かっていても電話はかけられないし。

いつも妹が帰ってきてからトイレを頼む。その妹が帰ってこないときにはもらすことがあった。

そういうときにかぎってじゅうたんの上なので、妹が年中、着替えや後始末をしてくれた。それでおかあさんが帰ってきてなんかいうかと思ったら「おかあさんはいつもやってるんだから」って平気でいる。妹にはずいぶん世話になった。おかあさんにもお父さんにも世話になった。

藤崎君のおとうさんは東京都の救急隊員だったから、救急車をこんなふうに使うことが許せなかったのだろう。家では外出禁止に抗議するハンガーストライキを三日間やった。これはあとで教えてくれた話だが、夜になると妹がこっそりおにぎりを食べさせてくれたそうだ。

オエヴィスが一九九〇年四月に開設されたことはふれたが、実は三月の十五日から入居することになるひとたちと介助者（当時は共栄短期大学のボランティアの学生さん）、専従世話人、わらじの会のスタッフらと「自立生活演習」（いまのＩＬＰ講座のようなもの）を実施した。

これはこれまで折々にプログラム化されておこなわれていたものだが、入居することが内定していたひとだけでやることに意味があった。トイレや風呂場、流し台などの設備面の使い勝手もこの「演習」にふくまれていた。そして二泊三日の日程が終わった。

藤崎君は居残った。

この演習中だったか、前後だったかに、生活ホームの立ち上げにかかわったアンコ（今井和美）さんが、幸子さんの姉、光子さんの不自由な手に一万円札を一五枚ほど握らせた。そして「これが部屋代と電気代とかの分なあ」といいながら五枚を抜く。「これが食うもん買う分なあ」と三枚抜く。「これが電車に乗ったり外でめし食う分なあ」といって二枚抜く。光子さんの顔色はみるみるこわばっていった。手の中には一、二枚しか残っていない。

のぞきこんでみつめていた幸子さんの表情も尋常ではない。

このシーンを見ていたわたしも内心で（なるほど、こういうやりかたでどのぐらい金がかかるか実感させようというのか）とおもったが、わたし自身、財布からなんとなく金が減っていくのと早送りで金がなくなっていくのとではずいぶんと感じがちがうもんだと軽いショックを感じた。

聞きとり書きにあるように幸子さんと光子さんはむかしバケツ一杯のザリガニをとっておばあさんが飼っていたにわとりの餌にし、もらったこづかいであめを買ったぐらいしかお金のことには実感がないのだ。おそらく一万円札をこんなに手にしたのも生まれてはじめてのことだったろう。

それで。

一緒に世話人をすることとなっていた谷崎さんは、「黄色い部屋」の流し場ガスコンロで幸子さんと光子さんの昼食の調理ボランティアを多少の謝礼つきで、していた。ふたりには塩分なしの特別食が必要だったのだ。

この谷崎さんが翌日、「わたし、あしたから食事の世話、もう来なくていいと光子さんから断られました」と言った。わたしはおもわず笑い転げてしまった。

これもちょっとしたエピソードだが。

　オエヴィスでの二人の生活費は近所の本家の跡取りのあんちゃんからもらうが、お金を月決めでもらいに行く。「行け」と指示するのは光子さんで、出向くのは幸子さんである。いわば参謀と兵隊の関係だ。行くたびに幸子さんはあんちゃんに怒《ど》やされた。「なんだ、もう貰っちゃったのか！」わたしはどうもおかしい、と感じていた。なぜかといえばひと月にはまだまだ間があっても本家に出向いて行く様子がみてとれたからだ。

　やんわりと幸子さんに問いただしてみたら、話はこうだった。

「光子め（光子のやつ）なあ、もらいに行け、もらいに行けってうるせえんだよ。おれはなあ、まだ早かんべってゆったんだけんどよ、行け、行けってよ」

「そんな話いったいいつしてるんだい？」

「本田さんらけえってからだよ」

「なんぼなんでもひと月まではまだまだ間があるよなあ」

「光子め、行けって。もらってこうって」

「あんちゃんになにか言われるだろう？」

「もう貰っちゃたのかって、えらい怒らいるよ」

「そうだろうなあ、なんぼなんでもなあ」

「そういうときはなあ、あたま、低くしてんの。そうすっとあたまの上、あんちゃんの声、過ぎてっちゃうからよ。なんでもねえ」

こうしたやりとりから、実はあんちゃんは幸子さんたちがオエヴィスにお金を騙しとられているんじゃないかという疑念をもっているみたいだと推察できた。

これにはかなりまいったが、まあ、静観するしかなかった。

後になって幸子さんの箪笥からは想像以上のお金が発見された。上の抽斗からも下の抽斗からもだ。「あっちからもこっちからも出てるわ出るわ」、と表現したひともいた。こうしたお金の根拠は推察される範囲で本家のあんちゃんにきちんと話をした。

これも参謀光子さんのしたたかな戦術の産物ではあったとおもう。光子さんは握った万札があれよあれよともぎとられていく経験から、ある種の恐怖すらおぼえたのだろう。このことが忘れられなかったのだろう。

さて、藤崎君は。

持ってきた演習参加費金一、〇〇〇円はない。着替えその他も二泊三日分しかない。いくら帰宅を説得しても首をたてにふらない。ここで家に帰ってしまうと「おれはオエヴィスに二度と帰って来れない」というのが言い分だった。頑固そのものだった。

藤崎君は着たきりで独りでオエヴィスに居座る。

しかも東南の角の一番いい部屋を勝手に占拠した。こうした、まるで見通しも立たないのに生活戦闘力だけは並外れているものが藤崎君にはあって、わたしはサジをなげたが、反面でおおいに気に入ったことも確かだ。

入所前に、親を説得するために、地域で生活保護をとって先発して暮らしていた野島久美子さんが出向いて両親に会ったが、功は奏しなかった。

一方、わたし自身の生活の場はまったく私的な事情からすさんでいた。世話人を引き受けたのも(食えればいいさ)とおもってのことだ。なにも、障害者の地域の生活に役に立てればなどということは、正直さらさら考えなかった。

わたし自身、自分のねぐらに帰ったところで部屋はゴミの山と化していた。かろうじて万年床の下だけが畳だった。

オエヴィスは新築である。はるかに快適で住みやすい。風呂もかんたんに沸かせる。藤崎君の居残りは迷惑だとは思わないわけではなかった。困ったことになったという思いはあったが、打算的に考えたわたしにはむしろ「わたりに船」の心境でもあっただろう。

わたしも藤崎君とつきあうこととした。

たとえば毎日の食材の買出しから入浴用具のひとつひとつまで、とにかくなにひとつなかったのだから。これらの買い物にむしろ嬉々としてつきあった。そのうちにやりとりもまあまあできるようになっていった。

藤崎君は夜中にわたしを、あたりまえのように起こすことがあった。布団をかけなおせ、と指示するのだ。当時の関係はご主人様と召使いに似ていた。

こうした実情は月末近くまで知るひとはだれもいなかったのではないか。

それである日、黄色い部屋のそばの橋でばったり山下さんに出会った。わたしはたまたま自宅にもどる途中だった。

「本田さん、ずっと家に帰っていないんだって？」

「そうなんだよ。さすがにおれもくたくただよ」

わたしはいかに藤崎君の介助が大変かを堰を切ったように話しだした。多少の同情も引きたかったのだと思う。

「じゃあ、つきっきりだったのか。それじゃ、藤崎君もさぞたいへんだったろう」

山下さんはすらすらとこういった。

それを耳にしたとき、（なるほど、そうか。そういう見かたがあるのか）わたしはまなこのうろこが一枚落ちた気がした。

それからわたしはオエヴィスにおいて「介助するひととされるひと」の関係のありかたがずっとあたまの隅からはなれないことになった。

いま思い返すと、しんどかったことよりもけっこう愉快なわるくない日々のことがまざまざとよみがえる。

いまになってもわたしは、藤崎君に出会うと、あんときの「金を返せよ」と催促する。当時の歯ブラシや洗面器などの立替分だ。すると藤崎君はゲラゲラ笑うのである。そしてわたしもまた一緒に笑うのである。これはわたしと藤崎君だけのことであり、それぞれの思いがこもっている。わたしにとっては、藤崎君とこうしたやりとりをいまになってもできることがなぜかとてもうれしいのである。

七　藤崎君の生活保護受給のてんまつ

この当時は、ひとり暮らしをする障害当事者が生活保護を申請するうえでのトラブルはオエヴィスでも県内の障害者グループでもたくさん発生した。あれから三〇年ほども経つのに、県内のグループから生活保護受給についての問い合わせが入るようになり、わたしの昔の知識がそこそこに役立つことを発見できたことはまことにもって意外だったというほかはない。

さて、入居者のなかでいちばんに生活保護を申請したのは藤崎君であった。

両親がオエヴィスに入居することと生活保護受給とはセットであることに絶対反対を主張していたのである。（このままではおれはオエヴィスに入れないことになってしまう）それで泣いたのである。帰宅を拒否したのもこのあたりにあったのだがまもなく多少の問題はあったもののついに両親が根負けした。

住民登録や印鑑証明などの手続きは山下さんがつきあって完了していた。

そして五月早々のある日、山下さんが「これから生活保護の申請に行く」といって車で市役所に藤崎君をつれていった。そしてまもなく山下さんがひとりで戻ってきたので、これはいったいどうしたことだろうと奇異におもった。

「玄関のまえに置いてきたよ」山下さんはなにごともないようにいった。

わたしはショックをうけた。あのコミュニケーションがむずかしい藤崎君を置いて帰ってくるとはいったいどういうことなんだろう。藤崎君はどうするんだろうか？

わたしは小心である。心配性だ。この日はおちつかない一日になった。日が暮れようとしていた。

夕方五時をまわって一本の電話が入った。案の定、市役所からだった。

「車椅子のひとが朝から窓口にいていくら言っても帰ってくれないので迎えに来てくれ」というものだった。

このときにわたしの頭の芯が熱くなった。

「なぜそこの窓口を訪ねたのか、意思を確認してもらいましたか？」

わたしは訊いた。

「なんか生活保護がどうとかというようなことですが……」

「それでどうしましたか？」

「いろいろ聞いてもよくわからないのできょうのところはつれて帰ってください。こちらもとっくに勤務時間が過ぎていますから」

「それはできません。ほんにんが生活保護を受けたいといって出向いたことは知っています。その意思は確認できたんですね」

「ええ、まあ。ただほかにいろいろ聞かないとわからないことがあるので」

「生活保護法は申請主義をとっていることはご存知でしょう？」

「知っています」

「申請の意思を確認できたなら申請書を受けとっていただけたんでしょう？」

「……」

「それはおかしいですね。なぜ意思を確認したのに申請書を受理しないんですか？　法律では申請を受理したら例外を除き一四日以内にその可否を調査して知らせる。もし決定内容に不服があれば六〇日以内に不服申し立てができると明記しています」

「……」

「申請書の受理が完了したら迎えに行きます。それまでは行けません。違法な処理を容認できませんからね」

このやりとりは記憶によっているがおおむねこうしたものだった。ことばづかいはこれほど丁寧ではなかったとは思う。そういって電話を切った。

こうしたやりとりをするのはわたしにおいて実に二十余年ぶりではないか。しかもいまはカウンターの外にいる。わたしのあたまの芯はかあっと熱くなっていたが、話しながら次第に落ち着いていた。こんなかたちでふた昔のことがすらすら言葉になって出るのがいかにも不思議だった。

それから小一時間すぎたころ二度目の電話があって、山下さんに迎えの車を出してもらった。

このころすでにして生活保護の申請書は安易に受理しないという違法なやりかたがあたりまえに

なっていたように思う。

わたしが都の福祉事務所に在職していた一九六〇年代当時は、初回相談の専任者がかんたんな生活歴と家族構成、申請の理由を聞きとり、申請書は即日受理され、それが地区別主査に配られ個々の地区担当員に渡された。日付の入った受理印がしっかり押されており、その一四日目の日付が主査のもとで記録・管理される。

周辺区は申請が立てこむ。地区によっては担当員はつねにこの締め切りに追われる。初回相談票などはかんたんなものだから必ず訪問して実態調査をしなければならない。地元には民生委員さんがいるのだが大都会ではひとの移動が煩雑だから掌握しきれていない。まあ頼りにならないケースが多い。これはしかたがない。

オリンピックに備える土木工事で危ない道路を自転車をこいで区境の地区まで行く。月賦でやっとの思いで購入したスーツのズボンの股間が次第に擦り切れて薄くなっていくのだ。

藤崎君の生活保護はあまりおもいだしたくない過去を掘り起こしてくれたというおまけがついて、こうして受給できることになった。

山下さんが藤崎君をひとりで市役所に置いてきたのには理由があった。

これは後になって知った。

所管課ではないが藤崎君と交流がある職員は少なからず市役所内にいたのだ。職員組合がわらじの会の活動をバックアップしていたことをわたしはくわしく知らなかった。だからトイレなどは困らなかったと聞いた。だれかに頼みに行くのだ。

カウンター越しに「おーい」とか「ううー」と聞こえる声かけをして顔見知りの職員を呼び出す。それで用事がすむ。

ことばがわからなければなんとかわかるまでその職員に汗を流してもらいたい。そうして地域とのつながりをつくっていかないと重度の障害者は地域で生きていくことはできない。地域市民も地域もかわらないままだ。わらじの会はこういうかんがえかたを今日でも堅持している。

八　自立生活ファシストと化したわたし

幸子さんの「聞きとり書き」続き。

「見ずれえから引っ込んでろ」


十《とお》ぐらいになったら、座敷につぐんでべ（ばかり）居て、歩けなくなっちゃったべ。「見ずれえから奥のほうに引っ込んでろ」っていうから奥のほうにいてつぐんでたの（「つぐみ部屋」と呼ばれるゆえん）。廊下に陽があたってきたから廊下にいたらおじいさんに怒られたの。夜になっておばあさんがおぶってよ、風呂場につれてってふろに入れてくいた。

庭に出ちゃあ見ずれえってからな、ニワトリの小屋の方におらいたの。そんだってよ、近所の人くるべ。用があってよ。そんだって「見ずれえ」って奥にやられたの。なんでおれにべ（わたしだけに）、いうだべな。ゆりさんにはなんにもいわねえんだべなって思ったよ（おばにあたるゆりさんには知的障害があった）。

あたらしい家になって二、三年してから廊下を傷つけるっていうんで「つぐみ部屋」で食べることになった。それから、ほかの部屋もどこにも行かれなくなった。そんだからな、ねえさん（跡取りのあんちゃんのところにきたお嫁さん）野良へ行ったからよ、座敷の方どうなってるか見に行ったの。そんときけえってきたんだよ。そしたら怒ってんの。「てめえら入ると汚れんだよ」とよ。だから、あそこから出らんなくなってみんなでつぐんでたの。どこも行かねえで。で、わらじ入ってから出て歩くようになったの。で、用がねえときはまたうちでつぐんでたの。

出会い

はじめは山下さんとか佐々木浩さん（当時市職員組合）とか正木敬徳さん（同）とか、おらっちに来たの。それからわらじに入ったの。わらじに入るまえはうちにべえ（家にだけ）、つぐんでたの。やっぱりうちにいるよっか外の方がいいな。

高度経済成長の波で近郊都市の農地も開発され売買されるようになった。

幸子さんの生家も、あんちゃんが働きに出たり土地が開発にかかって売れて家が新築される。家が新しくなって、幸子さん姉妹が「いざりながら」歩きまわると柱、畳、ふすまなどによろけて手をついてしまい、その跡がついて汚れたり傷がついたりする。畳はひざで強く擦るから表面がケバ立つというのだ。

加えて顔見知りの近所の人はともかく、これまでにはなかったあんちゃんの職場の同僚なども出入りするようになっただろう。

一九七四、五年ごろから山下さんたちは障害者がいる家庭を、つてをたどって訪問して、月に一度外に出ようとはたらきかける活動をはじめる。土地の開発は異常ないきおいですすみ、その象徴的なものが日本住宅公団（当時）武里団地だった。全戸が完成すれば六、二〇〇世帯で東洋一といわれた。第一次入居がはじまったのは一九六七年ごろのことになる。

こうして移ってきた「新」市民と従来からの市民との出会いは、さまざまなあつれきもはらみながら出会いを重ね、とにもかくにもつきあいがはじまっていく。

電動（車椅子）もらうようになってよ。乗っけてもらえばよ、買い物でもどこへでも行けっからよ。はじめはおとっつぁんに怒られたもんよ。「危ねえ」って、「そんな乗りかたじゃあ外行っちゃあいけねえ」って。そんでうちの庭で練習したの。

オエヴィスのくらしにおいて電動車椅子は重要な役割りをはたす。たとえば藤崎君や幸子さんは電動車椅子でコンビニにひとりで買い物に行けるようになった。

藤崎君にはことばの障害があったがひとりで買い物ができるようになった。欲しいものをニラむのである。ただただニラむ。すると傍らまできたひとは気になって気になってしかたがない。それで「これが欲しいの？　こっち？」と訊いてくれるようになる。藤崎君はヒットすると車椅子から跳ねるように身体中でよろこびを表現する。笑う。それで必要なものはたいてい買い求めることができた。

やがてそのコンビニのお会計通路が車椅子にはやや狭かったので自主的に通路の幅を広げてくれた。地域とのかかわりはゆっくりではあったが確実にできようとしつつあった。

わたしは自分の仕事としてそれらの細々したことを記録することにたくさんの時間をとろうとおもった。酒屋さん、お弁当屋さんともおなじようなつきあいかたで好みのものを手に入れることができるようになった。

お弁当屋さんが、藤崎君が実は客だと気づいてくれるまでにはおよそひと月の時間を要したと聞いている。ご承知のようにお弁当屋さんには居酒屋さんのように品書きがずらーっと張ってある。

藤崎君はコンビニで買い物するのと同じようにこの一枚をニラむのである。視線をたどって「これ？」「これ？」と指さしていけば欲しい弁当が買えるのだ。

「とにかくあきらめないで買いに通うことだ」と助言したわらじの会の古参のひとには頭が下がる。たぶんわたしなら代わりに買いに走っていただろう。

お勘定はどうするかという点でいくつかの心配があったが、やや多めにお金を入れておけば安心だろうということで落ち着いた。障害のあるなしにかかわらず財布に多めにお金が入っていることは安心だ。買い物でのお金のトラブルはおきたことはない。むしろその量に問題があるといえばあった。足りなかったり多すぎたりと。

ところで、藤崎君はオエヴィスの入居まもないころのことを次のように語っている。

オレが日曜日に家に帰れないでいる理由

おれはオエヴィスに来てしばらくは帰らなかった。一週間に一回ぐらいは帰りたいと思っていた。がまんして、聞かれても秘密にしていた。自立してるんだからうちに帰ったりするのはおかしいって本田さんがいったりしてたからよけい怒られるに決まっているからいわないでいた。本田さんが日曜日に誰か介助者を探してよ、休みがとれないよ、といったので困った。（中略）自分で介助者を探すのがめんどくさくなったのでしょうがなくて土曜日にかえったことがあった。このときお父さんは帰るんならもっと早い時間に帰って来いっていってまじで怒った。

おれは「お帰り」ぐらいいってくれると思ったから、いきなり怒られてあたまにきた。おれはお風呂にはいってきたから遅くなったんだといったんだけど、お父さんは納得しなかった。なんで帰ってきたんだって。おれがいた部屋はもうないって。自分が使う電気代は払うのか。食べたものの代金は払うのか、そういわれた。おれはそんなこといわれるとは思っていなかったからまいっちゃった。
メシは食わせてくれたが、食わせながらガミガミ横でいってた。

「立派になった」

光子さん（幸子さんの姉）のお葬式のときに両親が喪服を持ってきてくれてひとり暮らしをするようになって「りっぱにせいちょになりましたとおとうさんがゆた（言った）」（かぎかっこは自力でタイプ打ちした）
「きょうはおれはどしたんでしょ　こころがうれしいくて　そらみたいだと　ゆた（いいたい）おれはいそいで　くるまいすにのって　ひとりであるくの」（自力のタイプ打ち文章）
わたしは障害者の自立生活についておもいこみを強くもっていた。自分のことは自分で決めて責任も持つこと、介助者は自分で探すこと、にとくにこだわった。そうでなければ「自立生活」とはいえないとおもいこんでいた。このあたりが自立生活ファシズムそのものだろう。
オエヴィスではいくつかのルールをつくった。
①みんなで食事をとるということはしない。もし決めたら食事の時間までに帰るという内規が必要になる。時間に間に合わなかったらどうするのか。残しておくのか、片付けはだれがやるのか。

食べないときはいつまでに知らせるのか。どんどん施設化していってしまう。だから、三食ともひとりひとりが自分でなにを食べるか決める。ただし、炊飯、共用の日常用品（トイレットペーパー、台所用品、トイレ・浴室洗剤、用具など）の購入および共用部分の管理・清掃は世話人がおこなう。やむをえないときや隙間の介助も世話人がおこなう。

②共益費を部屋代と別途に納入する。電気代は個室ごとに計算する。

③入浴順は話し合って決める。入浴代は一律に入浴のつど納める。何時に入浴してもよい。

④門限は決めない。

⑤介助者募集、カンパ活動は共同でおこなう。

⑥入居者会議を毎週月曜日におこなう。

このころは「自立生活」に関する全国規模の集会や政策研究会が開催された。ここでは「自立生活とは何か」というなにやらむずかしい問題が討論された。わたしはきわめて個人的な感想だが、自立生活は相当に「できる」障害者、たとえば集会の呼びかけ文や基調のようなものを介助者に指示して書く力が身についているような障害者のいとなむくらしをいうのだと思った。

偏見に過ぎるかもしれないが、実際に中途からの障害者が主役になっていたように思う。こうした「自立」がほんらいあるべきかたちならば、わたしはオエヴィスをできるだけこうした「かたち」に近づけたいとおもうようになっていった。自立生活ファシストだ。

先述した山下さんの一文に、「おずおずと」というくだりがある。おずおずとたどたどしく、しかし、したたかに地域に生きるというかんがえかたがわたしの中に育っていくにはもう少し時間がかかった。この過程で藤崎君が身を持って示してくれたエピソードがいくつもあるのだが。

幸子さんの姉、光子さんが「おらっちの生活は自立っつうのになってかい」と尋ねてきたことがある。あの光子さんの中にも「自立生活」についてなにかしらの想いがなかったならばこんな問いは発しなかったはずである。

光子さんはオエヴィスに入居した年の九月に急逝している。わたしがなんと答えたかはまったく記憶していない。

この文章は随所で一九九一年に主催した生活ホームシンポジウムの際にまとめた報告書から引用しているが、この報告書の表題を「おらっちの生活は自立っつうのになってかい」としたのは光子さんの問いそのものである。

このシンポジウムに講演した著名な自立生活に関する研究者はオエヴィスを見学し「これでは……」とつぶやいたと聞く。「これでは自立生活とはいえない」といいたかったのではないか。この表題は「できる」障害者たちへの、わたしのというかわたしたちの問いかけであった。そしてこころざし半ばで逝ってしまった光子さんの墓碑銘でもある。

一〇　まずはたたかいの中の介助そして地域に依拠した介助へ

当時、道営住宅建設にあたって障害者の「ケア付き住宅」のはなしが「札幌いちご会」あたりから話題になった。こうした問題を北海道で担当していたのが当時厚生省から道庁に出向していた浅野史郎さんで後に宮城県知事になられた方である。

オエヴィスは介助をどうするかということが当然問題になった。

そして専門の介助に頼る「ケア付き」ではなく、地域市民に依拠するという基本的なかんがえかたが確認された。

このころには、すでに「つぐみ部屋」の幸子さん姉妹にかかわる地域の主婦、学生さん（女子高生もいた）のネットワークができつつあった（耳鼻科の浴室を使った入浴介助や給食当番、トイレ介助など）ようで（わたしはこのあたりの事情はよく知らなかった）ある。地域（市民ら）に依拠しようということになったわけだが、人材ネットワークの核にあたる部分は、規模はともかくとして、できていたということができるのだが。

入居者の日々のくらし自体は先行する。

日中は前出の「自立に向かってはばたく家」（準備会）を中心にして（それまでの「市長への手紙」運動によって越谷市はふたり分の人件費としておよそ二四〇万円ほどの補助を決め、これを原資にして世話人ふたりがここに配置されていた）なんとかすごせたのだが、問題は夕方から夜、お泊り介助の手配だった。

この項で述べるのはふさわしくないかもしれないのだが、わらじ史によればオエヴィス開設のやや前から県庁廊下「座り込み」のたたかいがはじまっていた。

定時制高校の入学生に定員割れが生じても障害のある生徒の入学を拒否する事例や普通学級への入学を拒否する事態が相次いだ。「どの子も地域の学校へ」のスローガンのもとに結集したひとびとが教育委員会と話し合いをしてきたが、ときの教育長は面会をかたくなに拒絶した。そこで面会を求めて教育委員会の廊下に障害者だけが自分らの意思で座り込んだのであった。

それでは必要な介助はだれがやるのか。廊下を行き交う県職員にお任せするしかないではないか。障害者にかかわってもらおう。いやいやながらでもかかわらざるを得ない現実を県職員にも体験してもらうしかない。一方では毎朝、早朝から足を運んで必要な介助をふくめた世話人的な役割りを買って出るひともいたと聞いている。

この座り込みのたたかいはオエヴィス開設の前月からとりくみがおこなわれた。入居者のひとりである吉田君も黄色い部屋で各グループに連絡をとり、とくに座り込みローテーション作りを担った。

オエヴィス入居者は引越しをする前からこのローテーションに入る。

生活はこうして先行したが日常的な介助は世話人ふたりにもろにかかってきた。こうした時期に入居者が交互にこの座り込みに参加したことは、誤解があっては本意ではないが、ありがたかった。負担が減ったからだ。朝から夕方まで参加するときと夕方から次の日の朝まで帰らないひともいた。

山下さんらがオエヴィスに迎えにきて出かける藤崎君の背にわたしは茶の間のガラス戸からよく声をかけた。

「今夜はうちでご飯食べるの？　それとも帰って来ないの？」

あれえ、これってどっかで聞いたことがあるセリフだぜ。なんだか倦怠期をむかえた夫婦をやってる気がした。

オエヴィス世話人も入居者もいちばん悩みのポイントであり、入居者自身がしんどい思いをしたのは土、日と祝日だった。介助者が極端に少なくなるのだ。介助がないときの食事づくりや藤崎君のトイレ介助などはわたしと谷崎さんとでなんとかしのげたが、夕方から夜にかけての幸子さん姉妹のトイレ介助はどうにもならなかった。

幸子さんは専用の電話で旧知の知り合いに呼び出しをかけた。電話してすぐにヒットするひとがひとりいれば上出来だった。しっかり断るひともいた。ときに幸子さんの介助依頼の声は悲鳴になった。「困ったときの○○さんだのみ」がよくいわれ、その○○さんがなんにんかいたのはオエヴィス開設以前からのネットワークが強力な土壌としてあったからで、こうしたひとびとはすべて「新市民」で子育て真っ最中の主婦が多かった。

それでも、「おしめをしたら」、という提案はとうとうだれからもあがらなかった。これはどう理解したらいいか、いまでもかんがえるときがある。わらじの会の「障害があってもなくてもあたりまえの生活を」というもののみかた・かんがえかたとおしめはなんとなく違うんじゃないかという共通の思いがあったと思う。

耳鼻科の水谷医師は「あたし、今夜はお金で買われておつとめなの」なんておとなのジョークをとばしてお泊り介助に入りわたしたちを笑わせた。

もうひとつのグループは共栄短大のK先生ゼミの学生さんだった。

このひとたちは幸子さん姉妹の「夕食から就寝、朝までのお泊り介助」を週の半分以上ひきうけてくれた。戦友というほぼ死語になりつつあることばがあるが、わたしは彼女たち（大須田潤子さん、林明美さん、井上若葉さん、菅原麻利子さんらのみなさん）をあえてオエヴィス草創期の戦友とよびたい。彼女たちはともだちを誘って一緒に寝泊りし、やがて「いっちょまえ」に育てるということもした。週のほぼ半分は当時のわらじの会の専従者（二、三人）と主婦だった。

個人ごとの「介助マニュアルがほしい」という声はなくもなかったがつくらなかった。当事者のいうとおりにやってくれればいい、というスタンスでとおした。

幸子さんを車椅子に乗せたままではよかったが、「おらを縛るんだよ」といわれて上半身をぐるぐる巻きにしてしまうひとがあらわれた。「車椅子の背に上半身を縛る」という意味なのだが。こういうとき、わらじの会はこれを格好の話題にして笑い飛ばしてしまい、マニュアルをつくる方向にはいかなかった。

幸子さんの室内トイレのときに「おらのケツをおっぺすんだよ」と指示されたがどうにもこうにも「おっぺす」が通じない。持ち上げて、という意味だった。これはわたしにもわからなかったが、わらじの会の関係者には通じていたようだ。
「地域に依拠する介助」の具体的なとりくみは、わらじの会あげておこなわれ、駅頭でのチラシ配布・カンパ活動では、記録によれば、三月十一日と十二日だけみてもカンパ額は一二万七、五三七円に及ぶときがあった。このときは「カンパの女王」とよばれた野島久美子さんが「このお金はあたし、一晩抱いて寝たいの」と言ったのを記憶している。それに加えてマスコミ記事の掲載などが少しずつ実を結び、曜日と時間帯別の空欄がゆっくりだが確実に埋まっていくようになった。わたしはとくに「くちコミ」がきわめて有効だったとおもっている。

ユニークなケースでは隣り組にあたる幼稚園のこどもの帰りを車で待つ間に「なにかお手伝いできることがありますか」と申し出てくる主婦が数人いたことだ。

この時期に応募してきてこんにちまで介助をつづけているひとが三人いる。ひとりは星名良浩さん（現くらしセンターべしみ施設長）であり、ややおくれて吉田弘一さん（現越谷市障害者就労支援センター所長）である。中山佐和子さん（現くらしセンターべしみ職員）は幼稚園児待ちの主婦だった。星名さんとややおくれて吉田弘一さんのふたりは開所時からこんにちまで一八年余のつきあい（後半は週一日ペース）が藤崎君と続いている。すでにして「介助するひと、されるひと」の関係性などどこにもそのカケラすらみあたらない。良き（ときに悪しき？）隣人という表現でも足りないかもしれない。さて、どういったらいいのか。

いま、藤崎君は「オレのことをなにも知らないひとに囲まれたくらし」を夢見るときがあるらしいのだが、そうはいかない。ひとにはしがらみというものがあって、だれもこれから逃げるわけにはいかない。あたりまえのくらしとはそういうものでもあることは藤崎君もわかっていて、だから「夢」なのだろう。

「おぼれる者はわらにもすがる」から「ケアシステム・わら細工」ができたのはオエヴィスが開設した年の夏から秋にかけてではなかったか。これまでのはたらきかけに応じてくれたひとたちを組織した。

この時期、いわゆるこの方々の「はたらき先・ボランティア先」には限度があった（在宅障害者がほとんどだった）ので折角申し出てくれたものの「待機」を余儀なくする方々が大量にうまれてしまった。ただし、お泊り介助にかぎってはこうはいかなかった。

幸子さんには「お泊り介助ローテーション表」の空欄に心が休まらない日々がつづいた。電話で介助者探しをすることは夜の日課になっていた。これを見聞きすることはかなり辛いことではあった。わら細工ができると月のうちほぼ半分はわら細工サイドでコーディネートするようになった。四分の一は一度「お泊り介助」に入ったひとが次回の予定を書き込んでくれる。書き込まないと幸子さんの部屋から出られないのだ。幸子さんは必死だった。

残りの空欄を幸子さんが探すことになったが、顔見知りという点で、わら細工の担当者よりも幸子さんのほうが力があったのだ。本人から直に電話があると情というものもあってそうそうはすげなくできない。わら細工の事務局からの電話依頼なら断りも事務的にできる。とはいうものの、以前よりも幸子さんの介助者探しははるかに楽になった。

ケアのシステムを設計するについては先発グループへの調査活動がおこなわれた。部内ではいくつかの論議があった。

文字通りのボランティアだけに依拠することについては現実的に問題がないわけではなかった。要約していえば、引き受けたある曜日のある時間帯について誠実に対応することが実行されないケースがまま発生した。これは介助を待つ当事者にとっては、食事ができないこと、トイレができないこと、外出ができないことなどになる。「ごめんね」ですまされたのでは当事者にとってはやりきれない問題が残る。

論議は、結局、ここのあたりを、こころざしのようなものだけに頼るだけではなく、介助費という「お金」を介在させて介助の責任感をうながす、(介護) 契約を結ぶことによって、双方が対等の立場に立つという考えかたに落ち着いていった。金額そのものはせいぜい交通費の片道分になるかならないかだった。

一一　公的介護保障

それではオエヴィスの入居者が使える当時の公的介護保障はどうなっていたか。

生活保護をとらないかぎり、なにもなかった。

ひとつに「家庭奉仕員」制度があったがこれは若年障害者にはつかえなかった。また、介護人派遣事業があったが、これは日時指定の事前予約制で緊急の用事には間に合わず、引き受け手がみつからなければつかえなかった。さらに行き先も公共施設、医療機関等に限定されていた。

生活保護は、記録によれば一九九一年当時で月額（家賃込み）一三万五、七五〇円が最低生活費で、ここから障害基礎年金、特別障害者手当て九万三、七二六円が収入認定されて実支給額は四万二、〇二四円であった。これに要介護が認定されると月額四万五〇〇〇円の「他人介護手当て」加算がついた。だから藤崎君や幸子さん姉妹の介助にかかわったひとたちは「介助料」とはほとんど無縁のところで支えてくれたということができる。介助の隙間がたくさん生じたのは当然だがここを世話人が埋めたことはいうまでもない。

さて、この「他人介護手当て」に特別基準なるものがあった。これを教えてくれたのはすでにインターネットを駆使していた山下さんで、問い合わせ先は全国公的介護保障要求者組合という団体だった。

そして九〇年の秋に藤崎君はこの申請をおこなった。これは大変な作業量になった。県ももちろん市も（わたし自身も）こんな「手当て」のことは知らなかった。これは県にも市にも寝耳に水だったといっていい。ほんとうに知らなかったのである。

わたしと藤崎君それに先発して生活保護でひとり暮らしをしていた野島久美子さんと一緒にこの団体がおこなう厚生省交渉に積極的に、しかも毎回欠かさずに参加し、厚生省のかんがえかたをくわしく知ることができた。

これをもちかえって県の所管課を訪問し、説明した。さらに市役所をたずねて同じことを根気よく説明した。こういう日々が何日も続いた。そして野島さんが埼玉県で第二番目、藤崎君はやや遅れて第三番目の「特別基準」適用者になった。当時は全国でも五〇人余にすぎなかった。

なおこの「手当て」は先述した一般基準（福祉事務所長承認）と知事承認によるもの、そして厚生大臣承認（当時月額一〇万八、〇〇〇余円）があったが途中から知事承認は廃止された。やがてバブル経済の余波とでもいうべきか、九三年か四年にこの特別基準額は一気に一八万円台に増額される。

以下、余談。

ケンタッキーとかマクドナルドには「お召し上がりですか？」、「お持ち帰りですか？」と客にたずねる応接マニュアルがある。これは完璧に励行されている。

藤崎君は知り合いの女子高校生がアルバイトしていたのでひとりでお店に行った。そしてこの質問のことを知る。やがてその高校生はお店をやめてしまったのだが、かまわずに客になって質問を待った。腹が減っている。「お持ち帰りですか？」否。「お召し上がりですか？」然り。

付き添いがいないのだから店員さんはしかたなく、しぶしぶでも「お召し上がり」を手伝うことになる。店員さんはお店がいそがしいから渋い顔をする。藤崎君は横を向いて黙々と食べたと語っている。

似たようなエピソードは障害者団体の全国交流会などでも当時よく耳にしたからあっちこっちでお

こなわれていたのだ。こうして昼食の介助をおぎなった時期が短くはなかった。

やがて埼玉県が東京、大阪らに次いで先進的に全身性障害者介護人派遣事業を実施することに決める。埼玉社会福祉研究会を基盤にして設立された社団法人埼玉障害者自立生活協会(一九九一年認可)が先頭にたって実現に向けたはたらきかけを強めたことはいうまでもない。

この施策は障害者の社会参加に寄与するものとして画期的であった。障害者自らが介助者を市に登録(複数も可)し、外出準備、外出中の介助、帰宅と片付けが「有償」でできるようになった。この介助者になるための特別な要件などはなにもなく成年であればその市に住んでいなくてもよかった。

障害者が地域にうって出てさまざまな「出会い」を重ねることはとても重要なこととわたしたちはかんがえて、その前史のときから一貫してこれらの活動を続けてきた。

こうしたかんがえかたと対照的なそれは、ひとつの建物の中で障害者がいわばこもってすごすありかたである。「囲い込み」だ。地域を歩いても電車に乗ってもどこに行っても障害者にひとりとして出会わないということは実は不思議なことなのであり異常ですらある。決して「地域社会」とはいえない。

しかし重度の障害者が家から外の社会に踏み出すことはいまでも並大抵なことではないのだ。この施策はここを切り拓いていくうえでまさに画期的だったのであった。

それまできわめて不充分なかたちでほそぼそとおこなわれていた介護人派遣施策には外出先制限が

あった。通院、公共施設（役所や図書館など）に限られていた。しかも予約が必要で、引き受けてがいないと断られた。この「全身性」にあっては一度登録しさえすればあとは障害当事者と介助者との折り合いをつけるだけでよかった。

しかし、実施主体は市町村とされたから、越谷市と春日部市にもあらためてはたらきかけを続ける。越谷市は県内でも二、三番目にこの制度を採用した（一九九三年四月施行）。

当時は月八回であった。一回は半日で一日二回まで。外出介助者に支払われる謝金（公費）は一回ごとに一、六〇〇円だった。受給者ひとりひとりでいえばその活動量にくらべてどうにもならないので、受給者がまとまって「共同介助者」をひとり置こうかという案があみだされた。一九九三年前後のことだったと記憶している。このグループは支給回数にちなんで「はちの会」と名づけられ、社会参加活動のありかたなどを議論しあった。「はちの会」はこんにちにでも続いている。なお、春日部市も一、二年おくれて同施策を実施することになる。

自分がとても気に入っているひとが、この施策をつかっている幸子さんのめんどうばかりみることを、一緒にグループ活動しながらつねづね苦々しくおもっている若い女性の知的障害者がいた。

ある日とうとう彼女は切れて、幸子さんを糾弾する。

「あんたズルイ、ズルイよ！　ズルイよ！」

いあわせた周囲のひとたちがおどろくほどの剣幕だったようだ。

これを契機にしてあらためてわらじの会は「全身性障害者」とおなじように、知的障害者にも介護人派遣事業を実施するように越谷市に要求する。そして八年後の一九九九年に「知的障害者の介護人派遣事業」が実施された。このころには、月八回だった内容は月九六時間に、時給は八五〇円になっていた。越谷市はまったく同じ内容でこれを実施したが東日本では越谷市が初めてではないかといわれた。

一二　藤崎君のビデオリース店てんまつ

これはオエヴィス開所の翌年の五月ごろのことだったか。

よく晴れた日で、藤崎君がビデオリース店に行きたいというので、電動車椅子に乗せた。わたしは「なにを借りたいのか、教えてくれればメモを書くよ」と声をかけた記憶がある。しかし藤崎君は要らない、と無言で出かけた。わたしのあやふやな記憶では、織田祐二・鈴木保奈美コンビのTVドラマ「東京ラブストーリー」が人気だったころとダブッているのだが。

それで二時間ほど経った。開けっ放しの茶の間から藤崎君がみえた。

表情が険しい。いろいろ問いただすと、ビデオリース店の店長と揉めたらしいことがわかった。店に入らないでくれ、というのが店長の言い分で、藤崎君は怒った。わたしは「店長の言い分もわからないわけじゃないな」といった。かかとで電動のコントロールをするので、スムーズに電動は進まない。店内の通路をよろよろすれば陳列棚にぶつかり、商品が棚から落ち、踏んづけてしまうことをおそれたのだろうとおもうよ、というようなことを想像でいった。

藤崎君はこう言った。

「これから電動車椅子利用者に声をかけて応援してもらう。五、六人でおしかけて店内をめちゃめちゃにしてやる」

藤崎君は怒ると唇がへの字になる。

「おいおい、それは過激すぎるよ。それで店長はなんていったんだい？」

「ひとりで来るな。親とかだれかを連れて来い」といったらしい。

「おれが店長だったら同じことをいうかもしれないなあ」

「とにかくこれから仲間を連れて押しかける」

唇はへの字のままだ。

「待て待て、それは過激すぎる。借りたいものの名前を教えてくれ。おれがメモを書くからそれを見せればいいさ」

「いやだ。メモを書くのならこう書いてくれ」

藤崎君がわたしに指示した文章は「おれが壊した商品はおれが弁償する」

わたしはおどろいた。生活戦闘力がトップに入ったまんまだぞ、こりゃあ。なんだかんだいって、わたしは結局その場はなんとかおさめたつもりでいた。

それからさらに三時間ほど経って、藤崎君が戻って来た。わたしの顔を見てニコニコしているのだ。

ていねいに時間をかけ聞き出したいきさつはこうだった。

藤崎君はまたビデオ店にひとりで出向いた。店長は「なんだ、またひとりできたのか」といった。「いつも困っていたんだ。君に店内をうろうろされるとこっちは気が気じゃないんだよ」

そこで店長は「なんであんなにうろつくんだ。なにがどこにあるのかわからないのかい？」といって、藤崎君に質問した。しかも具体的に。こういう質問には藤崎君は答えることができるのだ。ことばではなく縛られている身体で飛び跳ねるようにして態度であらわす。

これをみた店長は「きみってこっちの話はちゃんとわかるんだね」然り。

「そうかそうか。そんなら棚を案内してあげるよ」こういって店長は、ここが洋画、この列がドラマ、こっちは日本、あっちは外国の、そしてここがアダルト、というように教えてくれたそうなのだ。藤崎君は借りたいものを借りることができた。なにを借りたのかは教えてくれなかったが。

それから藤崎君はこの店長と交流を結んでいく。藤崎君が店の前を通るのを見かけると出てきて「きょうはどこにいくの。買い物かい？」とか、やりとりのこつを覚えた店長は具体的に聞き、やりとりが成立した。

後日談もある。

ある日、藤崎君はある明確な目的をもって店長に会う。

店長はいつものように、具体的に「ドラマ？　映画？　アダルト？」と聞く。ところがこの日、藤崎君はそのいずれにも首をたてに振らなかった。困った店長はしかし以前の店長とはちがう。やがてピンとくるものがあったのだろう。

「もしかして裏ものかい？」藤崎君はそれこそお尻が椅子から離れるほどに跳びはねて「そうだ！」といった。「そりゃあないよ。あるわけないいだろう」こういってふたりで大笑いになったという。わたしも藤崎君のあたまを軽くこづいて笑った。

こうした話は夕食時のゆっくりした時間にじっくりやりとりして知ったことだ。

ちなみにわたしが、メモを書くから、といったときに借りたかったビデオはアダルト「痴漢電車なんとか」だったことも教えてくれた。わたしは大笑いした。そして反省した。なるほど、見たいよなあ。それを言え、といわれてもいえるわけがない。だれか連れて来い、といわれても一緒に行けるわけもない。

わたしはこのできごとがあってから、世の中の圧倒的多数派に属する健常者といわれるひとが多数派の勝手な思い込みで、障害者といわれるひとをどれだけ束縛していることか、をかんがえる気になっていった。結論はあった。共にいればだんだんにわかってくるものなのだ。せめぎあい、衝突し、時にはおたがいにキレたりもして、だんだんに、だ。

一度、地域の共に生きるなかまのひとりになったこの店長氏にも会いたいとおもっていたが、やがて店がかわって、このなかまは残念ながらいなくなってしまった。しかし、ほかの店でもことばのやりとりが難しいひととちゃんと応接してくれているだろうとおもうのである。

一三　わたしの体験的福祉観

二〇〇〇年に介護保険がはじまったが、わたしにはあまり関心がなかった。それから三年後に支援費制度がはじまる。これは若年障害者の介護保険版で、近い将来は介護保険に統合されると伝えられた。それで、にわかに介護保険のしくみについて勉強しなくてはならないことになった。

わたしはこうしたときに、介護保険の前に、実はその重要な布石が打たれていた、と教わった。それは医療報酬の改訂をふくむ医療制度の改悪だったという。

亡くなった幸子さんの姉、光子さんが入院していたころの新座市の病院では、ベッドの傍に個人契約で寝泊りしながら重い症状の患者の介助をし、点滴の管理など看護師の補助もしていた付添婦さんが病院から消えていったということは耳にしていたのだが。

わたしには、大雑把にしか説明できないが、それは病院から長期の入院患者が姿を消すことになるということだった。わたしはびっくりした。なぜなら、こうなると、患者として治療は治療として受けながらも、家庭の事情などで退院できない、いわゆる社会的な理由による難民化した長期入院患者はどこに行くんだろうとおもったからだ。

すなわち、診療報酬の改訂というか改悪により、入院が長引くことにより、だんだんと診療報酬が下がるのだそうだ。

このあと、介護保険に関する報道が詳しくなっていく。

わたしは介護保険の枠組みに、応益負担、規制緩和による民間活力の導入、市場主義の導入が採用されたぐらいのことは知っていた。そこに、とりわけ緊急に必要になる介護事業の全国展開をもくろむコムスンの経営者が進出したというニュースが民間活力の導入の意味を実感させた。この経営者は、もと若者むけのディスコを経営していたということが話題になっていたから、とても奇異な感じをもった。

また、本来なら社会福祉法人の守備範囲とおもわれていた高齢者施設の運営などに続々と医療法人が進出する。すなわち、治療も必要だが、社会的理由による高齢者のためにいくつかのあらたな医療施設がつくられていく。病院ぐるみが療養型病床群という聞き慣れない施設に衣替えするとか、病院と地域（家庭）の間に介護老人保健施設ができていくなどあれよあれよというちに整備が、社会福祉法人というよりも主に医療法人によって展開されていった、とわたしはおもっている。

やがてわたしにも、国はこういった布石を打って、介護保険体系を整えていったのだということがわかってきた。

巡回型の訪問看護なんてなにがなんだかわからなかったが、やがて亡くなることになる幸子さんのところにここから看護師さんが出入りすることになって、わたしの理解は少しずつひろがっていった。

市場主義の導入というかんがえかたにあっては、サービスの受け手は要介護の高齢者であり、いわば消費者だ。サービス事業所、つまりサービスの提供者が売り手だ。

この市場に民間資本が次々と参入していく。

すでに在宅高齢者の家族介護の限界と介護の社会化が叫ばれていたが、早い話、手回しよく病院からなお大量の高齢者をこうした（巨大）市場に「供給」されたとしか理解できないではないか。わたしだけではないとおもうのだが、注目すべきは、介護費である。介護費用は介護度によって異なるが、これが当事者自身には渡されない。市場主義なら、どの事業所のサービスを「買う」のかは基本的には当然、当事者の自己決定によって決められる、事業所はサービスの質やその料金などで自由に競争して「顧客」を獲得する、とかんがえるのが普通ではないか、とわたしはおもったのだ。

オエヴィスにいたわたしにも、そうした施策の持つ意味、枠組みの狙いが次第に見えてくるようになった。

介護保険をめぐる当初の論議では、加齢による痴呆により障害を持つにいたった高齢者のあたりまえの地域社会でのくらしとか「自立」したくらしなどに期待をいだせるものがあった。しかしじっさいにはそのかけらも残らなかった。おどろくのは「外出の支援（サービス）」はメニューにないことだ。わたしは、介護保険ができたら、高齢者がストレッチャーに横たわってでも、学校や公民館などの集会でじぶんが体験してきた空襲や敗戦後の焼け跡、闇市、食糧事情、買出し列車などの話を語り部として次世代に語り継ぐ光景が見られる地域社会が実現するとイメージしていた。

しかし、いまそうした時代にはなっていない。

さて、六十五歳未満の要介護若年障害者は介護保険体系に追随した支援費制度（二〇〇三年から）

やいまの悪法障害者自立支援法（二〇〇六年から）で振り回され、いま厳冬の時期をすごしている。

これにともなう社会福祉制度も介護保険同様に、国家財政破綻による構造改革路線によって、はんぱではない財政切り捨て改悪がすすめられている。

たとえば、長時間の介助が必要な障害者には「重度訪問介護」という施策が自治体事務としておこなわれている。一見すると、身体、家事、外出、見守りなどなんでもありの施策だから、「配給」される時間数は、三〇分刻みでせいぜい二時間が限度とされている身体介護にくらべると、まあ長時間だとしても、この単価はおよそ一、六〇〇円前後とされているから、事業所はまず引き受けないという実情が生じている。

介護保険では、介護度五の認定を受けてもその一割の自己負担（収入の多寡にかかわらず一律）が年金収入ではとても支払えないので満額のサービスが受けられない実態がどんどん増えている。要介護若年障害者も仮りに月三〇〇時間を「配給」されてもこのサービスが受けられないという現実が生じている。

事業所は「重度訪問介護」にヘルパーを派遣してもうまみがないばかりか、赤字にもなりかねないし、ヘルパーひとりあたりの「売上げ」がきわめて悪い。身体介護の単価はおよそ四、〇〇〇円前後だから、たとえ二時間単位の滞在でも効率よく巡回すればひとりあたりの「売上げ」は増える。しかもヘルパーの時給、処遇悪化によってヘルパーは介護現場からいなくなって、いまや四〇万人が不足（離脱）し、深刻な社会問題となっている。

わたしが親交をむすんでいる内田誼さんは古希前後にケアマネの試験に合格し、介護福祉士の資格はその前に取得した。かれはいま、六十五歳を越えると障害者は介護保険制度に移行させられることについて行政に異議をとなえているという。

介護保険は「加齢による疾病等による障害」と対象者を明確にしている。内田さんは生まれてまもなく脳性まひ者などになった障害者が六十五歳を超えると介護保険サービスに機械的に移行させられることになる「根拠」はなにかと疑問もこめて異議申し立てしているのだ。

わたしは、なんでもかんでも福祉にお金が振り向けられればすべてよし、とする立場には立たない。生産効率が悪く、多数派の社会のお荷物とみなして「福祉」に振り分ければそれでおしまい、という社会のありかたはまちがっているとおもっているからだ。

さて、オエヴィスは、いま補助金が「日割り」で交付されるようになった。土曜日に実家に帰り、月曜日に戻ってくるとその分が減額されるしくみである。一日二、六〇〇円である。いいかえれば、部屋の稼働率が下がれば下がるほど補助金が減り、いまや人件費の支払い原資があやうい状況におちいっているありさまだ。

わたしは、オエヴィス草創期のころをおもい出す。

生活保護以外に公的介護保障制度は皆無だったけれども地域市民や学生が、たくさん介助提供を申し出てくれた。介護先がいっぱいいっぱいでおよそ七〇人以上の、介助を申し出てくれた方々に、折角の申し出をお休みしていただかなければならない時期が続いた。

介護保険や障害者自立支援法を「福音」と受けとめたひとも少なからずいたことは事実だが、制度は充実したとしても、こうした地域との結びつきは次第にうしなわれていった。

制度は対象者を厳密にわける。分けるということは選別、差別するということだ。

福祉の名のもとで隔離され、とり残されていくのは結局、重度の障害者である。どんなに重度でも、地域のあたりまえのくらしができる社会こそがわたしたちがめざす地域社会である。介護保険法も障害者自立支援法も建前では同じことをいう。

さて、藤崎君は生活ホームに一〇年いて、いまは公団住宅でひとりぐらしをしている。吉田君は結婚していま県営住宅に住み、三児をもうけて、長女は中二になっている。新井さんはいまもオエヴィスに住んでおり、通販生活も楽しんでいるようだ。

わたしは「隠居」を自称し、月に四、五日ほど非常勤ではたらいている。国の欺瞞的なやりかたに声を大にして立ち向かう気力も失せたようだ。

おわりに、亡くなった幸子さんの姉、光子さんがストレッチャーに横たわり、県庁に座り込んだときに壁に張り出された詩を紹介したい。

わたしはこの光子さんの詩をときどき読む。そしてこの国のありかたをかんがえる。

おれらは　ねんきんきり　はいらねえ
だから　おやたちに　みてもらってきた

ちいさいときは　あぶねえからって
いわれて　そとにでらんねえで
うちんなかで　つぐんでた*。

おとなになっても　ひしら*　つかっちゃ
おえねえ*からって　つうちょう　もたせられねえ。

おやがとしとってからは　ねんじゅう
あにきのよめさんに　はたらけねえもんは
くわねえでいいんだって　おこられる。

でんどうに　のせるひとが　いねえんで
うちでつぐんでると　けつがじょくそうで
いたくてこまる。

おれらも　かぞくのせや*になんねえで

まちのなかで　いきてえ

いま　みんなで　まちにでたり　はたけ
やったりして　がんばってる。
おれらは　いま　せいかつほーむをつくって
まちで　くらそうとしている。

だけど　いまの　せいかつほーむせいどじゃ
おれらが　くらすに　かいごが　たんねえ。
うちなおす　かいぞうひもたんねえ。

おれらも　まちで　みんなとくらしたい
ちじさん　かんがえてくんろ。
（＊「つぐんでた」三二九ページ参照　＊「ひしら」むやみに、やたらに　＊「おえねえ」
いけない　＊「せや」　せわ）

光子さんは一九九〇年九月逝去。妹の幸子さんは二〇〇〇年七月逝去。

ふたりはオエヴィスに行き来する道から手を伸ばせば届きそうなところにある実家の墓地で眠っている。死者は沈黙する。生者は語らなければならない。光子さんと幸子さんはいまも雄弁に語りかけてくる。わたしには聞こえる。「本田さんよお、おらっちの生活は自立っつうのになってっかい？」

■年表／わらじの会三〇年の歩み

「年／首相／出来事／世相・流行語」欄の◆は「首相」、■は「出来事」、●は「世相・流行語」を、「バザー会場／夏合宿／わらじ活動／人物往来」欄の❶は「バザー会場」、❷は「夏合宿」、❸は「わらじ活動」、❹は「人物往来」を示す

年／首相／出来事／世相・流行語	バザー会場／夏合宿／わらじ活動／人物往来	月刊わらじ
1977年（昭和52） ◆福田赳夫 ■ロッキード丸紅ルート公判、第三次全国総合開発計画、衛星元年、ロンドンサミット ●「円高」、「モラトリアム人間」、「翔んでる…」、「ルーツ」、「たたりじゃー」	❶まだ行われず ❷まだ行われず ❸わらじの会はまだなく、東部地区の会、市職青婦部、「川口とうなす会」それぞれに独自の活動 ❹中国より一時帰国の石川節子さん武里団地に／「つみきの会」、八ヶ岳・五光山荘一泊旅行／「とんぼの会」、「問い直す会」などを訪問	まだ刊行せず
（昭和53） ◆福田赳夫～大平正芳 ■円高不安、アメリカでの対日感情悪化、金権政治の大衆化、成田空港開港、日中平和友好条約調印 ●ジョギングブーム、「窓際族」、「不確実性の時	❶越ヶ谷公民館 ❷伊豆下田・田牛海岸（廃校）、「川口とうなす会」と合同 ❸金井康治さん自主登校に野沢啓祐さんら参加／「障害のある人もない人も一緒に生きよう」と三月に会スタート／越谷養護学校開校／夏の「川口とうなす会」との合同合宿はハードそのもの／大	自己紹介、例会や合宿の反省会報告、「くっちゃべる会」報告、「わらじだよ全員集合」などが主

年／出来事／世相・流行語等	バザー会場／夏合宿／わらじ活動／人物往来	月刊わらじ
1978年 代」、「竹の子族」	宮公園のバリア解消を「川口とうなす会」と共同で副知事に要望 ❹越谷保育専門学校よりおおぜいの学生が参加／草加のボランティア団体「おせんべ」も	
1979年（昭和54） ◆大平正芳 ■一月に第二次石油ショック、グラマン疑獄、スリーマイル島原発事故、イラン革命、東京サミット、旧ソ連がアフガニスタン侵攻 ●インベーダーゲーム、「絶頂」、「省エネ」、「ウサギ小屋（EC委員会報告）」、「熟年」	❶越ヶ谷公民館 ❷日立・河原子海岸（入ぼし旅館）、「障害児者を地域へ戻す会」、「茨城青い芝」メンバーと交流 ❸一月塩原で雪の合宿／春日部養護学校開校／夏合宿で「なぜ施設なんですか」テーマに討論会 ❹竹沢祐治さん没／橋本さん一家克己さんの嵐山コロニーの入所決定を蹴りもう少し地域でと／押田恵子さん文字覚え電動タイプへ／荻原信一さん永島澄恵さんとの結婚式に「結集せよ！」と闘争宣言／木元美津雄さん父が亡くなり母が家出し一人暮らしに	「地元・新田小に転校するまで」（10号〜）／特集「くやしかったこと」（11号）／連載「67年ふっとんで歩いてきた」（15号〜）
（昭和55） ◆大平正芳〜伊東正義〜鈴木善幸 ■富士見産婦人科病院事件、校内暴力続く、日本の貿易黒字一〇〇億ド	❶越ヶ谷公民館 ❷山中湖（民宿・高嶺荘） ❸例会で越谷集合後四地区商店街で一軒一軒バザー献品依頼／東武電車の各駅を調査／スウェーデン福祉体験旅行（埼玉社会福祉研究会）／事務所案	スウェーデン報告／特集「夏合宿の感想」（29号）

1980年

ル、イラン・イラク戦争
●MANZAIブーム、ルービックキューブ、「それなりに」、「赤信号みんなで渡ればこわくない」

を討論するも見送る
❹野沢啓祐代表宅にヘルパー週二回／発足時からの保専学生たち卒業で転機／各市で映画会開催し会員募る

1981年（昭和56）

◆鈴木善幸
■長期不況の年、土光臨調、ライシャワー発言、米スペースシャトル初飛行
●ソフト重視時代（量から質への時代）への転換、「おいしい生活」、「クリスタル族」、「青い鳥症候群」

❶越ヶ谷公民館
❷日立・河原子海岸（入ぼし旅館）
❸例会に追われる会の現状見直し論議／わらじ農園／はばたく家準備会／とまりでくっちゃべろう会／「差別をなくす障害者市民の会」／札幌、東京、埼玉でスウェーデンの障害者団体RBUと交流／『ハンディキャップレポート』出版
❹今井教男さん・谷田部和美さん結婚／市職大量逮捕／武里南公民館でのはばたく家活動に団地の主婦たち参加

「自立に向かってはばたく家」（37号）、地域団体（おせんべ、東部地区、はばたく家、つみきの会、めだかの会）特集（43号）

（昭和57）

◆鈴木善幸～中曽根康弘
■鉄の女サッチャー圧勝、イスラエルレバノンへ侵攻、ホテルニュージャパン火事、日航ジャンボ機羽田沖墜落、日米コンピューター摩擦

❶越ヶ谷公民館
❷南房総・保田海岸（存林寺）
❸「はばたく家」越谷市と交渉開始／「東部地区の福祉と教育を考える会」各市で就学問題の集会／田口由利子さんへ介護人派遣／東武鉄道が本社のある業平橋駅に初のエレベーター／草加・越谷・岩槻各市に続き春日部市も市立授産施設／「はば

特集「障害者年をふりかえって」（45号）／「あたりめえに年とってきた」（53号～）／「小さな新聞」（55号～）／「克己君の絵日記」（56号～）

年／首相／出来事／世相・流行語	バザー会場／夏合宿／わらじ活動／人物往来	月刊わらじ
1982年 ●マイコンブーム、「ルンルン」、「ネクラ」、逆噴射	たく家」の障害者たちが講師となり連続ボランティア講習会 ❹田口由利子・富子さん軽トラ移動販売／「おやじ忘年会」開く	
1983年（昭和58） ◆中曽根康弘 ■日本経済「国際化・成熟化」時代へ、中曽根首相日本初の公式訪韓、ソ連大韓航空機撃墜 ●「おしん」、「釜山港へ帰れ」、「戦場のメリークリスマス」、「ロンとヤス」、コピーライター・ブーム、カフェバー	❶越ヶ谷公民館 ❷八ヶ岳・野辺山（五光牧場） ❸「めだか福祉の店」開店／「はばたく家」越谷市へ二五〇〇人署名渡す／市長へのラブレター作戦／「はばたく家の店パタパタ」開店／越谷市自立生活援助要綱／東武線駅公開実地調査／「おやじ忘年会」 ❹谷中耳鼻科現在地へ移転し黄色い部屋できる／千葉雅行さん没（直前河合奈保子さんと会う）／山本哲雄さん草加駅の乗車拒否に交渉し解決／西村和好さん三郷養護学校から地元の八幡北小にようやく転校／田口由利子さん一人で電車に乗り「めだか福祉の店」からせんげん台駅前まで	特集「みち」（58、59号）／リレー書評「私とあなた」／連載小説「恋文」／連載「新井豊の美女対談」／低料第三種郵便獲得へ働きかけ／金子行雄「入居者と職員のかかわりの中で」（63号）
◆中曽根康弘 ■グリコ・森永事件、ロス疑惑、ヘルパー有料化、	❶越ヶ谷公民館 ❷嬬恋村（東海大研修センター） ❸『ユニーク自立埼玉』出版／田口由利子さん介護	特集「いま地域で生きてます」（78号）／連載「みのり多い生活を生きるためのガイド」／特集「学校と地域」

1984 年（昭和 59）	1985 年（昭和 60）
臨時教育審議会設置 ●「ピーターパン症候群」、「浪花恋しぐれ」、かい人21面相、「劇場型犯罪」、「普通のおばさん」、ニュー・アカ・ブーム	◆中曽根康弘 ■初の首相靖国参拝、田中派から竹下派へ、プラザ合意なり円高時代へ、NTT、JT発足し民営化加速 ●「パフォーマンス」、「イッキ」、「ミ・アモーレ」、「投げたらアカン」、「フォーカスする」
人打切り／「くっちゃべる会」パートⅡスタート／新坂光子さん自立生活演習／水俣へ／「コアラグループ」発足 ❹石川恭子さん没／山中恵美子さん専従に／野島久美子さん火傷で入院／橋本市太郎さん没／木島麗子さんアパート生活／吉原満さん・福島広子さん結婚、市営車椅子住宅へ／坂口佳代子さん車椅子で近所の友達と一緒に学ぶ姿がNTVで／橋本克己さん電車・バス一人乗車覚える	❶越ヶ谷公民館 ❷赤城（国民宿舎・緑風荘）、「前橋たまごの会」と交流 ❸越谷市立病院体外受精問題／「はばたく家」の春日部市への要求受け議会で助役「何らかの対応」と答える／狭山湖でくっちゃべる合宿／姉妹団体「風の子」廃品回収開始／手留子屋／みちくさ塾／越谷で車椅子ガイドヘルパー／「はばたく家」越谷・春日部市に介護人派遣制度要望／大宮聾学校生徒が熊谷駅で電車に衝突死 ❹野島久美子さん春日部に／傘木由紀子さん長野へ／加藤弘昭さん股関節脱臼手術／木下裕文さん・山本豊さんが廃品回収しながら障害者ネットワークづくり
(80号)／低料第三種郵便獲得(10月) 郵送増やす	特集「男と女共に生きられるか」(82号)／連載「恩間新田の40年間」(90号〜)

年／首相／出来事／世相・流行語	バザー会場／夏合宿／わらじ活動／人物往来	月刊わらじ
1986年（昭和61） ◆中曽根康弘 ■ミドリ十字が加熱製剤を発売、自民党三〇四議席獲得、社会党土井たか子日本初の女性党首に、男女雇用機会均等法、障害基礎年金 ●「新人類」、「おニャン子」、「プッツン」、「元気印の女たち」、「激辛」、「家庭内離婚」、「乱塾」、シルバー産業	❶越ヶ谷公民館 ❷榛名山（国民宿舎・榛名山荘） ❸「誰でも使える駅を求める会」が草加市内各駅点検と駅長室アンケート／新坂光子・幸子さん姉妹への給食サービス開始／「風の子」の味噌づくり新聞に／「埼玉社会福祉研究会」冬眠からめざめ「国際障害者年サイタマ五年目のつどい」／「コアラグループ」廃油で石鹸づくり新聞に／「障害者自身による障害者雇用事業所」へ向け勉強会 ❹鈴木照和さん・河上千秋さん結婚／山本哲雄さん一人暮らしへ／小川昌子さん一人暮らし／新坂光子・幸子さん姉妹府中病院入院	特集「働くってなあに」（94号）／連載「わらじ国巡礼記」／特集「自己史をさかのぼる」（99号）／特集１「私とわらじの会」、特集２「この頃頭に来たこと」、特集３「暮らしの中のことば論」（１００号）
（昭和62） ◆中曽根康弘～竹下登 ■国鉄民営化しＪＲに、大韓航空機爆発事件、ジャパンバッシング激化、金余り現象、地上げ、日本初のエイズ患者認定 ●レトロブーム、ねこブーム、財テクブーム、「デ	❶越ヶ谷公民館 ❷滑川町（国民宿舎・松寿荘）、東松山の安江郁子さん・「坂戸ぽてと」メンバーと交流 ❸県に障害福祉会館計画見直しを要望／新坂光子・幸子さん姉妹の退院後の給食サービスに一五人／「国際障害者年サイタマ五年目のつどい」実行委員会と県各部局との話し合い／石川しげりさん越谷養護学校から地元小へ転校／糸賀美賀子さん	連載「一寸法師考」（１０７号）／号外「県議選立候補者の回答集」、特集「職安の実態を探る」（１０８号）／特集「専門性への疑問」（１０９号）／特集「私の日常」（１１０号）／「コラコラムムム」（１１０号～）／特集「いま矛盾を生きる」（１１６号）

1987年

インクス」、「マルサの女」、「花キン」

『坂田くんにナイスピッチ』出版／「重度障害者職業自立協会」の店「トムテ」開店／「国際障害者年サイタマ中間年のつどい」／トークインあすなろ

❹関口和良さん・岡幸代さん結婚／木元美津雄さんアパート暮らし／森屋美恵子さん実家の敷地内で一人暮らし／新坂光子さん谷中耳鼻科で介護者募集し入浴／樋上秀さん北海道へ失踪／藤崎稔さん自立生活演習

1988年（昭和63）

◆竹下登

■イラン・イラク戦争停止、東京の地価史上最高に、天皇吐血による自粛ムード

●「ペレストロイカ」、「人生いろいろ」、インテリジェント・ビル、リゾート法、にっかつロマンポルノ打ち切り

❶越ヶ谷公民館

❷滑川町（国民宿舎・松寿荘）

❸県教育局と「地域で生活し学ぶことの大切さ」確認書交わす／本間亜貴代さん・熊谷富美子さん吉川高校へ自主登校／高校問題で知事室へ三泊四日／糸賀美賀子さん『坂田君にナイスピッチ』児童文芸家協会新人賞／長谷川きよしコンサート

❹山口栄一さんの山口書店廃業／荒井義明さん春日部市営住宅入居決定／山中恵美子さん退職／山本哲雄さんアパート生活へ／橋本真由美さん結婚

連載「スパイ大作戦」（１１８号〜）、特集「わらじの一〇年をふりかえる」（１２０号）／特集「くらしの中の学校」（１２１号）／特集「専門性ってなにさ」（１２２号）／特集「病気を生きる」（１２３号）／特集「家族とは」（１２４号）／特集「住まう」（１２５号）／特集「私の中の戦争」（１２６号）

平成元）

◆竹下登〜宇野宗佑〜海部俊樹

■天皇逝去、ＨＩＶ訴訟第

❶越ヶ谷公民館

❷滑川町（国民宿舎・松寿荘）、「坂戸竹とんぼ」メンバーと交流

連載自分史「私の中の戦争」、特集「人間のモノサシ」（１２９号）／特集「狙い撃ちされる障害児」（１３１

年／首相／出来事／世相・流行語	1989年（昭和64／	1990年（平成2）
	一次提訴、ベルリンの壁崩壊、消費税導入、幼女連続誘拐殺人事件、リクルート事件で政界揺れる ●「セクハラ」、「おたく」、３K、「一杯のかけそば」、Xデイ、おやじギャル、お局さま、ＨＡＮＡＫＯさん	◆海部俊樹 ■本島長崎市長銃撃される、湾岸危機、過去最高の地価上昇、スーパーファミコン発売 ●「ファジー」、「アッシー君」、「おどるポンポコリン」
バザー会場／夏合宿／わらじ活動／人物往来	❸介護人ミーティング（後に専従者ミーティング）開始／蕨高入学式でロックアウト／「パタパタ・ホワイトピット」解体大作戦／県全身性障害者介護人派遣事業発足／「障害者の十年89サイタマのつどい」 ❹水谷淳子さん入院手術／大日方弘一さん入院手術／木村和恵さん出産／塚原辰男さん軽費老人ホーム入所／福島広子さん父没／新坂正善さん没／樋上覚子さん没／樋上秀さん放浪一一日間の後入院	❶南越谷ダイエー前広場 ❷吉見町（フレンドシップセンター）、「鴻巣こだわり村」・「坂戸竹とんぼ」メンバーと交流／Ｖ（一年間ボランティアＶ３６５、以下同じ）矢野陽子さん ❸「南埼玉病院つどいの場」開所（記念セミナーでユニークバンドと出会う）／高校問題で教育局廊下リレー座り込み／ザ・オトキ90／浦和共生ひろば・春よこいパレード／「生活ホームオエヴィス」／「ケアシステムわら細工」／Ｖ３６５派遣開始／大枝公民館で自立生活フォーラム ❹加藤弘さん没、巽優子さん越谷西養護学校より実
月刊わらじ	号）／特集「センターづくりスタート」（１３４号）／「今月の写真館」（１３４号〜）／特集「手探りの生活ホーム・法人づくり」（１３５号）／連載「りっちゃんはハウスマヌカン」（１３７号〜）／特集「関西の生きる場づくり」（１３８号）	特集「越谷市民会館に自立生活センターを」（１４０号）／特集「恩間新田の春」（１４１号）／特集「オエヴィスと…」（１４２号）／特集「生活の中で」（１４３号）／連載「オエヴィス日誌」（１４３号〜）／「わら細工瓦版」（１４３号〜）／「１年間ボランティアで読もう」（１４５号）／「目次男」登場（１４７号〜）／特集「光子という時代」（１４８号）

習に／新坂ハナさん越谷ホーム入所／新坂光子さん没／宗久智さん没／「わら細工」ケアスタッフとして新人がオエヴィス中心に多数／共栄短大との交流始まり学生が介助に

1991年（平成3）

◆海部俊樹～宮沢喜一

■湾岸戦争（ゲームのような映像）、ユーゴ内戦へ、ソ連邦消滅、バブル崩壊へ

●「ウィークエンドファミリー」、「地球にやさしい」、「軍事評論家」、「ヴァーチャル・リアリティ」、「損失補填」

❶武里団地中央商店街広場

❷吉見町（フレンドシップセンター）、「上福岡とんぼの会」メンバーと交流／V杉山裕子さん

❸「駅を求める会」県議選・市議選候補にアンケート／県内巡礼／「サイタマ最終年のつどい」／「交通アクセス埼玉行動」／「くっちゃべる会91」／矢野陽子さん『まいにち生活です』出版／春日部市の実態調査で交渉

❹樋上秀さんに電動車椅子支給／新坂みやさん没／木元美津雄さん「福祉労働」に原稿／坂口佳代子さん勤務先の都の第三セクター企業で職業病に／山本豊さん・木村八重子さん結婚／糸賀美賀子さん一人暮らしに／野島久美子さん他人介護加算特別基準受ける

特集「越谷市総合市民センター」（155号）／特集「いま介助は…」（157号）／息切れ4コマ（161号～）

（平成4）

◆宮沢喜一

■ロス暴動、ボスニア内戦、PKO、JIL発足

●「きんさん・ぎんさん」、

❶武里団地中央商店街広場

❷吉見町（フレンドシップセンター）／V中村みのりさん

❸第二次みちくさ塾／第二回県内巡礼／社団法人埼

「オエⅡよもやまもよう」（167号～）／連載「麗子の武蔵野日記」（172号～）

年／首相／出来事／世相・流行語	1992年	1993年（平成5）
年／首相／出来事／世相・流行語	「4高」、「少子社会」、「ほめ殺し」、「カルト」、「冬彦さん」、「複合不況」	◆宮沢喜一〜細川護熙 ■細川連立内閣発足、規制緩和、マインドコントロール ●「イエローカード」、「矢ガモ」、「YAH YAH YAH」、清貧、コギャル、ブルセラ
バザー会場／夏合宿／わらじ活動／人物往来	玉障害者自立生活協会設立／「ぶあく」／増田裁判第一回公判／「障害者年最終年・重い障害者の自立生活を考えるセミナー」／「ピープルファースト」と交流 ❹山中恵美子さん結婚／橋爪静佳さん・糸賀美賀子さんら北朝鮮旅行／島崎初枝さん一人暮らし／友野由紀恵さんオエヴィス入居／新坂幸子さん他人介護加算特別基準	❶武里団地中央商店街広場 ❷長瀞（白鳥荘）、「熊谷住みよい街づくり運動グループ」メンバーと交流／V久保田スナホさん ❸トムテ閉店／スーザン・オハラさん講演会／労働省のモデル事業埼玉県西部地区八市で／原有さんら代筆受験で不合格／県内一斉求職登録／カナダでの「ピープルファースト国際会議」に参加／ぶあく新装開店／おやじくっちゃべる会 ❹吉田昌弘さん・島崎初枝さん結婚／森屋美恵子さん没／中村清子さん・中川英夫さん結婚／竹中洋子さん母没／糸賀美賀子さん結婚／江橋基秋さん登場／鈴木淳さん没／山崎治八さん没／山下清志さん没／安部晶子さん没
月刊わらじ		「もてあそばれる介助者」（173号〜）／「なかまのつどい」（177号〜）／「オエヴィス交遊録」（178号〜）／「カルチャーショックダイアリー」（183号〜）

1994年（平成6）

◆細川護熙～羽田孜～村山富市

■価格破壊、デパートの売上ダウンしコンビニ好調、松本サリン事件

●「サイババ」、「お受験」、「ゴーマンかましてよかですか」、「同情するなら金をくれ」、イチロー効果

❶武里団地中央商店街広場

❷鬼怒川（ホテル「ニューおおるり」）／V内藤明子さん

❸第三回県内巡礼、知的障害者の発言目立つ／福祉法人設立／県営住宅入居のしおり訂正へ／越谷市教育委員会養護学校入学願撤廃／越谷駅工事現場で橋本克己さん転倒／共栄短大生一日実習わらじの会の数か所で／越谷市にヘルパー二四時間保障求め交渉／伊藤準さん支援の大井町社協より四二名がわらじ見学に

❹吉竹稔子さん没／平野栄子さん入院／遠藤知子さん（ペンネーム＝ざしきぶた）没／白倉清美さん・石井由佳さん・巽優子さん総合県交渉で発言

「学校ってなんだあ」（189号～）

（平成7）

◆村山富市

■一ドル七九・七五円の円高となり戦後五〇年目で戦後最悪の年、阪神大震災、オウム真理教事件、地方分権推進法

●「がんばろうKOBE」、「インターネット」、「ズルい女」、「ライフライン」、「サティアン」、「ポ

❶武里団地中央商店街広場

❷吉見町（フレンドシップセンター）／V長谷川樹子さん

❸橋本克己さん『克己絵日記』出版／越谷市民まつりロータリーのブースで克己展／地域デイケア施設「パタパタ」開所／べしみ開所／野島久美子さんヘルパーで不服審査請求試み／専従者ミーティング廃止・連絡会議スタート

❹橋本克己さんに取材ラッシュ／大井和恵さん特殊学級から普通学級へ／三上麻衣さん養護学校就学

特集「バトル」（201号）／「アッシーおじさん雑記帳」（209号～）／「好人往還番日誌」（209号～）／「ボクの学校のミスコン騒動」（210号～）

年／首相／出来事／世相・流行語	バザー会場／夏合宿／わらじ活動／人物往来	月刊わらじ
1995年 アする」	決定覆し地元の普通学級へ／五十畑サク子さん没／坂口千代子さん没／中川正嗣さんの吉川高校定時制入学を中三の時の級友が中学の教室借りお祝い会／幸福一郎さん・白根春美さん結婚	
1996年（平成8） ◆村山富市～橋本龍太郎 ■消費税五％へ、時代閉塞感つのる、ミドリ十字歴代三社長逮捕 ●「ストーカー」、「まる投げ」、「プリクラ」、「名もなき詩」、「アムラー」、「ルーズソックス」、「ゲットする」、「チョベリバ」、「マイブーム」	❶武里団地中央商店街広場 ❷小淵沢町（いこいの村八ヶ岳）、「自立ネットワークやまなし」と交流／V出沼美紀さん ❸草加市でも全身性障害者介護人派遣事業／あすなろ公開研究合宿／職員応募者の試用プログラム／野島久美子さん公団入居／障害者計画めぐる県内巡礼／大阪中部障害者解放センターと交換生活 ❹吉原広子さんＪＩＬ所長セミナーでパネラーに／鈴木千秋さん「パタパタ」退職／佐藤晴香さん・中村みのりさん「べしみ」退職／原明子さん没／新坂近雄さん没／原有さん没／糸賀美賀子さんの『坂田くんにナイスピッチ』が中国で翻訳出版	「日常茶飯事」（２１１号～）／特集「試用プログラムで試用されて」（２２１号）／「追悼原有ちゃん」（２２２号）
（平成9） ◆橋本龍太郎 ■神戸・児童連続殺傷事件、市町村障害者計画ラッシ	❶せんげん台第四公園 ❷旭町（かんぽの宿あさひ）、銚子のボランティア団体・社協・市役所内の売店店長等と交流／V田中寛之さん	特集「岩槻で育ち合う」（２２４号）／「身辺草鞋風土記」（２２４号～）／特集「迷路を生きる」（２２５号）／特集「あたしが子供だった頃」

1997年

ュ、臓器移植法成立

●酒鬼薔薇聖斗、「透明な存在」、「アダルトチルドレン」、たまごっち、「小顔」、小顔化粧品

❸アンテナショップ「かっぽ」開店／ＣＩＬわらじ総合協議会事務局発足／白倉清美さん市立病院組合事務所で実習／越谷市障害者計画策定急浮上／市長さんへの手紙／共同連埼玉大会／越谷市民ネットがami開店／ＣＩＬわらじ総合協議会常設事務局体制発足

❹白倉清美さん黄色い部屋で障害者市民ネット事務局電話番／梅崎政治さん没／新坂ハナさん没／新井晃さん没／江橋基秋さん小学校門前でじゃんけんおじさんとして有名に

（２２６号）／特集「迷路Ⅱ」（２２７号）／特集「ものさし」（２２８号）／「障害の判定って」（２２８号～）／特集「働き方をめぐって」（２２９号）／特集「障害ってなに」（２３１号）／特集「選ぶ選ばれる」（２３３号）／特集「私の中の母」（２３４号）

1998年（平成10）

◆橋本龍太郎～小渕恵三

■長野冬季五輪、全市町村で介護保険要介護認定試行

●「冷めたピザ」、「ボキャ貧」、「凡人・軍人・変人」、「不適切な関係」、「二世代消費」、「老人力」

❶せんげん台第四公園

❷高崎市（サンピア高崎）、「たまごの会」・「幸の会」・「ゆうゆうグループ」・元「前橋にエレベーターをつくる会」メンバー等と交流／Ｖ高山房恵さん

❸知的障害者の介助に関し越谷市と話し合い／社団法人のあり方見直しスタート／越谷市に就労援助検討会を要望／「モデル事業推進協議会報告書」を知事に／東映教育映画撮影／越谷市全身性交流会で市文書撤回

❹大熊照夫監督わらじの会と大阪中部障害者解放センターの映画を撮影／塚原辰男さん没／橋本己代司さん没／本間和宣さん没／巽優子さん・竹中洋子さんamiで店員に

特集「私の記念日」（２３６号）／特集「出会いと別れ」（２３７号）／特集「春だ病気だ」（２３８号）／特集「距離感」（２３９号）／特集「かみ」（２４０号）／特集「こわい」（２４１号）／「ぽれぽれ４コマ」（２４１号～）特集「私の中の戦争」（２４２号）／「連れてってよ」（２４２号～）／特集「ヘンな友達」（２４４号）／特集「喰べる」（２４５号）／特集「この一年」（２４６号）

年／首相／出来事／世相・流行語	1999年（平成11）	（平成12）
	◆小渕恵三 ■大量のリストラと失業者・自殺者、基礎構造改革打ち出される、介護保険要介護認定開始 ●「ブッチホン」、「不審船」、「だんご三兄弟」、「リベンジ」、ノムさん人形、「サッチー騒動」	◆小渕恵三～森喜朗 ■雪印乳業乳製品の食中毒事件、シドニー五輪、パラリンピック脚光浴びる、介護保険実施
バザー会場／夏合宿／わらじ活動／人物往来	❶春日部市中央町第一公園 ❷久留里町（久留里荘）、千倉に戻ったオエヴィス初期の介助者・君津市のリバース協会会員と交流／V高橋隆芳さん ❸バリアフリータウンマップ作成／見沼福祉農園に参加／増田裁判判決／CILわらじ総合協議会合宿／元荒川土手でまつり&ソウルフラワー・ライブ／共に働く街を創るつながり準備のつどい／越谷市知的障害者介護人派遣事業実施 ❹木下義彰さん大阪中部障害者解放センター山本敏晶さんと一週間の交換生活／板井勤さん没／石原坂一郎さん没／五上三一さん没／山下寿衛さん没／埼玉県立大学開学と同時に教員・学生との交流活発	❶春日部市中央町第一公園 ❷伊豆・潮風館（伊豆高原）／V真鍋智子さん ❸越谷市就労生活援助検討準備会発足／山野内時雄さん特別障害者手当で不服審査経てOKに／新坂幸子さん生活ホーム「オエヴィス」で終末迎える／藤崎稔さん「オエヴィス」を出て武里団地入居
月刊わらじ	特集１「公開日記」、特集２「追悼橋本己代治さん」（２４７号）／特集「鬼」（２４８号）／「爺ちゃん引越し顛末記」（２４８号～）／特集「メイル」（２５０号）／特集「権利のジレンマ」（２５１号）／「私の中の戦争史」（２５１号～）／特集「雇う側雇われる側」（２５２号）／特集１「私の中の学校」、特集２「百鬼夜行」（２５３号）／特集「喰う寝るところに住むところ」（２５４号）／特集「子供の発見」（２５５号）／特集「夜は友達」（２５６号）／特集「うた」（２５７号）／特集「私の二〇〇〇年問題」（２５８号）	特集「私のカウントダウン」（２５８号）／特集「わかってるの？ わかんねえなあ？」（２６０号）／特集「私見・試験・シケン」（２６１号）／特集「遺伝・えでん・おでん」（２６２号）／特集「よい○○わるい○○」

2000年

●「ユニクロ」、「20世紀カップヌードル」、「私はバリバリの鬱です」、「ビューティフルライフ」、十七歳、パラサイトシングル、IT革命、おっはー、自己チュー

／「職場参加を考える会」ひらかれた組織として再発足

❹こもっていた菊池よし子さん介護人制度使いさきおりに参加／幸福一郎さん没／新坂喜子さん没／木島麗子さん没／吉竹憲蔵さん没／山本重夫さん没／新坂幸子さん没／竹中洋子さん没／実習学生たち多数受け入れ／CILわらじ総合協議会で臨時職員募集

（263号）／特集「17歳」（264号）／特集「ボランティア」（265号）／特集「いきちがい、すれちがい、かんちがい」（266号）／特集「もちもちあのよー・新坂幸子追悼」、特集「○○することにイギがある」（268号）／特集「旅・追悼竹中洋子（269号）／特集「フラッシュバック」（270号）

2001年（平成13）

◆森喜朗～小泉純一郎

■聖域なき構造改革打ち出す、参院選で自民党大勝、IT不況深刻化、大阪・池田小事件、米で九・一一事件

●「骨太の方針」、「抵抗勢力」、「狂牛病」、「ショー・ザ・フラッグ」、「ヤだねったらヤだね」、「ファイナルアンサー」

❶春日部市中央町第一公園

❷茨城県桜川市（あまびき老人福祉センター）／V仮屋崎健さん

❸庄和町の朝倉病院を県が立ち入り検査／高部賢司さんのケース製造工場で職場実習／春日部市障害者計画策定の委員に吉田昌弘さん／橋本克己さん母入院でサバイバル／障害者職業開拓推進事業を受ける／越谷・春日部市教育委員会と話し合い

❹ひきこもっていた元「コアラグループ」の菊池よし子さん「パタパタ」の手づくり班に参加／岩上誠さん風で飛んだ原稿を取りに安之堀川に入る／橋本克己画伯越谷駅でホームから転落／板倉麻紀さん「CIL」わらじ職員に／糸賀美賀子さん没

特集「大きなお世話の新世紀」（271号）／特集「私とはだれ」（272号）／特集「春だ病気だ2001」（273号）／特集「禁忌《きんき》に《に》本《ほん》To《つー》リスト《りすと》」（274号）／特集「○○をかう、○○をうる」（275号）／特集「お引っ越し」（275号）／特集「キル・キル・イキル（着る・切る・生きる）」（276号）／特集「きらい・キライ・嫌い?!」（277号）／特集「ねむりと夢」（279号）／特集「ふっ健康」（280号）／特集「ひ……暴力」（281号）／特集「終りはあるのか」（280号）

年／首相／出来事／世相・流行語	バザー会場／夏合宿／わらじ活動／人物往来	月刊わらじ
2002年（平成14） ◆小泉純一郎 ■初の日朝首脳会談、ペイオフが一部解禁、拉致被害者が帰国、食品不正表示相次ぐ、原発のトラブル隠し発覚 ●「♪明日があるさ」、「タンスにゴンゴン」、「タマちゃん」、「W杯」、「内部告発」、「ムネオハウス」、「拉致」、「びみょー」、「イケメン」	❶袋山第四ふれあい公園 ❷群馬県横川（国民宿舎・裏妙義）、地元ボランティアと交流／V深見智史さん ❸越谷市地域適応支援モデル事業／「CILわらじ総合協議会」の拠点として「共に生きる情報センターかがし座」オープン／元X-JAPANのtoshiが「べしみ」でミニコンサート／橋本克己さん『克己絵日記2』出版／「越谷市生活支援センター」開所 ❹古谷浩子さん没／辻浩司さん鳥取で農業ボランティア／「わら細工」プレハブ解体／会沢完さん「オエヴィス」二週間退居／菊池よし子さん母入院／曽根亘元さん二〇年ぶりにXmasへ	特集「私の○○○差別」（２８１号）／特集「おや、おや、おーや」（２８２号）／特集「アレルギー」（２８３号）／特集「とくめいという自己主張」（２８４号）／特集「自立○《マル》かじり」（２８５号）／特集「ハーフタイム」（２８６号）／特集「釜あげまんじゅう」（２８７号）／特集「つきそいづくし」（２８８号）／特集「ピア・プア・ペア」（２８９号）／特集「イエン・キエン・シエン」（２９０号）／特集「テンショク」（２９１号）／特集「年末調整」（２９２号）
（平成15） ◆小泉純一郎 ■米英軍イラクと開戦、さいたま市政令指定都市に、個人情報保護法・有事関連三法成立、イラクへ自衛隊派遣を決定 ●「毒まんじゅう」、「なん	❶旧谷中小学校跡地 ❷静岡県伊豆高原（潮風館）、かつて野島久美子さんが入所していた中伊豆リハビリセンター入所者・職員と再会／V岩永雅生さん（「一年間ボランティア」に代わる、「青年長期ボランティア」。以下同じ） ❸国が生活支援センター補助金を一般財源化／『克己絵日記2』出版記念パーティー／春日部市・越	特集「はじめにことばありき、か」（２９３号）／特集「二重○○」（２９４号）／特集「○○まつり」（２９５号）／特集「うつルンです」（２９６号）／特集「裏切りのメロデー」（２９７号）／特集「バシバシ。☆プライバシー」（２９８号）

2003年

「でだろう〜」、「マニフェスト」、「スローライフ」、「セレブ」、「おれおれ詐欺」、「世界で一つだけの花」

谷市・社協一堂に会しての支援費制度意見交換会／「越谷市障害者計画策定懇話会」委員に友野由紀恵さん／「彩の国障害者プラン21推進のつどい」当日に土屋義彦埼玉県知事退陣表明／県特別支援教育振興協議会最終報告

❹内野さと子さん「職場参加を考える会」独自の開拓員に／一ノ瀬雄太さん・瀬尾卓也さん県立高校定員内不合格／ハミドさんイランへ一時帰国／石森弘敏さん没／伊藤峰子さん資源化センター退職／竹澤輝さん中野中へ／「総合リハビリテーション研究大会」シンポジウムに吉田昌弘さん／埼玉県庁内アンテナショップ「かっぽ」で石井由佳さん売上げ新記録

／特集「めーめーわくわく」（299号）／特集「めめんともり」（300号）／特集「1　みんなちがってみんないい??」／特集「2　どうどうめぐり」（301号）／特集「俺たちけっこうコケコッコー」（302号）／特集「ねむれない夜のために」（303号）／特集「他人の中の私」（304号）

(平成16)

◆小泉純一郎

■中越地震、プロ野球史上初のスト決行、振り込め（おれおれ）詐欺頻発、佐世保市で小六少女が同級生殺害、イラク情勢混迷の一途

●「チョー気持ちいい」、「気合だー」、「サプライズ」、

❶東越谷第二公園

❷群馬県吉井町（牛伏ドリームセンター）、吉井町社会福祉協議会を通しダンスサークル等と交流／V廣田京子さん

❸支援費制度による資格導入に対し「わら細工」ケアスタッフ百数十人が「みなしヘルパー」一斉申請／介護保険四年目で施設急増／「職場参加を考える会」がNPO法人化し「すすめる会」設立／県が夏休みに「特別な支援必要な子」の一斉調査／「わら細工」が基準該当事業所に／障害者情報

特集「冥途の旅in Japan」（305号）／特集「鬼の○○　○○の鬼」（306号）／特集「○○からの卒業」（307号）／特集「新人信心信じん」（308号）／特集「弱さ大賞弱さ自慢」（309号）／特集「さよなら三角またきて四角」（310号）／特集「ぐるぐるうずまき」（311号）／特集「戦争と平和」（312号）／特集「あとの

年／首相／出来事／世相・流行語	バザー会場／夏合宿／わらじ活動／人物往来	月刊わらじ
2004年 「自己責任」、「負け犬」、「ヨン様」、「萌え」、「セカチュー」	誌「そよ風のように街に出よう」で「整合性なきわらじの会」とりあげる ❹伊藤峰子さん知的障害者向け三級ヘルパー研修終了／大井一恵さん吉川高校定時制卒業／影山陽子さん・金子健一さんらが「就職」のキムチ屋が開業前に夜逃げ／県立大学祭で藤原篤哉さんらが就労についてトークライブ／上田靖さん障害者スポーツ大会でソフトバレーで準優勝／藤崎稔さん得意客である酒屋で職場実習	まつりまつりのあと」（３１３号）／特集「たいいく」（３１４号）／特集「職場の真相」（３１５号）／特集「クリスマス・イフ」（３１６号）
（平成17） ◆小泉純一郎 ■京都議定書が発効、ＪＲ福知山線脱線事故、衆院選で自民党圧勝、アスベスト（石綿）関連死問題、郵政民営化関連法が成立、フランス各地で暴動 ●「小泉劇場」、「想定内（外）」、「クールビズ」、「刺客」、「富裕層」、「ブログ」、「ヒルズ族」、「格差社会」、	❶春日部市中央町第一公園 ❷千葉県一宮町（一宮荘）、「大網白里ともに生きる会」・「長生ともに生きる会」・「中核支援センター長生夷隅ひなた」等と交流／Ｖ安倍千央さん ❸越谷市障害者就労支援センター発足、初代所長は本田勲さん／「障害者の職場参加をすすめる会」の拠点の名が「世一緒《よいしょ》」に／夏合宿で「長生ともに生きる会」等と交流／野島久美子さん東京国立市の「障害者連絡協議会」に招かれ埼玉の全身性介護人派遣事業の講演／スウェーデン・オランダ・オーストリアの知的障害者らと交流、翌日立教大学で本人支援のシンポジウム分科会を担当／共に	特集「お賞罰」（３１６号）／特集「やまい・すまい・あまい」（３１７号）／特集「学校へ行こう」（３１７号）／特集「コミュニケーション」（３２０号）／特集「めいじん」（３２１号）／特集「仕事・もめごと・ひとりごと」（３２２号）／特集「私の中のゼニ」（３２３号）／特集「はいぼく」（３２４号）／特集「防災」（３２５号）／特集「あきらめて秋の空」（３２６号）／特集「はじめてのはじ」（３２７号）／特集「き

2005年

「もったいない」

学ぶ教育を国へ働きかけてと県議会傍聴
❹伊藤鉄彦さん絵巻物「わらじの怪」制作／野島久美子さん一人暮らし二〇周年のつどい／藤田音次郎さん（七十三歳）藤崎稔さんの入浴介助引退宣言、ごくろうさま／荻野春代さん没／末期がんで入院中の木村和恵さん応援のソフトボール試合／木村和恵さん没／小磯洋子さん没／宮崎直行さん没／友野由紀恵さん生活ホーム出て一人暮らし／斉藤哲夫さんグループホーム出て団地暮らし

ようだい・しまい」（328号）

2006年（平成18）

◆小泉純一郎～安倍晋三
■ライブドア堀江貴文社長逮捕、いじめを苦に自殺相次ぐ、北朝鮮がミサイル発射、秋田の小一男児殺害、改正教育基本法が可決成立
●「イナバウアー」、「品格」、「脳トレ」、「ハンカチ王子」、「ミクシィ」、「メタボリックシンドローム」

❶北越谷駅西口さくら広場
❷栃木県那須町（おおるり山荘）／V金子ゆかりさん
❸県障害者福祉課招き「障害者自立支援法にどう向き合うか」勉強会／大袋に「リサイクルCaféこぶくろ」がオープン／竹澤輝さん春日部高校定時制を定員内不合格に／共に学ぶ体制整備に関する国への県議会意見書が採択／「埼玉県県部落解放同盟埼玉県研究集会」で野島久美子さん講演／「共に働く街を創るつどい」で「職場参加をすすめる会」鈴木操代表理事が分ける教育見直しの必要性を強調
❹新座堀ノ内クリニック木村健一医師急逝／六澤成美さん不動岡誠和高校入学／新坂幸子さんの七回

特集「おわり・はじまる」（329号）／特集「フシン・フシン・フシン」（330号）／特集「讃・惨・サービス」（331号）／特集「くるくるスクール」（332号）／特集「ピタピタ・ホスピタル」（333号）／特集「テンショク」（334号）／特集「まるもうけ」（335号）／特集「ゆずれないたたかい」（336号）／特集「私のこうかい日誌」（337号）／特集「うんどうかい」（338号）／特集「カルチャーショック」（339号）／特集「クレ・くれ・暮れ」（340号）

年／首相／出来事／世相・流行語	バザー会場／夏合宿／わらじ活動／人物往来	月刊わらじ
	忌／小野裕子さん没／仮屋崎健さん自転車で北海道へ／矢野陽子さん『濁る大河』出版／「越谷市チャリティ太極拳」からべしみにカンパ	
2007年（平成19） ◆安倍晋三〜福田康夫 ■約五〇〇〇万件の年金記録漏れ判明、中越沖地震、宮崎県知事に東国原英夫、郵政民営化スタート、米サブプライムローン焦げ付きで金融不安 ●「どげんかせんといかん」、「ハニカミ王子」、「消えた年金」、「そんなの関係ねぇ」、「どんだけぇ〜」、「ネットカフェ難民」、「大食い」、「猛暑日」、「KY（空気が読めない）」、「産む機械」	❶北越谷駅西口さくら広場 ❷群馬県草津町（おおるり）、「栗生楽泉園」入所者自治会の藤田三四郎さん講演／V派遣なし ❸「ケアシステムわら細工」が重度訪問介護従事者研修を開催／「24時間TV」よりチェアキャブが「べしみ」に／県育成会・自立生活協会等七団体の「共に学ぶ要望書」を各市町村へ／「つぐみ共生会」が「春日部市障害者生活支援センター」を受託し「かがし座」の一角に開設／県公園緑地協会がしらこばと水上公園で職場適応訓練受け入れ／「職場参加をすすめる会」が「仕事発見ミッション出発のつどい」／県立大学祭でわらじの会の妖怪喫茶大好評 ❹三上優佳さん没／竹中宏道さん没／石田太一さんコンサートで吉田弘一さん作の劇上演し会沢まち子さん・金子ゆかりさんらが好演／森住由佳里さんが春日部市障害者策定懇話会委員に／三好あき子さん埼玉県生態系保護協会春日部支部長として	特集「ネンガマンガ」（３４１号）／特集「鬼の〇〇、〇〇の鬼」（３４２号）／特集「まちまちマーチ」（３４３号）／特集「ビンボー」（３４４号）／特集「ビョーキ」（３４５号）／特集「イライラ」（３４５号）／特集『相談』って？」（３４７号）／特集「働く、働かない」（３４８号）／特集「たび」（３４９号）／特集「てんびんにかける」（３５０号）／特集「November《のーべんばぁ》ちゃん」（３５１号）／特集「えんざい」（３５２号）

「道ばただより」を埼玉新聞に連載／吉田久美子さんら自治労のヘルパー対象研修で講師に／辻彩子さん地域生活支援会議研修会でパネラーに

(平成20)

◆福田康夫～麻生太郎

■中国製冷凍ギョーザによる農薬中毒、大阪府知事選で橋下徹当選、東京・秋葉原で無差別殺傷事件、後期高齢者医療制度スタート、岩手・宮城県で震度6強の地震発生、アメリカ大統領選でオバマ当選、年越し派遣村

●「グ～!」、「アラフォー」、「名ばかり管理職」、「埋蔵金」、「蟹工船」、「ゲリラ豪雨」、「後期高齢者」、「あなたとは違うんです」、「言うよね～」

❶谷中小記念公園

❷千葉県旭市（グロリア九十九里）、「旭市視覚障害者福祉会」・「自助グループたけのこ会」・「ＮＰＯ法人はんどいんはんど東総」・「東総障害者就業・生活支援センター」・「のぞみ会」・「中核生活支援センター海匝ネットワーク」・「旭障害者生活支援センター」と交流／Ｖ派遣なし

❸越谷市が障害者と障害児の施設を複合化しようという計画見直しへ／三〇周年記念出版計画が再スタート／自立生活協会総会記念シンポジウムで「青い芝」運動をふりかえるシンポジウム／小室等・山田太一さん招き防災のための「ゆめ風コンサート」越谷で大盛況／「ＣＩＬわらじ総合協議会」で県部落解放同盟片岡明幸委員長が講演／樋上秀さん越谷市障害者施策推進協議会の公募委員に／「協同労働の協同組合法市民集会ｉｎ春日部」に津崎悦子さんらパネラー／「どの子も地域の学校へ！　公立高校へ！　東部地区懇談会（ＴＯＫＯ）」主催「共に学ぶ就学相談会」にぎわう

❹会沢まち子さん民生委員に／竹川カヨ子さん「ぶ

特集「ねんがまんが」（３５３号）／特集「ふく」（３５４号）／特集「さん・ざん」（３５５号）／特集「私の周りのへんな人じまん」（３５６号）／特集「じしん」（３５９号）／特集「さいかい・せいかい・そうかい」（３５９号）／特集「いくさよいくるさ」（３６０号）／特集「あつい・あったかい」（３６１号）／特集「育つ・育てる」（３６２号）／特集「相談・診断・だんだん」（３６３号）／特集「そろそろ終わりにしようか」（３６４号）

年／首相／出来事／世相・流行語	バザー会場／夏合宿／わらじ活動／人物往来	月刊わらじ
2008年	あく」で手相が大好評／山野内時雄さん没／恩間新田山崎康成さんの合鴨農法による米の配達を「べしみ」・「ぶあく」で請負／宮崎由美子さん父親亡くなり一人暮らしに／橋爪宏次さん没／岩波新書『介護』に佐々木浩さんの発言収録／日本脊髄基金出版の『私もママになる！』に坂口佳代子さんが登場／田口稔さん没、娘由利子さん団地で一人暮らしに／藤崎寿江さん没／平岩和好さんの「銀座平野屋創業二百年のあゆみ展」	
（平成21） ◆麻生太郎～鳩山由紀夫 ■世界同時不況、オバマ新政権下でビッグスリー破綻、新型インフルエンザ危機煽られる、民主党政権誕生 ●「草食系男子」、「婚活」、「チェンジ」、政権交代、下取りセール	❶せんげん台第一公園 ❷群馬県みなかみ町（ライフケア猿ヶ京）、「障害者自立生活センターピアライン」・「こころの応援団」・「でんでこ座三国太鼓」・「みなかみ町社協」・「みなかみ町身体障害者福祉会」等と交流／V坂田智子さん ❸障害のある子と共に育つ幼稚園の草分け「あゆみ幼稚園」園長鈴木一義さんの講演会開催／「子ども・ゆめ・未来フェスティバル」で「共に学び育つ駅伝トーク」／越谷で障害者らも参加して一泊の避難所体験を実施 ❹板倉真紀さん埼玉県庁内アンテナショップ「かっ	特集「ねんがまんが」（365号）／特集「鬼」（366号）／特集「ひなあられ」（367号）／特集「子どもの頃つらかったこと」（367号）／特集「ねこがねこんだ」（368号）／特集「まつ」（369号）／特集「えん」（370号）／特集「うつるんです」（371号）／特集「死んだ○○の遺したものは」（372号）／特集「私の好きな一冊」（373号）／特集「かみ」（374号）／特集「雇う、雇われる」（375

2009年

ぽ」三代目の専従職員に／吉田初枝さん部落解放同盟「人権保育の集会」で講演／山口和宏さんらが居宅介護事業所「MCKコミュニティピース」を立ち上げ／坂本明夫さん没／石田太一さん没

号）／特集「今年の三大ニュース」（376号）

※号数にダブリ等がありますが、原本表記のママです。

（文責／山下　浩志）

執筆者一覧

■山下浩志（やました・ひろし）
一九四三年、東京都生まれ。谷中耳鼻科より派遣された職員（一一七ページ参照）として、「自立に向かってはばたく家」準備会の介助に関わる。現在、「ＮＰＯ法人障害者の職場参加をすすめる会」事務局長、「社団法人埼玉障害者自立生活協会」機関誌担当。著書に『ハンディキャップ・レポート――親と子のスウェーデン福祉体験記』（現代書館、共著）などがある。

■今井和美（いまい・かずみ）
一九五九年、埼玉県生まれ。保母の学校を出て一年間は法律事務所の電話番。その後谷中耳鼻科の派遣職員（一一七ページ参照）。わらじの会会員、埼玉障害者市民ネットワーク及び社団法人埼玉障害者自立生活協会の事務局員。

■水谷淳子（みずたに・あつこ）
一九四二年、三重県生まれ。耳鼻咽喉科開業医。著書に『障害をもつ子のいる暮らし』（筑摩書房、共著）、『みんなで子育て！　からだ編』（ジャパンマシニスト社、共著）などがある。わらじの会会員。

■巽　孝子（たつみ・たかこ）
一九四四年、兵庫県生まれ。主婦。わらじの会会員。

■竹迫和子（たけさこ・かずこ）
一九五二年、鹿児島県生まれ。一九八四年、養護学校教員に。わらじの会の活動に参加。一九八七年から高校入学運動に関わる。

■樋上　秀（ひがみ・ひでし）
一九六四年、広島県生まれ。重度障害者職業自立協会の店「トムテ」店長などを経て、現在「ケアシステムわら細工」運営委員長。「元祖登校拒否児」、「わらじ村のスナフキン」などの異名をもつ、わらじの会会員。

■平野栄子（ひらの・えいこ）
一九四七年、東京都生まれ。保健師として千葉県習志野保健所勤務を経て、一九七五年春日部市に転居。わらじの会設立メンバー。現在、歯科医院勤務、春日部市地域包括センター運営協議会委員、春日部市介護相談員。

■片山いく子（かたやま・いくこ）
一九四七年、秋田県生まれ。フリーライターを経て、現在、春日部市議会議員。わらじの会会員。

■田島玄太郎（たじま・げんたろう）
一九七三年、大阪府生まれ。外資系の製薬会社に勤務するかたわら、週末にわらじの会の活動に参加している。

■本田　勲（ほんだ・いさお）

一九四一年、福島県生まれ。生活ホームオエヴィス世話人を経て、現在、春日部市・越谷市障害者生活支援センター非常勤相談員。わらじの会会員。

■編集・本文DTP
片山布自伎（有編集工房風・わらじの会会員）
■カバー・表紙・帯・扉デザイン
大熊　肇（有トナン）

わらじの会（わらじのかい）

一九七八年三月設立。任意団体。「障害のある人もない人も共に街に出て生きよう」がモットー。活動の経緯の中で、社会福祉法人や個人事業所をはじめ、さまざまな施設等も作ってきたが、それらと個々人をはらむ会総体のありかたは、常に「誰でもいつでも」、「来た時が会員」という原則を保ち、活動を地域にひらいてきた。

▼連絡先

活動の内容や対象地域によって、連絡先は分かれており、統一した連絡先はない。ここでは、この本に関する連絡先を示す。

〒344-0021
埼玉県春日部市大場690-3
谷中耳鼻科・黄色い部屋
電　話　048-737-1489
FAX　048-736-7192
e-mail :waraji@muf.biglobe.ne.jp
ホームページ
http://warajinokai.at.infoseek.co.jp/

地域と障害
——しがらみを編みなおす

二〇一〇年三月二十五日　第一版第一刷発行

編　者　わらじの会
発行者　菊地泰博
発行所　株式会社 現代書館
東京都千代田区飯田橋三—二—五
郵便番号　102-0072
電　話　03（3221）1321
FAX　03（3262）5906
振　替　00120-3-83725
組　版　有限会社 編集工房風
印刷所　株式会社 東工
製本所　越後堂製本

 ISBN978-4-7684-3501-4

http://www.gendaishokan.co.jp/

活字で利用できない方のための
テキストデータ請求券
『地域と障害』